# ÇA Y EST!

*EN FRANÇAIS S'IL VOUS PLAÎT E*

# ÇA Y EST!

Suzanne Majhanovich
Faculty of Education
University of Western Ontario

Pauline Wahl Willis
Department of French, Italian and Spanish
University of Calgary

Editorial Development: Mary E. Coffman / Beverley Biggar

**Copp Clark Pitman Ltd.**
Toronto

ISBN 0-7730-1717-8

Every effort has been made to acknowledge all sources of photographs and literary works used in this book. The publishers would be grateful if any errors or omissions were pointed out so that they may be corrected.

Editing: Beverley Biggar
Design: Patti Brown
Illustrations: Thach Bui
Cover Art: Carola Tietz (batik);
   Pauline McGaw (illustration)
Typesetting: Compeer Typographic Services
Printing: The Bryant Press
Binding: The Bryant Press

**Canadian Cataloguing in Publication Data**
Majhanovich, Suzanne, 1943–
   En français s'il vous plaît E : ça y est!

For use in schools.
Includes index.
ISBN 0-7730-1717-8

1. French language – Text-books for non-French-speaking students – English.*   I. Willis, Pauline.   II. Title.

PC2112.M36 1984        448.2′421        C84-098441-3

**Copp Clark Pitman Ltd.**
495 Wellington Street West
Toronto, Ontario   M5V 1E9

*Printed and bound in Canada*

# Acknowledgements

The publisher wishes to thank the following individuals who acted as consultants or reviewers of this text.

**Paul Kilbreath**
Head of Modern Languages
St. Clair Secondary School
Sarnia, Ontario

**Edmond V. Levasseur**
Supervisor
Modern Languages
Edmonton Catholic Schools
Edmonton, Alberta

**Yvonne Smith**
Teacher of French
Lambton Kent Composite School
Kent County Board of Education
Chatham, Ontario

Françoise Anxolabéhère
*French Reviewer*

The publisher wishes to thank the following authors and publishers for granting permission to reproduce the literary works which appear on the following pages in this text.
Alain Stanké, for "Les tribulations d'un Québécois à Paris," from *Dimanche-Matin*, July 1969 (pages 102-108)
Le Cercle du Livre de France Limitée/Editions Pierre Tisseyre, for "Femmes" by Claire Martin, from *Avec ou sans amour* (pages 112-115, 143-144)
Editions Gallimard, for excerpts from *la Symphonie pastorale* by André Gide (pages 2-3)
Editions Gérald Cramer, for "Pour Vava" by Marc Chagall, from *Poèmes* (page 95)
L'Express/The New York Times Syndication Sales Corp., for "Une lycéenne sur le parcours du combattant" by Caroline Boutonnat, from *L'Express*, June 1980 (pages 152-154) and for an excerpt from "Etudiants, choisissez bien vos diplômes (11)" by Patrick Arnoux, from *L'Express*, June 1980 (page 154)
Harcourt Brace Jovanovich Inc., for excerpts from *le Petit Prince* by Antoine de Saint-Exupéry (pages 91-93)
Jean Blouin, for excerpts from "Les 500 000 emplois de 1990," from *L'Actualité*, September 1982 (pages 180-183)
*Présence Africaine*, for "Afrique" by David Diop, from *Coups de pilon* (page 99)
VLB Editeur, for "le Choix" by Yves Thériault, from *Valère et le grand canot* (pages 80-82)

The publisher wishes to thank the following individuals and agencies for granting permission to reproduce the photographs used in this text.
Alain Stanké   102
Documentation Française, 146, photo by J. Niepce-Rapho
Editions Gérald Cramer, drawings by Marc Chagall 95, 97
Editions Pierre Tisseyre   116
La Fédération des producteurs de bleuets   128
French Embassy Information Service, Ottawa 39, 90
French Embassy Press and Information Division, New York   6, 49, 161
French Government Tourist Office, Montreal   24, 25, 28, 29, 68, 74, 76, 133, 134, 149, 171, 179, 189, 191
*The Globe and Mail*, Toronto   191
Kèro C. Hansen   83, 84
Linda Tancredi-Di Panfilo   137
Miller Services   98, 100-101, photos by Alberto Tessore, 166
PA126768 Public Archives Canada   142
Suzanne Majhanovich   66, 73, 132
Swiss National Tourist Office, Toronto   4

# TABLE DES MATIÈRES

UNITE 1   1
LECTURE   2
La Symphonie pastorale – *André Gide*   2
STRUCTURE   7
Révision: Le subjonctif   7
QUESTION A DEBATTRE   19
Les progrès en médecine, miracles ou
    catastrophes?   19
STRUCTURE   20
Les conjonctions suivies du subjonctif   20
DECOUVERTE DE LA FRANCE   24
La Bretagne   24
STRUCTURE   26
Révision: Les pronoms compléments d'objet   26
AU BOUT DE LA LANGUE   32
L'emploi de **quitter, laisser, s'en aller, partir,
    sortir**   32
STRUCTURE   35
L'infinitif composé   35
POEME   37
Voyelles – *Arthur Rimbaud*   37
POT-POURRI   41
VOCABULAIRE ACTIF   44

UNITE 2   45
LECTURE   46
Les Privilèges du 10 avril 1840 – *Stendhal*   46
STRUCTURES   52
Les expressions impersonnelles qui prennent
    l'indicatif et le subjonctif   52
Le subjonctif après **seul, premier, dernier, unique**
    et après le superlatif   56
QUESTION A DEBATTRE   58
Les média   58
STRUCTURES   59

Le subjonctif après les antécédents indéfinis   59
**Faire** causatif   62
DECOUVERTE DE LA FRANCE   66
La vallée de la Loire   66
STRUCTURE   69
Révision: La concordance des temps (le discours
    direct et indirect)   69
AU BOUT DE LA LANGUE   75
**Faire** causatif vs **rendre** + adjectif   75
STRUCTURE   77
Les pronoms indéfinis   77
LECTURE   80
Le Choix – *Yves Thériault*   80
POT-POURRI   86
VOCABULAIRE ACTIF   88


LECTURES SUPPLEMENTAIRES   89
Le Petit Prince – *Antoine de Saint-Exupéry*   91
Pour Vava – *Marc Chagall*   95
Afrique – *David Diop*   99
Les tribulations d'un Québécois à Paris –
    *Alain Stanké*   102


UNITE 3   111
LECTURE   112
Femmes – *Claire Martin*   112
STRUCTURES   119
La voix passive   119
**Laisser** + l'infinitif   124
QUESTION A DEBATTRE   127
La nourriture   127
STRUCTURE   129
Les verbes de perception + l'infinitif   129
DECOUVERTE DE LA FRANCE   132
La Provence et la Côte d'Azur   132
STRUCTURE   135

Révision: Les conditions avec **si**   135
AU BOUT DE LA LANGUE   138
La mise en relief   138
STRUCTURE   140
**Ne...aucun(e), Aucun(e)...ne; Ne...nul(le),
   Nul(le)...ne**   140
LECTURE   143
Femmes – *Claire Martin*   143
POT-POURRI   147
VOCABULAIRE ACTIF   150

*APPENDICE*   193
Sommaire des structures   194
Verbes   215
Chiffres   231
Jours de la semaine   232
Mois de l'année   232
L'heure   232
Provinces du Canada   233
Vocabulaire   235
Index grammatical   273

*UNITE 4*   151
LECTURE   152
Une lycéenne sur le parcours du combattant –
   *Caroline Boutonnat*   152
STRUCTURE   159
Les fonctions de **tout**   159
QUESTION A DEBATTRE   165
Les promesses et les problèmes de la révolution
   technologique   165
STRUCTURE   167
Les prépositions **en** et **dans**   167
DECOUVERTE DE LA FRANCE   169
Paris et ses environs   169
STRUCTURE   172
Les expressions **il est** et **c'est**   172
AU BOUT DE LA LANGUE   175
La mise en relief (*suite*)   175
STRUCTURE   177
Quelques expressions indéfinies suivies du
   subjonctif   177
LECTURE   180
5 grands principes d'action – *Jean Blouin*   180
POT-POURRI   188
VOCABULAIRE ACTIF   192

# UNITÉ 1

## La formule de cette unité

### BUTS

- faire des associations avec des couleurs;
- apprendre quelque chose au sujet des instruments de musique;
- exprimer des voeux et des sentiments;
- discuter de l'importance des miracles de la médecine;
- découvrir la Bretagne;
- apprendre à distinguer entre plusieurs verbes qui expriment l'idée de départ.

# *L*ECTURE

## La Symphonie pastorale

*André Gide*

*Dans ce roman, qui prend la forme d'un journal, un pasteur[1] suisse raconte comment il instruit[2] une jeune fille aveugle, qui s'appelle Gertrude. Le pasteur explique ici la notion de couleur à Gertrude, en employant une comparaison ingénieuse.[3]*

    *Dans le reste du livre, le pasteur réussit admirablement à faire de Gertrude une jeune femme intelligente et sensible. Malheureusement, il détruit son propre bonheur et celui de l'aveugle parce qu'il n'est sincère ni avec lui-même ni avec elle: il n'admet pas qu'il aime Gertrude.*

Mais je crois inutile de noter ici tous les échelons[4] premiers de cette instruction qui, sans doute,[5] se retrouvent dans l'instruction de tous les aveugles. C'est ainsi que, pour chacun d'eux, je pense, la question des couleurs a plongé chaque maître[6] dans un même embarras. (Et à ce sujet je fus appelé à remarquer qu'il n'est nulle part[7] question de couleurs dans l'Evangile.[8]) Je ne sais[9] comment s'y sont pris[10] les autres; pour ma part je commençai par lui nommer les couleurs du prisme dans l'ordre où l'arc-en-ciel[11] nous les présente; mais aussitôt s'établit[12] une confusion dans son esprit entre couleur et clarté; et je me rendais compte que son imagination ne parvenait[13] à faire aucune distinction entre la qualité de la nuance et ce que les peintres[14] appellent, je crois, « la valeur ». Elle avait le plus grand mal à[15] comprendre que chaque couleur à son tour pût[16] être plus ou moins foncée,[17] et qu'elles pussent[18] à l'infini se mélanger entre elles. Rien ne l'intriguait davantage et elle revenait sans cesse là-dessus.[19]

Cependant il me fut donné de l'emmener[20] à Neuchâtel où je pus lui faire entendre[21] un concert. Le rôle de chaque instrument dans la symphonie me permit de revenir sur cette question des couleurs. Je fis remarquer à Gertrude[22] les sonorités différentes des cuivres,[23] des instruments à cordes[24] et des bois,[25] et que chacun d'eux à sa manière est susceptible[26] d'offrir, avec plus ou moins d'intensité, toute l'échelle[27] des sons, des plus graves[28] aux plus aigus.[29] Je l'invitai à se représenter de même, dans la nature, les colorations rouges et orangées analogues aux sonorités des cors[30] et des trombones, les jaunes et les verts à celles des violons, des violoncelles et des basses; les violets et les bleus rappelés ici par les flûtes, les clarinettes et les hautbois.[31] Une sorte de ravissement[32] intérieur vint dès lors[33] remplacer ses doutes:

– Que cela doit être beau! répétait-elle.

Puis, tout à coup:

– Mais alors: le blanc? Je ne comprends plus à quoi ressemble le blanc …

Et il m'apparut aussitôt combien ma comparaison était précaire.

– Le blanc, essayai-je pourtant de lui dire, est la limite aiguë où tous les tons se confondent,[34] comme le noir en est la limite sombre.

Mais ceci ne me satisfit pas plus qu'elle, qui me fit aussitôt remarquer que les bois, les cuivres et les violons restent distincts les uns des autres dans le plus grave aussi bien que dans le plus aigu. Que de[35] fois, comme alors, je dus demeurer d'abord silencieux, perplexe et cherchant à quelle comparaison je pourrais faire appel.[36]

– Eh bien! lui dis-je enfin, représente-toi le blanc comme quelque chose de tout pur, quelque chose où il n'y a plus aucune couleur, mais seulement de la lumière; le noir, au contraire, comme chargé de[37] couleur, jusqu'à en être tout obscurci …[38]

Extrait de *la Symphonie pastorale*,
© Editions Gallimard, 1919

# Lexique

[1] **un pasteur:** un ecclésiastique protestant
[2] **instruit (instruire):** fait l'éducation de
[3] **ingénieuse (*m.* ingénieux):** *clever*
[4] **un échelon:** une étape
[5] **sans doute:** probablement
[6] **un maître:** un professeur
[7] **ne … nulle part:** en aucun endroit
[8] **l'Evangile (*m.*):** le Nouveau Testament
[9] **je ne sais:** je ne sais pas
[10] **s'y sont pris (s'y prendre):** ont fait
[11] **un arc-en-ciel:** l'ensemble des couleurs qu'on peut voir dans le ciel après la pluie
[12] **s'établit (s'établir):** se forma
[13] **parvenait (parvenir):** arrivait
[14] **un peintre:** un artiste qui peint
[15] **avait le plus grand mal à:** avait la plus grande difficulté à
[16] **pût:** imparfait du subjonctif de **pouvoir**
[17] **foncée:** sombre
[18] **pussent:** imparfait du subjonctif de **pouvoir**

[19] **là-dessus:** à ce sujet
[20] **emmener:** mener avec soi d'un lieu dans un autre
[21] **lui faire entendre:** *have her listen to*
[22] **fis remarquer à Gertrude:** *had Gertrude notice*
[23] **un cuivre:** *brass*
[24] **à cordes:** *stringed*
[25] **un bois:** *woodwind*
[26] **susceptible:** capable
[27] **une échelle:** *range*
[28] **graves:** bas
[29] **aigus (*f.* aiguë):** hauts
[30] **un cor:** *horn*
[31] **un hautbois:** *oboe*
[32] **le ravissement:** l'exaltation
[33] **dès lors:** dès ce moment
[34] **se confondent (se confondre):** se mélangent
[35] **que de:** combien de
[36] **faire appel à:** me servir de
[37] **chargé de:** rempli de
[38] **obscurci:** assombri (*obscured*)

*Neuchâtel*

## Compréhension

Répondez aux questions suivantes.

1. Le pasteur est-il près du début ou près de la fin de son instruction de Gertrude?
2. La notion de couleur est-elle facile pour un aveugle? Pourquoi?
3. a) Comment le pasteur commence-t-il à enseigner les couleurs?
   b) Qu'est-ce que Gertrude ne comprend pas? Expliquez.
4. Quel événement permet au pasteur de mieux expliquer la notion de couleur à Gertrude?
5. a) Quelle comparaison le pasteur utilise-t-il?
   b) Comment développe-t-il sa comparaison? (3 exemples)
6. a) Quelle est la réaction de Gertrude à cette comparaison?
   b) Qu'est-ce qu'elle ne comprend pas?
7. a) Comment le pasteur explique-t-il le blanc d'abord?
   b) Quelle est l'objection de Gertrude à cette explication?
   c) Quelle est la deuxième explication du blanc que donne le pasteur?
8. Comment explique-t-il le noir?
9. a) Quelles sont les deux significations de l'adjectif **pastoral**? religieux / nature
   b) Le titre du livre va-t-il bien avec cet épisode? Expliquez.

## Vocabulaire

A. Remplacez les tirets par le mot qui convient de la liste suivante.

se retrouvent/se confondent/chargé/ingénieuse/a plongé/s'y est pris/peintre / nuance/basse/ton

1. Comment est-ce qu'il _____ pour obtenir cet argent?
2. Ils _____ à trois heures pour discuter de leurs plans.
3. Catherine joue de la _____ dans un groupe de jazz.
4. La _____ de cette expression est difficile à comprendre.
5. Il a beaucoup d'imagination. Ses rêves _____ souvent avec la réalité.
6. Ses paroles étaient gentilles, mais le _____ de sa voix montrait sa colère.
7. Le sac du Père Noël est _____ de cadeaux.
8. Le désastre _____ la famille dans la douleur.
9. J'adore tous les tableaux de ce _____ .
10. Cette étudiante intelligente a fait une réponse _____ .

B. Trouvez le mot qui n'appartient pas à la série.

1. prêtre, pasteur, prêter
2. échelon, échelle, étape
3. certainement, sans doute, sûrement
4. maître, élève, instituteur, professeur
5. Evangile, Evangéline, Nouveau Testament
6. prisme, couleurs, arc-en-ciel, gratte-ciel
7. foncé, sombre, sonore, obscurci
8. instruments à cordes, symphonie, cuivres, bois
9. analogue, montre, pareil, similaire
10. ravissement, vis, exaltation

## A ton avis

**A.** Vrai ou faux? Explique tes réponses.

1. Gertrude montre beaucoup d'esprit et d'intelligence.
2. Les explications du pasteur ne sont pas très bonnes.
3. Le travail du professeur des aveugles demande beaucoup d'imagination.
4. L'ouïe (*hearing*) est plus développée chez les aveugles que chez les gens qui peuvent voir.
5. Les carottes sont bonnes pour les yeux.
6. La lecture ruine les yeux.
7. La musique symphonique est meilleure que la musique rock.
8. De tous les instruments de l'orchestre, le hautbois est l'instrument dont c'est le plus difficile à jouer.

**B.** Complète les phrases suivantes comme tu veux. Explique tes réponses.

1. Des cinq sens – la vue, le toucher, l'odorat, l'ouïe et le goût – je considère que le plus précieux est …
2. Notre société considère que les handicapés …
3. L'instrument de musique que j'aime le plus est …
4. Mon morceau de musique préféré est …

## A faire et à discuter

1. a) Qui a écrit le morceau de musique intitulé *la symphonie pastorale*? Faites des recherches sur la vie du compositeur. Quel handicap avait-il?
   b) Ecoutez *la symphonie pastorale* sur disque. La musique va-t-elle bien avec l'histoire d'André Gide?
2. Comment présenteriez-vous les notions suivantes à un aveugle?
   a) le chaud et le froid
   b) la grandeur et la petitesse
   c) l'océan
   d) les saisons de l'année
   e) la beauté
3. Faites l'expérience de l'aveuglement: passez une heure les yeux bandés. Racontez ensuite vos sentiments et vos difficultés.

## André Gide

Un des plus grands écrivains français du vingtième siècle, André Gide naquit à Paris en 1869. Puisque sa famille était riche, Gide avait la possibilité de se consacrer à la littérature sans se soucier de gagner sa vie. Dans son oeuvre immense, qui comporte plus de soixante titres, il se préoccupe beaucoup de la sincérité. Il aspire à être aussi sincère avec lui-même qu'il l'est avec les autres. Pour cette raison, il publia des romans partiellement autobiographiques et aussi son *Journal*, qui révèle ses pensées les plus intimes. Après avoir reçu le prix Nobel de littérature en 1947, il mourut en 1951.

*André Gide*

# *S*TRUCTURE

Révision
Le subjonctif

| | |
|---|---|
| *Vendeur:* | Que pensez-vous de notre nouvelle voiture – la guêpe-guerrière? |
| *Pierre:* | Moi, je suis déçu qu'elle ne soit pas plus grande. |
| *M. Laurin:* | Je voudrais que vous m'en vendiez une immédiatement. |
| *M<sup>me</sup> Laurin:* | Es-tu certain que nous ayons les moyens de payer cette auto? |

# OBSERVATION GRAMMATICALE

## Les formes régulières du subjonctif

Il est nécessaire que je **choisisse** des fleurs pour la party.

Le professeur veut que tu **rendes** tes devoirs immédiatement.

Il faut que Paul **parle** au directeur.

Le patron veut que nous **finissions** bientôt ce travail.

Il est nécessaire que vous **parliez** plus fort.

Je désire qu'ils **entendent** ma composition musicale.

Elle est surprise que je **mette** un complet pour aller à l'école.

Je suis déçu que tu ne **lises** jamais de livres.

Nous sommes contents qu'il **écrive** chaque semaine.

Elle n'est pas contente que nous **sortions** ensemble.

Je suis fâché que vous ne **disiez** jamais la vérité.

Robert est surpris qu'ils ne **connaissent** pas ses parents.

En général, on forme le présent du subjonctif du radical de la troisième personne du pluriel d'un verbe, par exemple, **écrire: ils écrivent**.

On enlève la terminaison **-ent: écriv-**

Quelles terminaisons faut-il ajouter ensuite pour former le subjonctif?

Le subjonctif des formes **nous** et **vous** est pareil à quel autre temps aux formes **nous** et **vous**?

## Le subjonctif avec les expressions d'ordre, de volonté, de permission ou de nécessité

On emploie le subjonctif après des expressions et des verbes qui expriment un ordre, la volonté, la permission ou la nécessité tels que:

il faut que
il est nécessaire que } + le subjonctif

| | |
|---|---|
| je voudrais que | elle défend que |
| je veux que | il empêche que |
| je préfère que | elle exige que |
| il commande (ordonne) que | il propose que |
| il désire que | elle souhaite que |
| elle permet que | etc. |

} + le subjonctif

## Exercices

**A.** Combinez les phrases suivantes selon l'exemple.

*Exemple*
Vous mettez ce chapeau. Je le veux.
Je veux que vous **mettiez** ce chapeau.

1. Elle me vend sa maison. Je le voudrais.
2. Nous vous parlons de cette affaire. Il le faut.
3. Je vois le nouveau film. Elle le propose.
4. Tu choisis un cadeau pour le professeur. Nous le préférons.
5. Vous sortez d'ici. Il l'ordonne.
6. Les élèves finissent leurs devoirs en classe. Le professeur l'exige.
7. Ce petit garçon part avec son frère aîné. La mère le veut.
8. Je lis le journal chaque jour. Mes parents le veulent.
9. Nous ouvrons toutes les fenêtres. M^{me} Leblanc le défend.
10. Annette joue du piano. Le professeur de musique le voudrait.
11. Tu connais bien la ville. Il le faut.
12. Vous promettez de rester ici. Elisabeth le voudrait.
13. Tu fais tes devoirs. Ta mère l'exige.
14. Vous êtes heureux. Elle le souhaite.

**B.** M. et M^{me} Lebrun vont sortir ce soir et Angèle est venue chez eux pour garder leur fils Raymond, âgé de neuf ans. Voilà quelques directives que M^{me} Lebrun donne à Angèle. Exprimez ses directives en suivant l'exemple.

*Exemple*
Raymond/se coucher à neuf heures et demie
(Je veux)
Je veux que Raymond **se couche** à neuf heures et demie.

1. Raymond/finir ses devoirs avant de regarder la télé   (Il faut)
2. Raymond et toi, vous/regarder la télé ensemble pendant une heure   (Je permets)
3. Tu/inviter ton ami chez nous pendant que nous sommes sortis   (Je défends)
4. Raymond et toi, vous/étudier un peu ensemble   (Je voudrais)
5. Raymond/lire son livre de la bibliothèque avant de s'endormir   (Je permets)
6. Tu/manger de la dinde dans le frigo   (Je veux bien)
7. Raymond/mettre son nouveau pyjama   (Je voudrais)
8. Tu/nous avertir si Raymond est méchant   (Il faut)

---

### Louis Braille (1809?–1852)

Lors d'un accident à l'âge de trois ans, Louis Braille devint aveugle. Il fut étudiant, puis professeur, à l'Institution nationale des jeunes aveugles à Paris, où il perfectionna son système d'écriture. Celui-ci consiste en six points, mis en relief, et utilisés dans soixante-trois combinaisons possibles. Braille, qui aimait beaucoup la musique et jouait de l'orgue dans une église parisienne, adapta aussi son système à la notation musicale.

**L'alphabet braille**

---

## Le subjonctif avec les expressions d'émotion ou de sentiment

On emploie le subjonctif aussi après les verbes, les adjectifs et les expressions suivants:

Je m'étonne que
Je m'inquiète que
Je préfère que
Je regrette que
Je suis content(e) que
       déçu(e) que
       désolé(e) que
       étonné(e) que
       fâché(e) que
       furieux que (furieuse que)                            + le subjonctif
       heureux que (heureuse que)
       malheureux que (malheureuse que)
       surpris(e) que
       triste que
J'ai peur que (ne)
Je crains que (ne)
Il est bon que
     triste que
     étonnant que
C'est dommage que
etc.

Nous avons déjà appris qu'on emploie le subjonctif après les verbes et les expressions qui expriment la volonté, les ordres, etc.

Qu'est-ce que les expressions et les verbes ci-dessus ont en commun quant à leur signification?

Donc, on emploie le subjonctif aussi après les expressions et les verbes qui expriment une é _____ ou un s _____ .

Quel mot peut-on employer après **j'ai peur que** et **je crains que**?

Est-ce un mot négatif?

**C.** Mettez les verbes entre parenthèses à la forme qui convient.

*Exemple*
Je suis surpris que vous _____ des difficultés avec cet exercice.   (éprouver)
Je suis surpris que vous **éprouviez** des difficultés avec cet exercice.

1. Je suis déçu qu'il ne _____ pas compte de ses problèmes.   (se rendre)
2. Il est bon que tu _____ sur ton avenir.   (réfléchir)
3. Il a peur que les joueurs ne _____ pendant le match.   (se battre)
4. Le professeur est furieux que nous _____ parler en classe.   (oser)
5. C'est dommage que vous _____ .   (s'enrhumer)
6. Es-tu fâché que je _____ à partir en Europe?   (songer)
7. Marie est désolée que vous _____ la maison.   (vendre)
8. Il est bon qu'elle _____ enfin.   (maigrir)
9. Nous regrettons que tu ne _____ jamais tes devoirs au professeur.   (rendre)
10. Jacques s'étonne que ces filles _____ faire du bricolage.   (adorer)

**D.** Quels sentiments éprouves-tu face aux situations suivantes? Utilise un verbe (une expression) qui exprime un sentiment.

*Exemple*
Un garçon menace de se battre avec un petit enfant.
J'ai peur qu'il ne se batte avec le petit enfant. *ou* Je suis furieux (furieuse) qu'il menace de se battre avec le petit enfant.

1. Un(e) élève avertit le professeur que tu n'as pas fait tes devoirs.
2. Quand tu vas à l'école, tes livres et tes cahiers tombent dans la boue.
3. Ton (Ta) meilleur(e) ami(e) déménage dans une autre ville.
4. Ton frère vend ta motocyclette.
5. Toi et ton ami(e), vous manquez l'autobus pour l'école.
6. Tu perds ton cahier pour la classe de sciences.
7. Tu rougis quand le professeur te parle.
8. (*filles*) Ton ami sort avec une autre fille. (*garçons*) Ton amie sort avec un autre garçon.
9. Ton petit frère dit toujours des bêtises.
10. Tu écris la mauvaise réponse au tableau.

---

### Particularités de la formation du subjonctif

Si le radical d'un verbe change de forme avec **nous** et **vous** au présent de l'indicatif, il faut garder ce changement de forme avec **nous** et **vous** au subjonctif, par exemple:

| *l'infinitif* | *l'indicatif* | *le subjonctif* |
|---|---|---|
| appeler | ils appellent | Il faut que j'**appelle** le médecin. |
|  | nous appelons | Il faut que nous **appelions** le médecin. |
| (comme **appeler**: **jeter**) | | |

| l'infinitif | l'indicatif | le subjonctif |
|---|---|---|
| céder | ils cèdent | Il est nécessaire que tu **cèdes** ta place. |
| | nous cédons | Il est nécessaire que vous **cédiez** votre place. |
| (comme **céder: espérer, préférer**, etc.) | | |
| mener | ils mènent | Il est bon qu'elle **mène** une vie tranquille. |
| | nous menons | Il est bon que vous **meniez** une vie tranquille. |
| (comme **mener: emmener, promener**, etc.) | | |
| boire | ils boivent | Je voudrais que tu **boives** un verre avec moi. |
| | nous buvons | Je voudrais que vous **buviez** un verre avec moi. |
| mourir | ils meurent | C'est dommage qu'il **meure** de faim. |
| | nous mourons | Il est surpris que nous **mourions** de fatigue. |
| recevoir | ils reçoivent | Je suis content que tu **reçoives** le prix. |
| | nous recevons | Elle est surprise que vous **receviez** des lettres de Marie. |
| (comme **recevoir: devoir**) | | |
| comprendre | ils comprennent | Il faut que je **comprenne** la situation. |
| | nous comprenons | Il est content que nous **comprenions** la leçon. |
| (comme **comprendre: prendre, apprendre**, etc.) | | |
| croire | ils croient | Il faut que tu me **croies**. |
| | nous croyons | Il faut que vous me **croyiez**. |
| (comme **croire: voir, envoyer**, etc.) | | |
| tenir | ils tiennent | Il est nécessaire que je **tienne** ma promesse. |
| | nous tenons | Il est nécessaire que nous **tenions** notre promesse. |
| (comme **tenir: venir, devenir, revenir, convenir**, etc.) | | |
| Remarquez aussi: | | |
| aller | ils vont | Il faut que tu **ailles** au marché. |
| | nous allons | Il faut que nous **allions** au marché. |
| vouloir | ils veulent | Il est bon que tu **veuilles** rester ici. |
| | nous voulons | Il est bon que vous **vouliez** rester ici. |

**E.** Complétez les phrases suivantes par la forme qui convient du verbe entre parenthèses.

*Exemple*
M<sup>me</sup> Larocque est contente que le chandail lui _____ . (convenir)
M<sup>me</sup> Larocque est contente que le chandail lui **convienne**.

1. Il est surpris que nous n' _____ pas à la party. (aller)
2. Il est étonnant que tu ne _____ pas voir ce film. (vouloir)
3. Je regrette que Jean n' _____ pas son frère avec lui. (amener)
4. C'est dommage que vous ne _____ jamais de lettres de Pauline. (recevoir)
5. Il est nécessaire qu'on _____ la police immédiatement. (appeler)
6. Il faut que j' _____ ce tournevis pour réparer ce poste de radio. (employer)
7. Je ne veux pas que les invités _____ ce vin. (boire)
8. Le médecin craint que l'enfant ne _____ . (mourir)
9. Je suis heureux que Louis _____ au restaurant avec nous. (venir)
10. Elle est déçue que vous ne _____ pas sa peinture. (préférer)
11. Il faut que nous _____ ce film. (voir)
12. Il est nécessaire que tu _____ une décision immédiatement. (prendre)

**F.** Voici quelques situations. Exprime tes sentiments envers ces situations en employant une expression d'émotion: **C'est dommage; Je suis heureux (heureuse), triste, content(e), furieux (furieuse), désolé(e), déçu(e); Je regrette; Je m'inquiète; Il est bon,** etc.

*Exemple*
Ton amie du Mexique t'écrit une lettre.
Je suis très heureux (heureuse) qu'elle m'**écrive** une lettre.

1. Ton ami(e) annonce qu'il (elle) vient de quitter l'école pour toujours.
2. Tes parents vont en Floride sans toi.
3. Ton chien ne veut pas manger.
4. Ton frère prend ton journal intime.
5. Le père d'un(e) de tes ami(e)s meurt.
6. Ta mère reçoit une lettre de ton professeur qui parle de tes mauvaises notes.
7. Nous devons emmener ton petit frère au cinéma.
8. Le professeur apprend que tu n'as pas fait tes devoirs.

---

**Le subjonctif de quelques verbes irréguliers**

**avoir**
C'est dommage que je n'**aie** pas assez de temps pour le faire.
Je regrette que tu **aies** des difficultés.
Il est étonnant qu'il **ait** besoin de tant d'argent.
Il est déçu que nous n'**ayons** pas confiance en lui.
Je suis surpris que vous **ayez** peur de mon petit chien.
Il est bon qu'ils **aient** raison.

**être**

Il est nécessaire que je **sois** à l'école à huit heures.

Je regrette que tu **sois** malheureux.

C'est dommage qu'il ne **soit** pas ici.

Jean-Loup voudrait que nous **soyons** à l'aise chez lui.

Je m'étonne que vous **soyez** déjà ici.

Je suis surpris qu'ils **soient** tellement en retard.

**faire**

Il faut que je **fasse** mes devoirs immédiatement.

Angèle est surprise que tu **fasses** si bien du ski de fond.

Nancy est contente que Jean-Paul **fasse** un exposé à la classe.

Il est bon que nous **fassions** le ménage le samedi.

Je ne suis pas content que vous **fassiez** tant de fautes dans l'exercice.

Je voudrais qu'ils **fassent** ce travail maintenant.

**pouvoir**

Il est content que je **puisse** l'aider.

C'est dommage que tu ne **puisses** pas aller au cinéma.

Il est surpris qu'elle **puisse** comprendre la matière.

Il est furieux que nous ne **puissions** pas l'accompagner.

Je suis déçu que vous ne **puissiez** pas venir à la party.

Il est bon qu'ils **puissent** jouer avec nous.

**savoir**

Il est nécessaire que je **sache** la vérité.

Je suis surpris que tu ne **saches** pas la nouvelle.

Nous sommes contents que Marie **sache** parler si bien le français.

Il voudrait que nous **sachions** son âge.

Elle est déçue que vous ne **sachiez** pas le numéro de téléphone de Pierre.

Es-tu surpris qu'ils **sachent** toutes les réponses?

Quel est le radical du subjonctif de chaque verbe ci-dessus?

Quels verbes ont des terminaisons régulières au subjonctif?

Quelles terminaisons sont irrégulières au subjonctif?

Remarquez:

Monique est déçue que Michel **soit** déjà **parti**.

André est surpris que nous **ayons oublié** le nom de son amie.

Comment forme-t-on **le passé du subjonctif**?

**G.** Combinez les phrases suivantes selon l'exemple. Faites les changements nécessaires.

*Exemples*

L'édifice a brûlé tellement vite. C'est étonnant.
Il est étonnant que l'édifice **ait brûlé** tellement vite.

Elles ont besoin d'argent. J'en suis surpris.
Je suis surpris qu'elles **aient** besoin d'argent.

1. Alain ne sait jamais la bonne réponse. Le professeur n'en est pas content.
2. Je ne peux pas entendre la musique. Elle le regrette.
3. Ils font du ski ce week-end. Nous en sommes contents.
4. Vous êtes en retard. M^me Bondy en est furieuse.
5. Tu as perdu mes notes. Je m'en inquiète.
6. Nous faisons enfin le ménage. C'est bon.
7. Claire est sortie avec Pierre. Nous en sommes très surpris.
8. Vous savez le poème par coeur. Il le faut.
9. J'ai averti le directeur de la situation. C'est bon.
10. Ces enfants peuvent aider le professeur. J'en suis content.
11. Tu fais tant de fautes dans tes devoirs. Le professeur en est déçu.
12. Nous sommes à l'aise ici. M. Martin en est heureux.

**H.** Roger Laliberté se sent très malade; donc, il va chez le médecin. Indiquez les réactions du médecin envers Roger en combinant les expressions de la colonne A avec celles de la colonne B. L'ordre des expressions de la colonne A ne correspond pas forcément à celui des expressions de la colonne B.

| A | B |
|---|---|
| C'est dommage | 1. se sentir malade |
| Il est nécessaire | 2. être capable de venir ici |
| Il faut | 3. rester au lit pendant quelques jours |
| Je suggère | 4. prendre une de ces pilules trois fois par jour |
| Je suis surpris | 5. boire du jus d'orange |
| Je regrette | 6. préparer de la soupe au poulet |
| Je veux | 7. savoir que la maladie n'est pas très grave |
| Je voudrais | 8. ne pas pouvoir sortir ce week-end |
| | 9. avoir la grippe |
| | 10. faire le nécessaire pour aller mieux bientôt |

*Exemple*
Je regrette que vous vous sentiez malade.

## Le subjonctif avec les expressions de doute, d'incertitude ou de négation

Je doute qu'il **soit** vraiment malade.  
Yves ne croit pas que tu **sois** capable de faire ce travail.

Je ne doute pas qu'il **est** vraiment malade.  
Yves croit que tu **es** capable de faire ce travail.

Penses-tu que ce pauvre garçon **puisse** réussir?

Je pense que ce pauvre garçon **pourra** réussir.

Etes-vous certains qu'il **aille** avec nous?  
Elles ne sont pas sûres que tu **veuilles** les accompagner.

Nous sommes certains qu'il **ira** avec vous.  
Elles sont sûres que tu **veux** les accompagner.

Il ne dit pas que vous **ayez menti**.

Il dit que vous **avez menti**.

Regardez les phrases ci-dessus. Lesquelles expriment le doute ou l'incertitude?

Quel mode du verbe faut-il employer après ces expressions?

Pourquoi emploie-t-on l'indicatif après les expressions **je ne doute pas, Yves croit, je pense, nous sommes certains, elles sont sûres, il dit**?

Remarquez que si l'on utilise les verbes et les expressions **croire, penser, dire, être certain/sûr** au négatif ou à l'interrogatif, on introduit un élément de doute ou d'incertitude dans la phrase; donc, on emploie le subjonctif dans la proposition subordonnée.

---

**I.** Complétez les phrases suivantes par la forme du verbe qui convient, au temps qui convient.

*Exemples*  
Penses-tu qu'elle _____ réussir? Impossible! (pouvoir)  
Penses-tu qu'elle **puisse** réussir? Impossible!

Serge ne doute pas que Marcel _____ demain. (arriver)  
Serge ne doute pas que Marcel **arrivera** demain.

1. Je doute que vous _____ comment vous y prendre. (savoir)
2. Crois-tu qu'il _____ faire une distinction entre la réalité et ses rêveries? (pouvoir)
3. Elle est certaine que cette symphonie _____ de Brahms. (être)
4. Je crois bien que la carte postale _____ à Jeanne demain. (parvenir)
5. Il ne dit pas que les instruments à cordes _____ meilleurs que les bois. (être)
6. Je ne doute pas qu'il _____ un problème grave. (avoir)
7. Nous ne pensons pas que tu _____ devenir peintre. (vouloir)
8. Etes-vous sûr que je _____ le bon choix? (faire)

**J.** Mettez les phrases négatives à l'affirmatif et les phrases affirmatives au négatif et faites les changements nécessaires.

*Exemples*

Je pense qu'il arrivera dans quelques minutes.
Je ne pense pas qu'il **arrive** dans quelques minutes.

Elle n'est pas sûre qu'elle puisse emmener sa soeur à l'aéroport.
Elle est sûre qu'elle **peut/pourra** emmener sa soeur à l'aéroport.

1. Nous ne sommes pas certains que vous soyez capable de jouer du hautbois.
2. Elle ne croit pas que tu saches le nom du peintre.
3. Je suis sûr que vous pouvez m'emmener au concert.
4. Ils pensent que j'ai pris leurs disques.
5. Je dis que vous vous êtes trompé.
6. Ils croient que tu peux chanter aussi bien que Mireille.

**K.** Mettez les phrases interrogatives à l'affirmatif et les phrases affirmatives à l'interrogatif et faites les changements nécessaires.

*Exemples*

Penses-tu qu'il sache la bonne réponse?
Tu penses qu'il **sait** la bonne réponse.

Elle est certaine qu'il y a un concert ce soir.
Est-elle certaine qu'il y **ait** un concert ce soir?

1. Est-il sûr que nous venions avec lui?
2. Vous pensez qu'il fera une faute.
3. Ils sont certains que tu auras du mal à comprendre la lecture.
4. Pense-t-elle qu'ici il soit question de la sixième symphonie de Beethoven?
5. Il croit que tu devras faire appel à un spécialiste.
6. Pensent-ils que cette histoire se soit passée à Winnipeg?

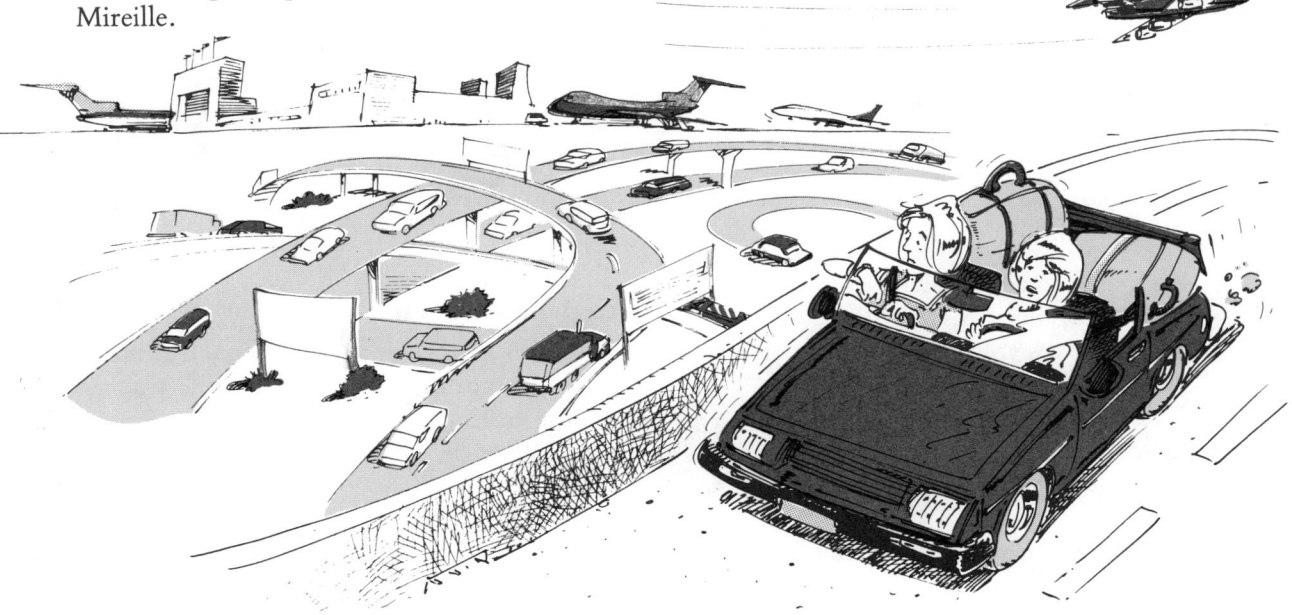

**L.** Nicole était sur le point d'entrer dans la banque quand deux hommes qui en sortaient à toute vitesse l'ont presque renversée. C'étaient deux vauriens qui venaient de commettre un vol dans la banque. Maintenant un agent de police interroge Nicole. Il veut savoir si elle peut lui fournir une description des voleurs. Voilà ce dont elle se souvient.

> Il y avait deux jeunes gens: l'un était blond; l'autre avait les cheveux brun foncé.
> Le jeune homme aux cheveux blonds était de grande taille et il était habillé tout en noir.
> L'autre portait un T-shirt vert et des jeans. Ce dernier avait une moustache et était de taille moyenne.
> Elle n'a remarqué ni leurs souliers ni la couleur de leurs yeux.

Voici les questions posées par l'agent.
Répondez pour Nicole en utilisant **Je pense que, Je crois que, Je suis sûre/certaine que** ou **Je doute que, Je ne suis pas sûre/certaine que** selon ce que Nicole sait et selon ce dont elle se souvient de l'incident.

*Exemple*
Est-ce qu'ils portaient des gants?
Je ne suis pas sûre qu'ils **aient porté** des gants.

1. Est-ce qu'ils avaient des revolvers?
2. De quelle couleur étaient leurs cheveux?
3. Comment étaient-ils habillés?
4. Est-ce que ces voleurs pouvaient être des femmes?
5. Est-ce qu'ils portaient des bottes?
6. Est-ce que l'homme blond avait 50 ans?
7. Est-ce que l'homme blond était de grande taille?
8. Et l'homme aux cheveux brun foncé, quelle était sa taille?

9. Est-ce que l'un des deux avait une barbe ou une moustache?
10. Ont-ils emporté l'argent volé dans une trousse ou dans un sac?

**Activité en classe**

Travaillez en groupe de trois ou quatre étudiants. Préparez une dramatisation semblable à la scène ci-dessus. Présentez-la à la classe et puis interrogez les autres élèves de la classe qui seront « témoins » du « crime ».

# QUESTION À DÉBATTRE

# Les progrès en médecine, miracles ou catastrophes?

Pourrions-nous devenir immortels? Devrions-nous devenir immortels? Aujourd'hui la médecine est capable de miracles, de la naissance à la mort, et même parfois au delà de ces limites! Même avant la naissance il y a des tests de stérilité et on peut suivre les battements de coeur d'un foetus ou même l'opérer. Dès la naissance, les prodiges ne cessent de se multiplier: les bébés prématurés survivent souvent grâce aux soins intensifs; des médicaments miraculeux tels que l'insuline, prolongent la vie de milliers de personnes. Les transplantations d'organes se perfectionnent constamment, et on connaît actuellement le coeur artificiel. Il ne faut pas oublier non plus que nous combattons mieux les maladies maintenant: en 1970 une personne atteinte de cancer n'avait qu'une chance sur trois d'être vivante cinq ans plus tard, mais aujourd'hui elle a presque une chance sur deux. Certains experts estiment que bientôt, l'espérance de vie se situera entre 110 et 150 ans.

## Votre opinion, s'il vous plaît

1. Connaissez-vous d'autres miracles de la médecine?
2. En pensant à tous ces développements, on devrait aussi se poser des questions.
   a) A-t-on le droit de changer ainsi le cours de la vie?
   b) Serons-nous les victimes de la surpopulation?
   c) De quoi les personnes âgées vivront-elles si elles prennent leur retraite à 65 ans?
   d) Quels autres problèmes y voyez-vous?

## Développement

Dressez une liste du pour et du contre de la question: «Les progrès en médecine, miracles ou catastrophes?» Préparez un débat sur cette question avec un groupe d'étudiants.
Rédigez une composition sur ce sujet.

# STRUCTURE

## Les conjonctions suivies du subjonctif

Bien que vous disiez que vous savez monter à cheval, je ne le crois pas.

---

### OBSERVATION GRAMMATICALE

Je resterai ici **afin que** tu ne sois pas seul.
**Pour que** tu puisses être à l'aise, je resterai avec toi.
Je vous attendrai **pourvu que** vous ne soyez pas trop en retard.
**Bien qu'**il fasse beau maintenant, je sais qu'il pleuvra bientôt.
**Quoiqu'**il dise qu'il comprend le roman, j'en doute.
J'espère le voir **avant qu'**il **(ne)** parte.
Elle ne dit rien **de peur que** vous **(ne)** vous fâchiez.
Jacques n'ose pas partir **de crainte que** vous **(ne)** lui téléphoniez.

---

Je continuerai à lui écrire **jusqu'à ce qu**'il me réponde.
**En attendant qu**'elle prenne une décision, nous ne pouvons rien faire.

Je ferai le travail **à moins qu**'elle **(ne)** l'ait déjà fait.
Nous avons préparé la surprise-party **sans qu**'il le sache.

Quel mode de verbe faut-il employer après les conjonctions **afin que, pour que, pourvu que, bien que, quoique, avant que (ne), de peur que (ne), de crainte que (ne), en attendant que, jusqu'à ce que, à moins que (ne)** et **sans que?**

Avec quelles conjonctions peut-on utiliser le **ne** explétif dans la proposition qui suit?

Remarquez:

Je resterai chez moi **jusqu'à ce que** vous arriviez.
J'attendrai chez moi **que** vous arriviez.
Je ne partirai pas **avant que** vous **ne** soyez arrivé.

Que veut dire **jusqu'à ce que, que** et **avant que (ne)** en anglais dans les trois phrases ci-dessus?

Donc, on ne peut pas utiliser **jusqu'à ce que** après le verbe **attendre**, et après un négatif on emploie **avant que (ne)** au lieu de **jusqu'à ce que** pour exprimer *till/until*.

## Exercices

**A.** Complétez les phrases suivantes par la forme qui convient du verbe entre parenthèses.

*Exemple*
En attendant qu'il _____ s'établir dans son nouvel appartement, il restera chez nous.
(pouvoir)
En attendant qu'il **puisse** s'établir dans son nouvel appartement, il restera chez nous.

1. Bien qu'il _veuille_ faire le travail, il ne le peut pas. (vouloir)
2. Le professeur continue à nous aider jusqu'à ce que nous _comprenions_ l'exercice. (comprendre)
3. L'agent de police reste près du criminel de peur qu'il ne _____ à s'échapper. (parvenir)
4. Il veut partir sans que vous le _____. (savoir)
5. Je garde les enfants afin que leurs parents _____ sortir. (pouvoir)
6. Il veut t'avertir de la situation avant que tu ne _____ ton choix. (faire)
7. A moins que je ne lui _____, il n'apprendra pas la nouvelle. (écrire)
8. Il ne dira rien avant que vous ne lui _____ donné la permission d'en parler. (avoir)
9. Pourvu que tu _____ tes devoirs, tu peux sortir ce soir. (faire)

**B.** Complétez chaque phrase par une des conjonctions tirées de la liste suivante.

afin que, à moins que, avant que, de peur que, jusqu'à ce que, pour que, que, quoique, sans que

*Exemple*

Je conduirai vite _____ vous ne manquiez pas le train.

Je conduirai vite **pour que** vous ne manquiez pas le train.

1. L'enfant terrorisé se cache _____ le méchant garçon ne le voie.

2. Il faut lire ces directives _____ vous compreniez comment la machine fonctionne.

3. _____ je ne me trompe, l'actrice célèbre Yvette Laflamme est assise là-bas!

4. Nous vous rendrons visite _____ vous ne partiez en Europe.

5. Attendez _____ je regagne ma place.

6. La photo a disparu _____ nous ayons pu en trouver la trace.

7. _____ tu dises que tu as voyagé en Asie, je ne te crois pas.

8. Le bébé pleurera _____ sa mère le berce.

---

## EN GARDE!

Quelques particularités au sujet des conjonctions **afin que, pour que, avant que, sans que, de crainte que/de peur que**

Il ira vite à la gare **afin que** je ne manque pas mon train.
Il ira vite à la gare **afin de** ne pas manquer son train.

Elle te lira l'explication lentement **pour que** tu la comprennes.
Elle lira l'explication lentement **pour** la comprendre.

Je partirai **avant que** les autres ne dînent.
Je partirai **avant de** dîner.

Je rentrerai avant minuit **de crainte que** (**de peur que**) mes parents ne se fâchent.
Je rentrerai avant minuit **de crainte de** (**de peur de**) manquer le dernier autobus.

Nous ne pouvons pas terminer la réunion **sans qu'**il fasse son rapport.
Nous ne pouvons pas terminer la réunion **sans** faire notre rapport.

Regardez les mots ci-dessus en caractères gras.

Lesquels sont des conjonctions et lesquels sont des prépositions?

Si la phrase a un sujet dans la proposition principale et un sujet différent dans la proposition subordonnée, doit-on utiliser une conjonction ou une préposition pour relier les deux propositions?

Quand il y a le même sujet dans les deux parties, on utilise une préposition pour les relier. Quelle forme du verbe y a-t-il après la préposition?

**C.** Ajoutez le sujet entre parenthèses à la deuxième partie de la phrase selon l'exemple et faites les changements nécessaires.

*Exemple*
Je lui parlerai avant de partir.   (il)
Je lui parlerai **avant qu'il ne parte**.

1. Je le lirai à haute voix afin de le comprendre. (tu)
2. Elle l'a fait sans s'en rendre compte.   (je)
3. Le professeur fera la dictée avant de corriger l'exercice.   (nous)
4. Nous discutons de la situation pour mieux la comprendre.   (vous)
5. Ils compléteront le projet avant de partir. (je)
6. Je fermerai la fenêtre de peur de m'enrhumer. (vous)

**D.** Eliminez le sujet de la phrase subordonnée pour qu'il y ait le même sujet dans les deux parties de la phrase. Faites les changements nécessaires.

*Exemple*
Il s'en va sans que je dise au revoir.
Il s'en va **sans dire** au revoir.

1. Elle se peigne avant que je ne m'habille.
2. Nous commençons maintenant afin que vous puissiez partir de bonne heure.
3. J'arrive sans qu'il annonce que je suis là.
4. Avez-vous acheté les billets pour que j'aille au concert?
5. L'enfant éclate en larmes sans que sa mère sache pourquoi.
6. Il se dépêche de crainte que vous ne manquiez l'avion.

**E.** Que ferais-tu dans les situations suivantes? Utilise les mots entre parenthèses dans la réponse.

*Exemple*
Un(e) ami(e) t'invite à une party pour vendredi soir. (à moins que)
A moins que je n'aie pas déjà accepté d'aller avec un(e) autre ami(e), j'accepterai son invitation.

1. Quelqu'un que tu n'aimes pas beaucoup t'invite à aller au cinéma avec lui, mais tu veux vraiment voir ce film.   (bien que)
2. Tes amis veulent célébrer l'anniversaire d'un(e) ami(e) samedi prochain, mais tu te sens trop malade maintenant pour aller à une party.   (à moins que)
3. Tu veux commencer à manger, mais ton père n'est pas encore rentré du travail.   (en attendant que)
4. Ton ami(e) ne comprend pas très bien ses devoirs et il (elle) veut copier les tiens.   (afin que *ou* bien que)
5. Tu as eu une dispute avec ton ami(e) à midi à l'école, mais maintenant tu le regrettes. Il est trois heures et demie et ton ami(e) va partir, mais tu veux lui parler. Que vas-tu lui dire et comment?   (avant que)
6. Il est minuit et tu lis un livre intéressant, mais il faut que tu te lèves de bonne heure demain. Que fais-tu?   (jusqu'à ce que *ou* pour que)
7. Tes parents t'ont dit de rentrer au plus tard à une heure du matin de la party. Il est une heure moins le quart et tu es toujours à la party. Que fais-tu?   (de peur que)

# DÉCOUVERTE DE LA FRANCE

## La Bretagne

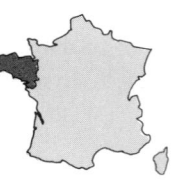

BREST

Camaret

Mont Saint-Michel

RENNES

Concarneau
Pont-Aven

Carnac

*OCEAN ATLANTIQUE*

Saint-Nazaire

la Baule

*Des coiffes bretonnes de Pont-Aven*

*Les environs de Camaret*

Cette province dans le nord-ouest de la France est sans doute parmi les plus intéressantes et les plus mystérieuses du pays. Quelle race, par exemple, dressa et ordonna les milliers de mégalithes énormes, appelés menhirs et dolmens, autour de Carnac plus de 2 000 ans avant Jésus-Christ — et pourquoi? On n'a que des théories à ce sujet. Est-il vrai que le roi Arthur et ses cinquante chevaliers de la Table Ronde soient arrivés dans cette région à la recherche du Saint Graal? Et que le sorcier Merlin ait vécu dans les forêts épaisses de la Bretagne? Les légendes nous disent que oui.

Ce sont les Brittons qui, au V$^e$ siècle, chassés de leur pays (aujourd'hui l'Angleterre) par les Angles et les Saxons, envahirent cette région à laquelle ils donnèrent le nom de « Bretagne » et où ils firent fleurir la langue celtique, le breton. Cette langue qui se parle encore de nos jours et qu'on enseigne dans quelques écoles en Bretagne est plus proche de la langue galloise que du français. Cependant, tout le monde en Bretagne parle aussi français.

Si un touriste est chanceux, il verra un des « pardons » où les gens du village, habillés de leurs plus beaux vêtements, marchent en procession, portant à l'église des bannières et des statues de saints pour demander pardon de leurs fautes. Il se peut que les femmes de la procession aient de jolies coiffes en dentelle. Un connaisseur est capable de reconnaître la région de la province et même le village d'après le style de la coiffe portée par les femmes.

La Bretagne est connue aussi pour d'autres fêtes, surtout le « fest-noz », qui a lieu le soir. Pendant cette fête, les villageois chantent des chansons bretonnes et dansent des danses folkloriques.

Si vous aimez les fruits de mer, vous serez ravi par la table bretonne où coquillages, crustacés, poissons, langoustes et crevettes sont de premier ordre. Une autre spécialité consiste en des crêpes et des galettes de toutes sortes qu'on mange accompagnées de cidre.

La Bretagne est d'une beauté austère avec ses côtes rocheuses, sauvages et majestueuses, mais elle a aussi de longues plages de sable fin qui comptent parmi les plus belles d'Europe, surtout à La Baule ou à Carnac-Plage où il y a des dunes. En Bretagne, on trouve encore ici et là de vieilles chaumières, c'est-à-dire des maisons avec des toits de chaume. Quel contraste avec les grandes forteresses médiévales que l'on y rencontre également!

Aujourd'hui les Bretons font des efforts pour moderniser leur région tout en essayant de préserver leurs traditions anciennes: leur langue, leur folklore – costumes, danses, musique et légendes. On espère qu'ils sauront préserver la meilleure part de ces deux aspects: le passé et la vie moderne.

*La Baule*

# *S*TRUCTURE

## Révision
## Les pronoms compléments d'objet

– Comment! Tu as montré mon journal à Philippe?
– Euh, non! Je ne le lui ai pas montré – je l'ai montré à Gilbert.

# OBSERVATION GRAMMATICALE

1. a) Tu peux **m'**emmener au concert?
   b) Si tu veux, j'aimerais bien **t'y** emmener.

2. a) Avez-vous donné le cadeau à Nicole?
   b) Pas encore. Je vais **le lui** donner demain.

3. a) Qui **t'**a donné ces belles fleurs?
   b) Marc **me les** a donn**ées**. Elles sont belles, n'est-ce pas?

4. a) Est-ce qu'elle **vous** a offert du café?
   b) Oui, elle **nous en** a offert, mais nous n'**en** voulions pas.

5. a) As-tu dit la bonne nouvelle à tes parents?
   b) Oui, je **la leur** ai dite hier soir.

6. a) Combien de fautes le professeur a-t-il trouvées dans l'exercice?
   b) Malheureusement, il **y en** a trouvé sept. Quel désastre!

7. a) Est-ce qu'il **s'**est rendu compte de la gravité de la situation?
   b) Je ne crois pas qu'il **s'en** soit vraiment rendu compte.

8. a) Vous voulez voir mes photos maintenant?
   b) Merci, non. Ne **me les** montrez pas maintenant.

Dans les phrases ci-dessus, quels sont les pronoms objets?

Regardez les pronoms objets dans la deuxième phrase de chaque groupe de phrases ci-dessus. Indiquez les mots de la première phrase de chaque groupe que les pronoms objets ont remplacés.

Qu'est-ce que le pronom **y** remplace? Et le pronom **en**?

Pourquoi est-ce qu'il y a accord du participe passé dans les phrases **3b** et **5b**?

Où place-t-on les pronoms compléments d'objet en général? Pourquoi les pronoms objets vont-ils devant l'infinitif dans les phrases **1a, 1b** et **2b**?

Regardez le schéma des pronoms compléments d'objet:

| me | | | | |
|------|------|------|---|----|
| te | le | | | |
| se | la | lui | y | en |
| nous | l' | leur | | |
| vous | les | | | |

Remarquez qu'il n'y a presque jamais plus de deux pronoms compléments d'objet dans une phrase, mais que les pronoms objets devant le verbe sont toujours dans l'ordre du schéma ci-dessus.

# Exercices

**A.** Remplacez les mots en caractères gras par le pronom qui convient. Faites les changements nécessaires.

*Exemple*
Jules a invité **Micheline au cinéma**.
Jules **l'y** a invitée.

1. Nous avons entendu **la symphonie à la radio**.
2. Dans l'orchestre, il y avait beaucoup **d'instruments à cordes**.
3. Marcel s'est enfin établi **dans son nouvel appartement**.
4. L'infini a toujours intrigué **ces scientifiques**.
5. On pouvait voir **l'arc-en-ciel à l'ouest**.
6. J'ai déjà parlé **du projet au directeur**.
7. Elle m'a indiqué **les nuances des couleurs**.
8. Ne parlez pas **de ce problème à vos parents**.
9. Il a beaucoup de mal à jouer **du cor dans l'orchestre**.
10. Ne nous demandez pas **d'argent**.

**B.** Répondez aux questions suivantes à l'affirmatif ou au négatif selon le mot entre parenthèses et remplacez les mots en caractères gras par des pronoms.

*Exemples*
Veux-tu emmener **ta soeur à la bibliothèque**? (Non)
Non, je ne veux pas **l'y** emmener.

As-tu donné **les billets à Georges**? (Oui)
Oui, je **les lui** ai donnés.

Dois-je mettre **cette chemise** aujourd'hui, maman? (Non)
Non, ne **la** mets pas aujourd'hui.

1. As-tu vu **Nicole dans la cafétéria**? (Non)
2. Dois-je vous offrir **du thé**? (Non)
3. Allez-vous m'expliquer **l'exercice**? (Oui)
4. Veux-tu nous accompagner **au cinéma**? (Oui)
5. Ont-ils écrit **les lettres à ces élèves**? (Non)
6. Devons-nous mettre **les fleurs sur le bureau**? (Non)
7. A-t-elle pris **la carte dans cette salle**? (Non)
8. Voudrais-tu me passer **du sucre**, s'il te plaît? (Oui)

*Des menhirs à Carnac*

1. Marc a parlé **au peintre**.　　　　Il **lui** a parlé.
2. Marc est allé **à l'exposition de peinture**.　　Il **y** est allé.
3. Marc a parlé **du peintre**.　　　　Il a parlé de **lui**.
4. Marc a parlé **de sa peinture**.　　Il **en** a parlé.
5. Marc s'est souvenu **du peintre**.　　Il s'est souvenu de **lui**.
6. Marc s'est souvenu **de sa peinture**.　　Il s'**en** est souvenu.
7. Marc m'a présenté **au peintre**.　　Il m'a présenté à **lui**.

Qu'est-ce que le pronom **y** remplace? Et le pronom **en**?

Pourquoi ne peut-on pas utiliser **y** pour remplacer un complément d'objet dans la première phrase?

Pourquoi ne peut-on pas utiliser **en** pour remplacer un complément d'objet dans la troisième et dans la cinquième phrase?

Remarquez la septième phrase. On ne peut pas combiner les pronoms compléments d'objet direct **me, te, se, nous** et **vous** avec un pronom complément d'objet indirect **me, te, lui, leur, nous** et **vous**. Donc, on est obligé d'utiliser **à** + un pronom accentué pour l'objet indirect.

**C.** Remplacez les mots en caractères gras par le pronom qui convient.

*Exemple*
Il a caché **l'accident à sa mère**.
Il **le lui** a caché.

1. Robert a beaucoup parlé de **son père**.
2. Nous avons offert **des sandwichs aux invités**.
3. Angèle m'a présentée à **son fiancé**.
4. Le professeur ne se souvient plus de **ses anciens élèves**.
5. Je vous ai rencontré **au concert**.
6. Jacqueline nous a donné un peu **d'argent**.
7. As-tu téléphoné **à Nicole**?
8. Je vais vous recommander à **mon patron**.

*Un sculpteur près d'une crêperie*

**D.** Répondez aux questions suivantes en utilisant l'impératif affirmatif et remplacez les mots en caractères gras par un pronom qui convient.

*Exemples*
Devrais-je t'expliquer **le problème**?
Oui, explique-le-moi.

Voulez-vous que je parle **au directeur**?
Oui, parlez-lui.

1. Voulez-vous que je fasse **la vaisselle**?
2. Dois-je les rencontrer **devant l'école**?
3. Veux-tu que je te raconte **mon histoire**?
4. Dois-je te donner **des cadeaux**?
5. Voulez-vous que nous chantions **cette chanson aux enfants**?
6. Devrais-je aller **à l'hôpital**?
7. Dois-je vous dire **les nouvelles**?
8. Puis-je demander **de l'aide à ce garçon**?
9. Faut-il que je te donne **de l'argent**?
10. Dois-je cacher **la nourriture au chien**?

**E.** Quel ordre donnes-tu dans les situations suivantes?

*Exemple*
Un(e) ami(e) te dit qu'il (elle) a appris quelque chose de mauvais au sujet de ton meilleur ami (ta meilleure amie). Que lui dis-tu?
Dis-le-moi! *ou*
Ne me le dis pas!

1. Toi et ton ami(e), vous vous êtes disputé(e)s et maintenant l'ami(e) fâché(e) annonce qu'il (elle) veut s'en aller pour toujours. Que lui dis-tu?
2. Tu n'as pas encore résolu les problèmes de géométrie, mais ton ami(e) les a tous finis. Tu pourrais lui demander les réponses ou tu pourrais travailler toi-même pour les compléter. Que lui dis-tu?

3. Un morceau de gâteau au chocolat reste. Tu le veux, mais ton jeune frère (ta soeur) le veut aussi. Ta mère dit que tu dois décider. Que lui dis-tu?
4. Tu suis un régime et tu ne devrais pas manger de bonbons. Cependant, tu as déjà perdu deux kilos et maintenant un(e) ami(e) a des chocolats que tu adores. Il (Elle) t'offre des chocolats. Que lui dis-tu?
5. Un copain (Une copine) ne sait pas s'il (si elle) devrait aller seul(e) au cinéma ou non. Que lui dis-tu?
6. Tu dois garder deux petits enfants pendant l'après-midi. Ton ami(e) arrive et suggère que vous deux les emmeniez au zoo. Que lui dis-tu?

---

**F.** Qu'est-ce que les pronoms compléments d'objet ont remplacé? Trouvez dans la liste de la colonne B les mots qui correspondent aux pronoms en caractères gras dans chaque phrase de la colonne A. Lisez la nouvelle phrase.

**A**
1. Je **la lui** ai dite.
2. Marc nous **en** a envoyé.
3. Le garçon **y en** a mis trois à la fois.
4. Elle **le leur** a caché.
5. Malheureusement, il y **en** a beaucoup.
6. Angèle **la leur** a racontée.
7. Jean m'**en** a emprunté dix.
8. Maman **les y** a conduits.

**B**
a) l'histoire à ses amies
b) des bonbons dans la bouche
c) les enfants à l'école
d) la carte
e) la vérité au professeur
f) de fautes
g) des photos
h) le problème à ses parents
i) dollars

*Exemple*
Il me **l'**a envoyée.
Il m'a envoyé **la carte**.

# AU BOUT DE LA LANGUE

L'emploi de **quitter, laisser, s'en aller, partir, sortir**

Marsha, ne me quitte pas!

**quitter** quelqu'un ou quelque chose
Jacques **quitte** ses copains à trois heures.
Il **quitte** la salle immédiatement.
Elle **a quitté** son travail vendredi passé.

**laisser** quelqu'un ou quelque chose (dans un endroit)
Quand M^me Carrière travaille, elle **laisse** ses enfants chez une gardienne.
J'**ai laissé** mon sac dans l'autobus.
Où **as**-tu **laissé** tes mitaines?

**sortir (de)**
**Sortez** vite! La maison est en feu.
Ils **sortent de** la maison en courant.
Paul **est sorti pour** mettre une lettre à la poste.

**partir** (d'un endroit auquel on va revenir; en voyage)
Ils **partent** à cinq heures d'habitude.
Il **est parti** en vacances avant-hier.

**Attention!**
**partir**(de + endroit, **pour** + endroit)
Elle **part de** Montréal **pour** New York.
Nous **sommes partis pour** l'Angleterre.

On peut dire aussi:
Nous **sommes partis en** Angleterre.

**s'en aller** (sans personne ni endroit)
Je **m'en vais**, car je dois étudier.
Nous ne reverrons pas Wendy; elle **s'en ira** jeudi prochain.

**Attention!**
**sortir, partir, s'en aller**
Voulez-vous rappeler dans une demi-heure; M^lle Lambert **est sortie**.
Voulez-vous rappeler la semaine prochaine; M^lle Lambert **est partie** en vacances.
Puis-je vous passer M. Menard? M^lle Lambert **s'en va** aujourd'hui.

Dans les trois phrases ci-dessus, quel verbe emploie-t-on pour une courte durée?

Pour une durée plus longue?

Quand la personne ne reviendra pas?

## Exercices

**A.** Complétez les phrases suivantes par le verbe qui convient.

*Exemple*
Quand il va au travail, il _____ à huit heures. (laisse/part)
Quand il va au travail, il **part** à huit heures.

1. Si je n'aimais pas cette ville, je _____. (m'en irais/sortirais)
2. Quand l'alarme a sonné, les étudiants _____ de la salle de classe en courant. (ont quitté/sont sortis)
3. Il faisait si beau que nous _____ nos manteaux à la maison. (avons laissé/avons quitté)
4. Quand est-ce que tu _____ en vacances? (partiras/sortiras)
5. Je ne crois pas qu'Etienne _____ pour toujours. (laisse/s'en aille)
6. Jacques _____ Renée (a quitté/a laissé); maintenant il _____ avec Catherine. (laisse/sort)
7. Vous _____ de Toronto pour Victoria à neuf heures. (vous en irez/partirez)
8. M^me Michoud _____ pour acheter du lait. (s'en est allée/est sortie)

**B. Les périls de Sybile**
Leslie est une fanatique du téléroman « Les périls de Sybile ». Elle est allée en vacances la semaine passée et en a manqué un épisode. Maintenant, sa meilleure amie Laure lui raconte ce qui s'est passé pendant son absence. Pour connaître des périls de Sybile, remplacez les tirets par la forme correcte du verbe convenable choisi de la liste suivante.

laisser/quitter/s'en aller/partir/sortir

**Les périls de Sybile**
Laure dit: « Quand tu _____ pour Hawaii, Sybile _____ de l'hôpital. Là, elle avait fait la connaissance de Peter, le médecin qui est le beau-frère de Sandy. Sybile _____ plusieurs fois avec lui pendant que son fiancé Marc _____ voir ses parents à Vancouver. Elle est tombée follement amoureuse de Peter et maintenant elle veut _____ Marc pour lui. En même temps, Marion, la soeur de Sybile, _____ ses enfants chez ses parents et elle _____ pour Hollywood. Elle y avait obtenu un rôle dans un film, mais elle a dû tout _____ parce que Sybile lui avait téléphoné. Elle lui avait dit de _____ tout de suite et de revenir parce que leur frère Nigel avait dit qu'il voulait _____ et qu'il ne les reverrait plus jamais. »

**C.** Faites une phrase qui convient à la situation donnée en utilisant un des verbes suivants.

laisser/quitter/s'en aller/sortir/partir

*Exemple*
Chantal ne trouve pas ses gants.
Chantal, où as-tu laissé tes gants? *ou*
Chantal a laissé ses gants dans l'autobus.

1. M. Dumas est allé au restaurant à côté de son bureau.
2. Les Roy sont allés au Nouveau-Brunswick.
3. Louis veut émigrer.
4. Mes clefs sont dans mon auto.
5. Le marin dit au revoir à sa femme sur le quai.
6. Gérard n'aime plus Francine.
7. Marc ne va plus à l'école, mais il n'a pas fini ses études.
8. Les Martin déménagent demain.
9. Tu prends le train de Toronto à Montréal.
10. L'école prend feu.

# STRUCTURE

## L'infinitif composé

Buvez VITAMINECA!

Après avoir essayé VITAMINECA, vous vous sentirez plus fort immédiatement!

---

### OBSERVATION GRAMMATICALE

Après **avoir fini** ses devoirs, Molly a téléphoné à Louise.

Après **être rentrée** de la réunion à minuit, Angèle s'est couchée immédiatement.

Après **nous être disputés**, nous l'avons regretté.

Elle m'a remercié de l'**avoir aidée**.

On appelle les mots en caractères gras **les infinitifs composés**.

En quoi consiste l'infinitif composé?

Avec quoi le participe passé **rentrée**, de l'infinitif composé **être rentrée**, s'accorde-t-il?

Comment forme-t-on l'infinitif composé d'un verbe réfléchi?

Avec quoi le participe passé **disputés** s'accorde-t-il?

Avec quoi le participe passé **aidée** s'accorde-t-il? Pourquoi?

# Exercices

**A.** Complétez les phrases suivantes par un infinitif composé. Faites attention à l'accord possible du participe passé.

*Exemple*
Après _____ la symphonie, nous avons applaudi.   (écouter)
Après **avoir écouté** la symphonie, nous avons applaudi.

1. Après _____, Jeanne s'est peignée. (s'habiller)
2. Paul a frappé son petit frère pour l' _____ . (déranger)
3. Après _____ de l'école, Anita s'est préparé un sandwich.   (rentrer)
4. Le professeur m'a félicité d'_____ à l'examen.   (réussir)
5. Après _____, nous avons pris le déjeuner.   (se lever)
6. Ils m'ont remerciée d'_____ à leur soirée.   (venir)
7. Après _____ la vaisselle, nous avons regardé la télé.   (faire)
8. Après _____ l'arc-en-ciel, il savait qu'il ne pleuvrait plus ce jour-là.   (voir)

**B.** Combinez les phrases suivantes en utilisant un infinitif composé selon l'exemple.

*Exemple*
Elle est montée dans sa chambre. Ensuite, elle a écouté ses disques.
**Après être montée** dans sa chambre, elle a écouté ses disques.

1. Il a réfléchi. Ensuite, il a répondu à la question.
2. Elle a pris sa décision. Ensuite, elle s'en est allée.
3. Marie s'est levée. Ensuite, elle s'est baignée.
4. Les garçons se sont battus. Ensuite, ils se sont réconciliés.
5. Nous sommes arrivés. Ensuite, nous avons mangé.
6. Il a vendu sa motocyclette. Ensuite, il a acheté une voiture.
7. Elle a entendu un bruit. Ensuite, elle a téléphoné à la police.
8. Nous avons manqué l'autobus. Ensuite, nous sommes allés à l'école en courant.

**C.** Parle-nous d'une journée typique pendant l'été et d'une journée typique pendant l'année scolaire. Utilise les infinitifs composés.

*Exemple*
Après m'être réveillé(e) à sept heures, j'ai écouté les informations à la radio.
Après avoir écouté les informations, je …

# POÈME

## Voyelles

*Arthur Rimbaud*

*Tout comme le pasteur de la Symphonie pastorale fait
des associations entre les couleurs et les sons de l'orchestre,
dans ce sonnet très célèbre, écrit en 1871, Rimbaud associe
une couleur à chaque voyelle.« J'inventai la couleur des
voyelles! » dira-t-il deux ans plus tard. Depuis cette
époque-là, les lecteurs ne cessent de chercher la signification[1] profonde de ce poème mystérieux.*

*Avez-vous jamais pensé à des associations entre les
couleurs et les voyelles? Que pensez-vous des associations
que fait Rimbaud dans ce poème?*

A noir, E blanc, I rouge, U vert, O bleu, voyelles,
Je dirai quelque jour vos naissances latentes.[2]
A, noir corset velu[3] des mouches[4] éclatantes
Qui bombinent[5] autour des puanteurs[6] cruelles,

5    Golfes[7] d'ombre; E, candeurs[8] des vapeurs[9] et des tentes,
Lances des glaciers fiers, rois blancs, frissons[10] d'ombelles;[11]
I, pourpres,[12] sang craché,[13] rire des lèvres belles
Dans la colère ou les ivresses[14] pénitentes;[15]

U, cycles, vibrements[16] divins[17] des mers virides,[18]
10   Paix des pâtis[19] semés d'[20]animaux, paix des rides[21]
Que l'alchimie[22] imprime[23] aux grands fronts studieux;

O, suprême clairon[24] plein de strideurs[25] étranges,
Silences traversés des Mondes et des Anges:
– O l'Oméga,[26] rayon violet de Ses Yeux!

## Lexique

[1]**une signification:** un sens
[2]**latentes:** cachées
[3]**velu:** poilu
[4]**une mouche:** *fly*
[5]**bombinent (bombiner):** *buzz* (verbe inventé par Rimbaud)
[6]**une puanteur:** l'odeur de quelque chose qui sent très mauvais
[7]**un golfe:** une grande baie (*gulf*)
[8]**la candeur:** *ici:* la couleur blanche
[9]**une vapeur:** une fumée, un nuage, un brouillard
[10]**un frisson:** *shiver*
[11]**une ombelle:** un type de plante qui évoque l'idée de fleurs blanches et de parasol
[12]**pourpres:** *crimson*
[13]**craché:** *spit up*
[14]**l'ivresse (f.):** l'exaltation, le ravissement
[15]**pénitentes:** *repentant, penitent*
[16]**un vibrement:** une vibration
[17]**divins:** sublimes, suprêmes, qui viennent de Dieu
[18]**virides:** vertes
[19]**un pâtis:** une pâture, lieu où les vaches mangent l'herbe
[20]**semés d':** *dotted with*
[21]**une ride:** une ligne dans la peau
[22]**l'alchimie (f.):** *alchemy*
[23]**imprime (imprimer):** marque
[24]**un clairon:** une sorte de trompette
[25]**une strideur:** un bruit strident
[26]**un oméga:** O long, dernière lettre de l'alphabet grec

---

## Compréhension

Répondez aux questions suivantes.

1. a) Rimbaud présente-t-il les voyelles dans l'ordre traditionnel? Expliquez.
   b) Garde-t-il cet ordre dans le reste du poème?

2. Comment peut-on grouper les couleurs qu'il choisit? (primaires, complémentaires, etc.)
   a) le noir et le blanc?
   b) le rouge et le vert?
   c) le rouge, le vert et le bleu?

3. Rimbaud parle-t-il ici de l'origine cachée des couleurs?

4. a) Qu'est-ce que le « A » évoque? (deux choses)
   b) Ces choses sont-elles agréables ou désagréables? Pourquoi?

5. a) Qu'est-ce que le « E » évoque? (cinq choses)
   b) Pourquoi pourrait-on dire que les glaciers ont des lances?
   c) De quoi peut-on faire un roi pour qu'il soit blanc?
   d) Quand une ombelle aurait-elle un frisson?
   e) Ces choses sont-elles agréables ou désagréables? Pourquoi?

6. Quelle est la différence entre les choses évoquées par le « A » et celles qui sont évoquées par le « E »? Reliez cette réponse à celle de 2a).

7. a) Qu'est-ce que le « I » évoque? (deux choses)
   b) Ces choses sont-elles violentes ou paisibles? Expliquez.
   c) Quelles émotions sont évoquées par le « I »? (deux)
   d) Ces émotions sont-elles violentes ou faibles? Expliquez.

8. a) Qu'est-ce que le « U » évoque? (quatre choses)
   b) Quelle émotion est évoquée par le « U »?

9. Quelle est la différence entre les choses évoquées par le « I » et celles qui sont évoquées par le « U »? Reliez cette réponse à celle de 2b).

10. a) Qu'est-ce que le « O » évoque? (quatre choses)
    b) Le « O » évoque des choses contradictoires. Expliquez les contradictions de strideurs/silences, Mondes/Anges, Oméga/rayon.

c) Malgré ces contradictions, est-ce que le « O » semble représenter une unité? Pourquoi? Reliez cette réponse à celle de 2c).

11. a) De quels yeux pourrait-il parler?
    b) Pourquoi aurait-il changé l'ordre traditionnel des voyelles? Reliez cette réponse à celle de 1.

## Vocabulaire

**A.** Devinettes
Qu'est-ce que c'est? Trouvez la réponse dans le vocabulaire du poème.

*Exemple*
C'est le mari d'une reine.
C'est un roi.

1. Elles font partie de l'alphabet.
2. Il y en a au Mexique sur la côte ouest du pays.
3. Les vieux en ont beaucoup au visage.
4. Ils peuvent voler et ils vivent au paradis.
5. C'est le moment où un bébé arrive au monde.
6. En été, elle volent partout et vous dérangent.
7. On y dort quand on fait du camping.
8. Ils se trouvent dans les montagnes où il fait froid.
9. Une des plus grandes, c'est la Méditerranée.
10. Quand il fait soleil, il vous suit.
11. Quand l'eau est à 100°C, on les voit dans l'air.
12. Il circule dans les veines.
13. La corde d'un violon en fait.
14. Les vaches y mangent.
15. On le sonnait pour appeler les soldats à la guerre.

## Arthur Rimbaud

La vie de Rimbaud fut aussi intéressante que mystérieuse. Né en France en 1854, il montra très tôt beaucoup de talent pour la poésie. A l'âge de 17 ans, il avait déjà composé des poèmes très importants. Il connut le drame lorsque son ami, le poète Paul Verlaine, lui tira un coup de revolver, qui le blessa. Il continua d'écrire des poèmes symboliques et imaginatifs, très nouveaux dans la littérature française. Puis, brusquement et sans explications, à l'âge de 22 ans, il cessa d'écrire et commença une carrière d'aventures exotiques. Il finit par travailler dans le commerce en Abyssinie, dans un village bien lointain; à l'époque on mettait vingt jours à cheval à travers le désert pour y arriver. En 1891, il fut obligé de rentrer en France à cause d'une tumeur. Amputé d'une jambe, il mourut quelques mois plus tard. Cet homme extraordinaire reste un des plus grands poètes français.

*Arthur Rimbaud*

**B.** Antonymes

Trouvez un antonyme dans le poème pour chacun des mots suivants.

1. morts
2. humbles
3. consonnes
4. guerre
5. vide
6. harmonies (sens musical)
7. bruits
8. gentilles
9. lumière
10. humains

**C.** Mettez les couleurs suivantes dans l'ordre où elles se trouvent dans l'arc-en-ciel.

pourpre/orange/rouge/bleu/viride/violet/jaune

## A ton avis

1. Quelles sont les images de « Voyelles » que tu préfères? Pourquoi?
2. A quoi associes-tu les couleurs suivantes?
   a) le blanc
   b) le jaune
   c) le rouge
   d) l'orange
   e) le noir
   f) le vert
   g) le brun
   h) le bleu
3. a) Quelle est ta couleur préférée? Pourquoi?
   b) As-tu beaucoup de vêtements de cette couleur? Lesquels?
4. Si tu étais décorateur (décoratrice), quelles couleurs utiliserais-tu dans les endroits suivants? Pourquoi?
   a) une cuisine
   b) une chambre d'hôpital
   c) un salon
   d) une usine
   e) une chambre de bébé
   f) un bureau d'avocat
   g) une chambre à coucher

## A faire et à discuter

1. On croit que lorsque Rimbaud écrivait « Voyelles », il pensait peut-être à un livre d'alphabet avec des images, qu'il avait lu pendant son enfance. Ainsi le « A » suggérerait Abeille, le « E » – Eau, le « I » – Indien, le « U » – Univers, le « O » – Oeil.
   En travaillant en groupe, faites un livre d'alphabet en français avec des images.
2. En inventant le verbe « bombiner », Rimbaud utilise l'onomatopée ou l'harmonie imitative; c'est-à-dire que le mot imite le son de la chose qu'il décrit.
   a) Trouvez-vous d'autres onomatopées dans le poème?
   b) Faites une liste d'autres onomatopées que vous connaissez.
3. a) Qu'est-ce que l'alchimie?
   b) Y a-t-il des pseudo-sciences modernes?
4. Quelle est la signification des expressions suivantes?
   a) une bête noire
   b) un pouce vert
   c) une boîte noire
   d) un trou noir
   e) la magie blanche et la magie noire
   f) un enfant bleu
   g) le marché noir
   h) un col bleu
5. Racontez les contes de fées suivants.
   a) Blanche-Neige
   b) Barbe-Bleue
   c) le Petit Chaperon Rouge

# POT-POURRI

A. Votre réaction, s'il vous plait.
**La naissance d'un musicien?**

**B.** Que fais-tu avec les choses suivantes? Sois original(e) et utilise un pronom objet dans la réponse. Compose plusieurs phrases si possible.

*Exemple*
Les instruments à percussion?
Je **les** écoute. *ou*
J'**en** joue.

1. Le cinéma?
2. Les maths?
3. Des romans de science-fiction?
4. Ma chambre chez moi?
5. Les régimes? Un régime pour maigrir?
6. La guitare? (La flûte, le piano, etc.?)
7. Des disques de musique pop?
8. La classe de français?
9. Les repas à la cafétéria?
10. De l'argent?

**C.** A ton avis, qu'est-ce que les pronoms en caractères gras représentent? Fais un développement des phrases suivantes en remplaçant les pronoms en caractères gras par des noms compléments. Utilise ton imagination!

*Exemple*
Il m'a présenté à **elle**.
Il m'a présenté à **sa jolie soeur**.

1. Je **les leur** ai données.
2. Il nous **y** a emmenés.
3. Non, ne me présentez pas à **elle**.
4. Parle-m'**en**.
5. Il **les lui** a cachés.
6. Tu **lui** as parlé d'**elle**?
7. Elle t'**en** a offert.
8. L'enfant **y en** a trouvé beaucoup.
9. Vas-**y**!
10. Tu ne **les lui** as pas rendus?

## Chartreuse

La couleur vert-jaune que nous appelons en anglais « chartreuse » a ses origines dans un lieu isolé des Alpes françaises. Là, des religieux de l'ordre des Chartreux fabriquent une liqueur qui s'appelle la chartreuse et qui a deux variétés, la verte et la jaune. Les moines ne parlent jamais et ne voient jamais d'autres personnes, mais leur liqueur fait le tour du monde.

**D.** Philippe passe trois semaines dans une colonie de vacances. Voilà sa première lettre à ses parents. Quelles seront leurs réactions à sa lettre? Quand vous voyez un astérisque (*), composez une phrase qui exprime les sentiments éprouvés par la mère ou par le père. Commencez la phrase par une expression comme **Je suis content(e) que** …, **J'ai peur que** …, **C'est dommage que** …, **Bien que** …, **En attendant que** …, etc. Préparez autant de phrases que possible.

le 7 août

Mes chers parents,

Ça fait dix jours maintenant que je suis à la colonie de vacances Ka-wan-man-do et malgré mes inquiétudes je m'amuse vraiment bien.* Après beaucoup d'efforts, j'ai appris à faire un feu de camp.* Malheureusement, j'ai presque brûlé ma tente,* mais les autres campeurs ont apporté de l'eau et ont éteint le feu.* Tu seras surprise, maman, mais je suis le meilleur chef de cuisine de la colonie* et c'est moi qui fais la cuisine la plupart du temps pour les autres.* Notre moniteur dit que bientôt nous pourrons descendre la rivière en canoë.* Il y a des rapides et à mon avis ce sera une grande aventure.* Naturellement, nous allons porter des gilets de sauvetage.* Je fais beaucoup de progrès dans mes leçons de natation – je peux nager le crawl pendant cinquante mètres sans me sentir fatigué.* Je regretterai de quitter cette colonie dans une dizaine de jours et je crois que je reviendrai l'année prochaine.* Cependant, je serai content de vous revoir tous – surtout Médor* – comment va-t-il, mon pauvre chien? Dites-lui bonjour de ma part.*

Ne vous inquiétez pas pour moi. Je vais vraiment bien.*

Je vous embrasse.
Votre fils,
Philippe

**E.** Qu'est-ce qui est arrivé après?
Compose des phrases originales pour indiquer ce qui est arrivé après. Utilise un infinitif composé dans la nouvelle phrase.

*Exemple*
Paul est rentré de l'école.
Après **être rentré** de l'école, il a mangé un sandwich au beurre d'arachide.

1. Les enfants ont trouvé un chien renversé par une auto.
2. Monique a eu vingt sur vingt à son test de maths.
3. Notre équipe a gagné le match de football.
4. Angèle est arrivée à l'école en retard.
5. Roger a aidé Nicole pour son projet de chimie.
6. Nous sommes allés au concert des … (groupe pop).
7. Les Léger sont partis en vacances au Mexique.
8. Paul a acheté un disque de *la symphonie pastorale*.
9. L'enfant est tombé de son lit.
10. Denise est rentrée à deux heures du matin.

*Exemples*
*La mère:* Je suis surprise qu'il s'amuse tellement bien.
*Le père:* Je suis content qu'il veuille rester.

# VOCABULAIRE ACTIF

**Noms (masculins)**

les bois
le cor
les cuivres
le hautbois
un instrument (à cordes, à percussion)
le pasteur
le peintre

**Noms (féminins)**

la chaumière
la mouche
la peinture
la ride
la victime

**Verbes**

s'en aller
emmener
imprimer
instruire
parvenir
s'y prendre

**Expressions**

ne ... nulle part
sans doute

# UNITÉ 2

## La formule de cette unité

### BUTS

- discuter des voeux de quelqu'un qui veut être privilégié;
- exprimer la certitude et l'incertitude;
- exprimer des idées abstraites par des mots indéfinis;
- exprimer comment faire faire une action;
- découvrir les chateaux de la Loire;
- rapporter ce qu'on a dit;
- exprimer comment rendre des personnes plus ou moins heureuses;
- comparer la vie à la campagne à celle en ville;
- discuter des difficultés et des petits bonheurs d'une famille pauvre.

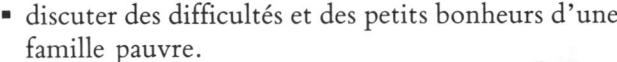

45

# *L*ECTURE

## Les Privilèges[1] du 10 avril 1840

*Stendhal*

*A peine deux ans avant sa mort, qui eut lieu en mars 1842, Stendhal rédigea ce texte curieux, qui révèle beaucoup de détails sur le caractère et les goûts de cet auteur qui préférait d'habitude s'entourer de mystère. Mais en même temps qu'il nous communique ses souhaits les plus personnels, il parle des désirs et des besoins que nous avons tous, de temps à autre.*

*God* me donne le brevet[2] suivant:

\*

Jamais de douleur sérieuse, jusqu'à une vieillesse[3] fort avancée; alors, non douleur, mais mort par apoplexie,[4] au lit, pendant le sommeil, sans aucune douleur morale ou physique.

Chaque année, pas plus de trois jours d'indisposition.

\*

Les miracles suivants ne seront aperçus[5] ni soupçonnés[6] par personne.                    5

\*

Vingt fois par an le privilégié pourra se changer en l'être qu'il voudra, pourvu que cet être existe. Cent fois par an, il saura pour vingt-quatre heures la langue qu'il voudra.

\*

Le privilégié, ayant une bague au doigt et serrant cette bague en regardant une femme, elle devient amoureuse de lui à la passion. Si la bague est un peu mouillée de salive, la femme regardée devient seulement une amie tendre et dévouée. Regardant une femme et ôtant sa bague du doigt, les sentiments      10 inspirés en vertu des privilèges précédents cessent. La haine se change en bienveillance,[7] en regardant l'être haineux et frottant[8] une bague au doigt.

Ces miracles ne pourront avoir lieu que quatre fois par an pour l'*amour-passion*; huit fois pour l'amitié; vingt fois pour la cessation de la haine, et cinquante fois pour l'inspiration d'une simple bienveillance.

\*

Beaux cheveux, belle peau, excellents doigts jamais écorchés,[9] odeur suave et légère.

\*

Quand l'homme privilégié portera sur lui ou au doigt, pendant deux minutes, une bague qu'il aura portée un instant dans sa bouche, il deviendra invulnérable pour le temps qu'il aura désigné.

\*

Tous les jours, à deux heures du matin, le privilégié trouvera dans sa poche un Napoléon[10] d'or, plus la valeur de quarante francs en monnaie courante,[11] d'argent du pays où il se trouve. Les sommes qu'on lui aura volées se retrouveront la nuit suivante, à deux heures du matin, sur une table, devant lui. Les assassins, au moment de le frapper ou de lui donner du poison, auront un accès[12] de choléra aigu de huit jours. Le privilégié pourra abréger[13] ces douleurs en disant: Je prie que les souffrances d'un tel cessent ou soient changées en telle douleur moindre.[14]
Les voleurs seront frappés d'un accès de choléra aigu, pendant deux jours, au moment où ils se mettront à commettre le vol.

\*

Si le privilégié voulait raconter ou révélait un des articles de son privilège, sa bouche ne pourrait former aucun son, et il aurait mal aux dents pendant vingt-quatre heures.

\*

Le privilégié prenant une bague au doigt et disant: Je prie que les insectes nuisibles[15] soient anéantis;[16] tous les insectes, à six mètres de la bague, dans tous les sens, seront frappés de mort.
Les serpents, vipères, lions, tigres, loups et tous les animaux venimeux prendront la fuite, saisis de crainte, et s'éloigneront d'une lieue.[17]

\*

En tout lieu, le privilégié, après avoir dit: *Je prie pour ma nourriture*, trouvera: deux livres[18] de pain, un bifteak[19] cuit à point, un gigot[20] *idem*,[21] un plat d'épinards *idem*, une bouteille de Saint-Julien,[22] une carafe d'eau, un fruit et une glace,[23] et une demi-tasse de café. Cette prière sera exaucée[24] deux fois dans les vingt-quatre heures.

\*

Dix fois par an, le demandant, le privilégié ne manquera ni avec un coup de fusil, ni avec un coup de pistolet, ni avec un coup d'une arme quelconque,[25] l'objet qu'il aura voulu atteindre.[26]
Dix fois par an, il fera des armes[27] d'une force double de celui avec lequel il se battra ou essaiera ses forces: mais il ne pourra faire de blessure causant mort, douleur ou désagrément[28] durant plus de cent heures.

\*

Dix fois par an, le privilégié, le demandant, pourra diminuer des trois quarts la douleur d'un être qu'il verra; ou cet être étant sur le point de mourir, il pourra prolonger sa vie de dix jours, en diminuant des trois quarts la douleur actuelle. Il pourra, le demandant, obtenir pour cet être souffrant la mort subite[29] et sans douleur.

*

Deux cents fois par an, le privilégié pourra réduire[30] son sommeil à deux heures, qui produiront les effets physiques de huit heures.

*

Vingt fois par an, le privilégié pourra deviner la pensée de toutes les personnes qui sont autour de lui à vingt pas de distance. Cent vingt fois par an, il pourra voir ce que fait actuellement la personne qu'il voudra; il y a exception complète pour la femme qu'il aimera le mieux.

Il y a encore exception pour les actions sales et dégoûtantes.

*

Le privilégié ne pourra gagner aucun argent, autre que ses soixante francs par jour, au moyen des privilèges ci-dessus énoncés.[31]

*

Dix fois par an, le privilégié pourra être transporté au lieu où il voudra, ... pendant le transport il dormira.

## Lexique

[1]**un privilège**: un avantage particulier donné à un seul individu

[2]**un brevet**: un diplôme, un certificat

[3]**une vieillesse**: quand on est vieux

[4]**une apoplexie**: un arrêt brusque des fonctions cérébrales (*stroke*)

[5]**aperçus (apercevoir)**: remarqués

[6]**soupçonnés (soupçonner)**: *suspected*

[7]**la bienveillance**: l'indulgence

[8]**frottant (frotter)**: *rubbing*

[9]**écorchés (écorcher)**: blessés superficiellement

[10]**un Napoléon**: une pièce de vingt francs à l'effigie (portrait) de Napoléon

[11]**en monnaie courante**: en dénominations d'argent habituellement utilisées

[12]**un accès**: une attaque

[13]**abréger**: diminuer la durée de

[14]**moindre**: plus faible

[15]**nuisibles**: qui font du mal

[16]**anéantis (anéantir)**: exterminés

[17]**une lieue**: une ancienne mesure de distance (*league*)

[18]**une livre**: *pound*

[19]**un bifteak**: forme de **bifteck** utilisée par Stendhal, un steak

[20]**un gigot**: une cuisse d'agneau

[21]*idem*: de même

[22]**Saint-Julien**: un vin rouge

[23]**une glace**: une crème glacée

[24]**exaucée (exaucer)**: accueillie favorablement

[25]**quelconque**: *any*

[26]**atteindre**: frapper

[27]**fera des armes**: se battra

[28]**un désagrément**: une chose désagréable

[29]**subite**: soudaine, brusque

[30]**réduire**: diminuer

[31]**énoncés (énoncer)**: mentionnés

## Stendhal

Stendhal (pseudonyme d'Henri Beyle) participa activement à la vie de son époque. Né à Grenoble, dans le sud-est de la France, en 1783, il grandit pendant la Révolution. Dans l'armée, il suivit Napoléon en Italie, en Autriche, et jusqu'en Russie, d'où il fit la célèbre retraite de Moscou à Paris. Plus tard, il devint consul de France en Italie. Mais, plus que tout autre chose, Stendhal aimait écrire. Son oeuvre est énorme: des biographies, des livres de musique, d'art, d'histoire, de tourisme, des mémoires et des autobiographies. Il est connu surtout pour deux romans, *le Rouge et le Noir* et *la Chartreuse de Parme*. Aujourd'hui, on considère Stendhal comme un des plus grands romanciers européens.

*Stendhal*

## Compréhension

Répondez aux questions suivantes.

1. a) De quel genre de privilèges Stendhal parle-t-il d'abord?
   b) Veut-il avoir une santé absolument parfaite? Expliquez.
   c) Comment veut-il mourir?
2. a) Le privilégié pourra-t-il devenir une autre personne? Expliquez.
   b) Expliquez les connaissances linguistiques du privilégié.
3. Comment le privilégié peut-il inspirer
   a) l'amour?
   b) l'amitié tendre?
   c) la cessation de l'amour ou de l'amitié tendre?
   d) la cessation de la haine?
4. Quel est le physique idéal d'un homme selon Stendhal?
5. Comment le privilégié pourra-t-il devenir invulnérable?
6. a) Combien d'argent le privilégié aura-t-il par jour?
      Quel en est le total en francs français?
   b) Pourra-t-il récupérer son argent volé? Quand?
   c) Qu'est-ce qui arrivera aux voleurs?
   d) Qu'est-ce qui arrivera aux assassins? Comment le privilégié pourra-t-il diminuer leur punition?
7. Les privilèges sont-ils un secret? Expliquez.
8. Quels animaux est-ce que le privilégié n'aime pas?
9. a) Décrivez le repas idéal du privilégié.
   b) Quand pourra-t-il le manger?
10. a) Le privilégié aime-t-il chasser?
    b) Peut-il battre son adversaire? Quand?
    c) Quelles sont les limites de sa victoire?

11. Comment le privilégié pourra-t-il aider son prochain? (trois moyens)
12. Comment le privilégié pourra-t-il transformer son sommeil?
13. a) Décrivez l'omniscience du privilégié.
    b) Quelles en sont les exceptions?
14. Le privilégié sera-t-il très riche?
15. a) Où et quand le privilégié peut-il voyager?
    b) Que fait-il pendant le voyage?

## Vocabulaire

**A.** Remplacez les tirets par l'expression convenable choisie de la liste suivante.

privilège/venimeux/subit/blessure/pistolet/ de temps à autre/soupçonna/aventures/ nuisible/accès/écorché/frottant/moindre/ somme/armes/apercevoir/vieillesse/abrégées/ réduire/dévoué

### La bataille de Julien

C'était le lendemain de la plus grande victoire de Napoléon, la bataille d'Austerlitz, en 1805. Julien, un jeune soldat français, avait reçu une _____ légère. Il avait le pied _____, mais ce n'était pas grave. Pour lui, c'était un _____ de servir Napoléon; il était _____ à son chef. En _____ ses _____ pour les polir, il imaginait que dans sa _____, il raconterait ses _____ à ses petits-enfants. Il imaginait aussi qu'il ne serait jamais riche, mais qu'il aurait une _____ assez grande...

Tout d'un coup ses rêveries furent _____ par un bruit _____. Il regarda au loin pour _____ le _____ mouvement. Il _____ la présence d'un soldat ennemi. Malgré sa blessure, il avança courageusement pour _____ la distance entre lui et cette présence _____. _____ il entendait un bruit étrange dans l'herbe. Tout à coup il s'arrêta, saisi d'un _____ de crainte! Un serpent _____ était à ses pieds! Le serpent avançait sa langue ... Mais Julien prit son _____ et le tua. Pour lui, c'était une victoire aussi grande que la bataille d'Austerlitz.

**B.** Remplacez les tirets par un des mots choisis parmi les paires suivantes.

douleur/douceur
désigné/dessiné
fusée/fusil
quelqu'un/quelconque
énoncé/annoncé
attend/atteint
lieu/lieue
poison/poisson

1. Le château se trouve à une _____ du village.
2. Socrate est mort en buvant du _____.
3. Il _____ son ennemi au coeur avec son pistolet.
4. Le général a _____ le capitaine pour une mission dangereuse.
5. Le gouvernement a _____ un nouveau budget.
6. Après l'accident, Sharon avait une grande _____ au dos.
7. Jim fait la chasse au canard armé d'un _____.
8. «Quel stylo veux-tu?» – «N'importe lequel, un stylo _____.»

## A ton avis

Réponds aux questions suivantes.

1. Pourquoi Stendhal écrit-il *God* en anglais?
2. Pourquoi ne veut-il pas qu'on sache qu'il est privilégié?

3. Décris ton repas idéal.
4. Quel être aimerais-tu devenir? Pourquoi?
5. Quelles langues aimerais-tu parler?
6. Quels animaux n'aimes-tu pas? Sont-ils utiles ou nécessaires? Pourquoi?
7. Aimerais-tu pouvoir deviner la pensée de la personne que tu aimes? Explique ta réponse.
8. Est-ce une bonne idée de se faire aimer à la passion par une autre? Pourquoi?

## A faire et à discuter

1. Stendhal met certaines limites à des pouvoirs qu'il souhaite. Par exemple, il ne demande pas:
   a) la santé parfaite
   b) l'immortalité
   c) l'inspiration de l'amour-passion plus de quatre fois par an
   d) une grande fortune
   e) le pouvoir de tuer ses adversaires
   Discutez en groupe les avantages et les désavantages de ces limites.
2. « Le pouvoir d'inspirer des sentiments à une autre personne est le plus grand pouvoir de tous. » Discutez.
3. D'après la publicité et les images des média, quel est l'idéal physique de nos jours?
4. Pour un être sur le point de mourir, Stendhal demande le privilège de « prolonger sa vie de dix jours, en diminuant des trois quarts la douleur actuelle » ou le privilège de « obtenir pour cet être souffrant la mort subite et sans douleur ». Laquelle de ces alternatives préférez-vous? Rédigez une composition où vous imaginerez les conséquences de votre choix.
5. En vous servant du schéma que Stendhal utilise, écrivez vos propres « Privilèges ».

## Le café

Stendhal, comme la plupart des Français, aimait terminer ses repas par un bon petit café noir, très fort.

Le café, d'origine éthiopienne, fut introduit en Europe au dix-septième siècle. A cette époque-là, on ne faisait pas le café chez soi; on allait le boire dans des magasins spécialisés, qu'on appela des cafés. Dès le dix-huitième siècle, les cafés devinrent le rendez-vous des philosophes et des écrivains, et eurent une influence très importante sur la vie littéraire et politique du pays. Encore aujourd'hui, partout en France, on peut passer agréablement des heures dans un café à parler politique ou tout simplement à regarder les gens qui passent.

# *S*TRUCTURES

## Les expressions impersonnelles qui prennent l'indicatif et le subjonctif

*Patrice*: Il est évident que nous avons un problème.
*Michel*: Oui, mais, est-il probable que nous puissions survivre à cette expérience?

## OBSERVATION GRAMMATICALE

Il est certain qu'ils **pourront** résoudre le dilemme.
Est-il certain qu'ils **puissent** résoudre le dilemme?
Il n'est pas certain qu'ils **puissent** résoudre le dilemme.

Il est sûr qu'elle **réussira**.
Est-il sûr qu'elle **réussisse**?
Il n'est pas sûr qu'elle **réussisse**.

Il est probable que Jean **gagnera** le concours.
Est-il probable que Jean **gagne** le concours?
Il n'est pas probable que Jean **gagne** le concours.

Il est évident que Denis **a** des difficultés.
Est-il évident que Denis **ait** des difficultés?
Il n'est pas évident que Denis **ait** des difficultés.

Il est clair qu'elle **sait** ce qu'elle fait.
Est-il clair qu'elle **sache** ce qu'elle fait?
Il n'est pas clair qu'elle **sache** ce qu'elle fait.

Il est vrai que Marc **fait** des réparations aux voitures.
Est-il vrai que Marc **fasse** des réparations aux voitures?
Il n'est pas vrai que Marc **fasse** des réparations aux voitures.

Avec les expressions impersonnelles **il est certain, il est sûr, il est probable, il est évident, il est clair, il est vrai**, quand emploie-t-on l'indicatif dans la proposition qui suit? Quand y emploie-t-on le subjonctif?

Remarquez qu'on considère qu'il y a un élément de doute ou d'incertitude quand ces expressions sont à l'interrogatif ou au négatif; donc, il faut employer le subjonctif dans la proposition qui suit.

## Exercices

**A.** Complétez les phrases suivantes par la forme qui convient du verbe entre parenthèses.

*Exemple*
Est-il certain que Martin _____ demain?
(venir)
Est-il certain que Martin **vienne** demain?

1. Est-il vrai que vous _____ en vacances demain?   (partir)
2. Il est clair que Luc ne _____ pas la situation.   (comprendre)
3. Il n'est pas évident que Pierre _____ continuer dans ce poste.   (vouloir)
4. Est-il probable qu'il _____ cet après-midi?   (pleuvoir)

5. Il est sûr que Réjean _____ la réponse. (savoir)

6. Est-il certain que l'orchestre de l'école n' _____ jamais joué cette symphonie? (avoir)

7. Il n'est pas vrai que Monique _____ malade. (être)

8. Il n'est pas probable que nous _____ en Europe en juin. (aller)

9. Il est vrai que Marie _____ la meilleure amie de Brian. (être)

10. Il n'est pas sûr qu'il _____ jouer du hautbois. (savoir)

**B.** Répondez à l'affirmatif aux questions suivantes.

*Exemple*
Est-il vrai que vous parliez chinois?
Oui, il est vrai que nous **parlons** chinois.

1. Est-il sûr que Marc vienne demain?
2. Est-il probable qu'ils aillent au concert?
3. Est-il clair que Nicole choisisse le cadeau?
4. Est-il certain que tu saches ce qu'il faut faire?
5. Est-il évident que vous deviez l'aider?
6. Est-il vrai que j'aie gagné un prix?

**C.** Mettez les phrases suivantes au négatif.

*Exemple*
Il est clair que tu y as pensé.
Il n'est pas clair que tu y **aies pensé**.

1. Il est évident que vous voudrez partir bientôt.
2. Il est probable qu'ils se reposeront après le dîner.
3. Il est sûr que je manquerai le train.
4. Il est vrai que nous parlons longtemps au téléphone.
5. Il est clair que tu comprends mes problèmes.
6. Il est certain que Luc changera d'avis.

**D.** Vous êtes sceptique. Voici la réponse. Posez la question.

*Exemple*
Oui, il est certain que tu as obtenu quatre-vingts pour cent dans le test de géographie.
Est-il certain que j'**aie obtenu** quatre-vingts pour cent dans le test de géographie?

1. Oui, il est vrai que je sors avec Michel.
2. Non, il n'est pas probable qu'ils sachent toutes les réponses.
3. Oui, il est sûr que nous viendrons à la party.
4. Non, il n'est pas évident que Guy soit capable de les accompagner au concert.
5. Oui, il est clair que vous avez un problème sérieux.
6. Non, il n'est pas certain que tu puisses travailler cet été.

**E.** Regarde l'image et réponds aux questions. Utilise une expression comme **Il est vrai/probable/clair/certain/évident** ou **Il n'est pas vrai/probable/clair/certain/évident** dans la réponse.

*Exemple*
Que font la fille et sa mère?
Il est probable qu'elles cherchent une robe de bal pour la fille.

1. Est-il clair que la fille soit satisfaite de son choix?
2. Est-il probable que la mère ne soit pas contente?
3. Que pense la vendeuse du choix de la fille? Des choix de la mère?
4. Est-il probable que la mère veuille payer ce qu'a choisi sa fille?
5. L'ami de la fille aurait-il aimé le choix de la fille? Un des choix de la mère de son amie? Le choix de la vendeuse?

6. Est-il probable que la vendeuse veuille suggérer une autre robe?

7. Est-il clair que la fille ne veuille pas accepter une des robes que sa mère a choisies?

8. *Pour les filles*: Est-il probable qu'tu choisisses une robe semblable à celle que la fille a choisie pour aller au bal? Sinon, quelle robe aurais-tu choisie?

9. *Pour les garçons*: Si tu allais à un bal avec ton amie, aimerais-tu qu'elle porte une robe semblable à l'une des robes de l'image? Laquelle?

10. Est il vrai qu'une mère doive aider sa fille à choisir une robe pour un bal?

**F.** Complète les phrases suivantes comme tu veux.

1. Quand j'ai trop de devoirs le soir, il est probable que …

2. Quand j'ai trop de devoirs, il n'est pas certain que …

3. S'il y a un examen de français le lendemain, il est sûr que je …

4. Si j'ai cinq examens à passer en trois jours, il n'est pas probable que je …

5. Si j'ai le choix de garder un enfant pour gagner de l'argent ou de sortir avec des amis, il est probable que je …

6. Si j'ai le choix de regarder une de mes émissions favorites à la télé ou de faire du jogging, il est clair que je …

7. Si j'ai le choix d'aller à un concert d'un groupe rock ou d'aller à un match de hockey (de football), il n'est pas probable que je …

8. Si quelqu'un me donne vingt-cinq dollars comme cadeau d'anniversaire, il est évident que je …

9. Si quelqu'un offre de me donner un disque de musique pop ou un roman policier comme cadeau, il n'est pas probable que je …

10. Si je trouve dix dollars, il est sûr que je …

# Le subjonctif après **seul, premier, dernier, unique** et après le superlatif

Tu es le seul qui puisse apprécier toute cette beauté.

## *OBSERVATION GRAMMATICALE*

C'est la plus belle peinture que j'aie jamais vue.
Elle est la seule qui soit capable de comprendre la situation.
Marie est la première personne qui ait bien répondu.
Voilà la dernière composition que je doive rédiger pour cette classe.
C'est le moins que tu puisses faire pour lui dans ces circonstances.
C'est l'unique emploi que nous puissions vous offrir.

Quel mode du verbe emploie-t-on dans la proposition subordonnée après le superlatif ou après **seul, premier, dernier** ou **unique**?

Remarquez que l'utilisation du subjonctif dans ces propositions subordonnées montre que ces phrases expriment seulement une opinion, mais pas nécessairement une vérité absolue.

## Exercices

**A.** Complétez les phrases suivantes par la forme qui convient du verbe entre parenthèses.

*Exemple*
C'est la seule chose qu'il _____ manger.
(pouvoir)
C'est la seule chose qu'il **puisse** manger.

1. C'est la plus belle chanson que je _____.
   (connaître)
2. André est le seul ami qu'elle _____.
   (avoir)
3. Quelle est la première chose que je _____
   faire?   (devoir)
4. Qui est le meilleur professeur que vous
   _____?   (connaître)
5. Son conseil est le seul qui me _____
   utile.   (être)
6. C'est l'unique travail qu'il _____.
   (faire)
7. Luc est le dernier qui _____ participer
   au concours.   (vouloir)
8. C'est le seul tour que ce chien _____
   faire.   (savoir)

**B.** Répondez aux questions suivantes selon les
exemples. Utilisez les mots entre parenthèses
dans la réponse.

*Exemples*
As-tu jamais lu ce roman?   (le meilleur)
Oui, c'est le meilleur roman que j'**aie** jamais **lu**.

Avez-vous discuté de ce problème?   (l'unique)
Oui, c'est l'unique problème dont nous **ayons
discuté**.

1. As-tu fait la connaissance de cet acteur?
   (le seul)
2. A-t-il chanté cette chanson?   (la plus belle)
3. Ont-ils compris cet exercice?   (le seul)

4. As-tu répondu à cette question?
   (la dernière)
5. Est-ce que le chien a obéi à cet homme?
   (le seul)
6. Ont-ils applaudi à cette scène dramatique?
   (l'unique)
7. A-t-il parlé à cette femme?   (la première)
8. A-t-elle jamais vu ce film?   (le meilleur)

**C.** Complète ces phrases comme tu veux.

1. Le meilleur film que j'aie jamais vu est …
2. La meilleure station de radio que j'écoute
   est …
3. La meilleure émission de télé que je regarde
   est …
4. La matière la plus difficile que j'étudie est …
5. Le cours le plus intéressant que je suive est …
6. Le dernier livre que j'aie lu s'appelle …
7. Le plus bel acteur à la télé (de cinéma) que je
   connaisse est …
8. La plus belle actrice à la télé (de cinéma) que
   je connaisse est …

# QUESTION À DÉBATTRE

## Les média

Que de chemins nous avons parcouru depuis le Moyen Age! A cette époque-là, la plupart des gens s'informaient en écoutant le tambour de ville qui criait des nouvelles à chaque coin de rue. Aujourd'hui, par contre, nous avons l'embarras du choix des moyens d'information. Il y a les journaux, les livres, les périodiques, la télévision, les films, les disques, les bandes, le téléphone, le télex, et encore bien d'autres média. Nous pouvons facilement lire le dernier roman de notre auteur préféré dans une édition de poche bon marché. A dix heures du soir, nous pouvons regarder en couleurs des épisodes sanglants des guerres les plus récentes, suivis de commentaires analytiques. Si nous sommes assoiffés de nouvelles au cours de la journée, nous pouvons écouter une station de radio qui donne les nouvelles vingt-quatre heures sur vingt-quatre. Les films nous apportent d'autres pays, d'autres coutumes, d'autres styles de vie. C'est merveilleux! On est informé, stimulé, parfois amusé. Mais on est aussi souvent fatigué, endormi, abruti. A force de regarder trop la télévision ou d'écouter trop de disques, on risque de devenir moins intelligent et moins sensible. Devrions-nous retourner au Moyen Age et écouter crier le tambour de ville?

## Votre opinion, s'il vous plaît

1. De tous les média, lequel est le plus efficace à votre avis? Pourquoi?
2. Quand on lit des romans ou quand on écoute des histoires à la radio, on développe son imagination. Par contre, les films et les émissions de télé détruisent l'imagination. Vrai ou faux? Pourquoi?
3. Les films et la télé rendent inutiles toutes formes de média écrits. Vrai ou faux?
4. Les informations à la télé ont plus d'influence sur le peuple que celles dans les journaux. Vrai ou faux? Pourquoi?
5. De nos jours, on voit tant de violence à l'écran et à la télé qu'on devient insensible aux malheurs des autres. Vrai ou faux?
6. La censure des films et des revues est nécessaire. Vrai ou faux?
7. Le gouvernement exerce trop de contrôle sur les média. Vrai ou faux?

## Développement

Choisissez une des phrases numérotées de 2 à 7 et dressez une liste du pour et du contre sur la question choisie.

Préparez un débat sur cette question avec un groupe d'étudiants.

Rédigez une composition sur ce sujet.

# *S*TRUCTURES

## Le subjonctif après les antécédents indéfinis

*Jacques:* As-tu une amie qui puisse accompagner mon cousin au concert?
*Mireille:* Bien sûr! Je l'accompagnerai moi-même!

## *O*BSERVATION GRAMMATICALE

a. Ce gérant a un employé qui **sait** tout faire.
b. Ce gérant cherche un employé qui **sache** tout faire.

a. Il connaît quelqu'un qui **peut** t'aider.
b. Il ne connaît personne qui **puisse** t'aider.

a. Il y a un restaurant près d'ici qui n'**est** pas très cher.
b. Y a-t-il un restaurant près d'ici qui ne **soit** pas très cher?

a. Il y a beaucoup de filles qui **veulent** sortir avec lui.
b. Il y a peu de filles qui **veuillent** sortir avec lui.

Dans les phrases marquées «b», il y a un élément d'incertitude. Quel est l'élément d'incertitude dans chacune des phrases «b» qui ne se trouve pas dans les phrases marquées «a»?

Quel mode du verbe utilise-t-on dans la proposition subordonnée des phrases qui ont un élément d'incertitude?

## Exercices

**A.** Complétez les phrases suivantes par la forme qui convient du verbe entre parenthèses.

*Exemple*
Il cherche quelqu'un qui _____ parler japonais. (savoir)
Il cherche quelqu'un qui **sache** parler japonais.

1. Il a une amie qui _____ une musicienne extraordinaire. (être)
2. Il n'y a personne ici qui _____ réparer cette machine. (savoir)
3. Je cherche quelqu'un qui _____ utiliser cet ordinateur. (pouvoir)
4. Il y a peu de gens qui _____ l'oeuvre de ce poète. (connaître)
5. Elle a un cousin qui _____ au Mexique chaque année. (aller)
6. Connaissez-vous une dactylo qui _____ parler espagnol et italien? (savoir)
7. Ils ont trouvé une famille qui _____ acheter leur maison. (vouloir)
8. Je lui ai donné un cadeau qu'il _____ beaucoup aimé. (avoir)

**B.** Combinez les phrases suivantes selon l'exemple. Faites les changements nécessaires.

*Exemples*
Un guide qui connaît bien Montréal? Je le cherche.
Je cherche un guide qui **connaisse** bien Montréal.

Le chandail qui va avec mon pantalon? Je l'ai trouvé.
J'ai trouvé le chandail qui **va** avec mon pantalon.

1. Une femme qui va maintenant au supermarché? Je la vois.

2. Un élève qui a fait ses devoirs? Le professeur le cherche.
3. Des gens qui veulent travailler? Il y en a beaucoup.
4. Quelqu'un qui connaît la route? Nous le cherchons.
5. Un livre qui lui plaira? Je l'ai.
6. Un magasin qui est ouvert toute la nuit? Il n'y en a pas ici.
7. Des chambres tranquilles dans cet hôtel? Il y en a plusieurs.
8. Quelqu'un qui veut nous accompagner? Nous le cherchons.

**C.** Posez la question en utilisant les expressions données; ensuite, répondez à l'affirmatif et au négatif selon l'exemple.

*Exemple*
vouloir préparer du café
Y a-t-il quelqu'un ici qui veuille préparer du café?
Oui, il y a quelqu'un ici qui veut préparer du café.
Non, il n'y a personne ici qui veuille préparer du café.

1. savoir nous expliquer comment fonctionne cet ordinateur
2. aller ce soir au théâtre
3. faire des réparations aux voitures
4. être en train de préparer ce rapport
5. pouvoir me donner le numéro de téléphone de Jean-Claude
6. avoir peur des gros chiens

**D.** Composez des phrases.

*Exemples*

Y a-t-il/quelqu'un qui/savoir/son numéro de téléphone?

Y a-t-il quelqu'un qui **sache** son numéro de téléphone?

Nous/voir/statue célèbre qui/être/devant le musée.

Nous voyons la statue célèbre qui **est** devant le musée.

1. Je/chercher/peintre qui/pouvoir faire/un portrait de ma fille.
2. Il/connaître/quelques élèves qui/vouloir/ aller au match de basket-ball.
3. Il y a/ne rien/qui/pouvoir/le satisfaire.
4. Elle/avoir/un ami qui/aller chaque été/en France.
5. Il y a/ne personne/qui/savoir/la réponse.
6. Nous/chercher/quelqu'un qui/vouloir/ faire le ménage chez nous.

**E.** Réponds à ces questions personnelles.

1. Connais-tu un(e) élève qui soit un génie?
2. Cherches-tu un(e) élève qui puisse t'aider pour tes devoirs? Quels devoirs?
3. Cherches-tu un travail qui paie bien? Quel travail?
4. Y a-t-il une chose à laquelle tu sois allergique? Qu'est-ce que c'est?
5. Y a-t-il quelque chose que tu ne doives pas manger? Pourquoi?
6. Y a-t-il un instrument de musique dont tu veuilles apprendre à jouer? Lequel?
7. Y a-t-il un sport dans lequel tu veuilles réussir? Lequel?
8. Y a-t-il une couleur que tu n'aimes pas porter? Pourquoi?
9. Y a-t-il un pays ou une ville que tu veuilles visiter en particulier? Lequel? Laquelle? Pourquoi?
10. Y a-t-il un film que tu veuilles voir? Lequel?

# **Faire** causatif

Il essaie de faire manger le bébé.

---

*OBSERVATION GRAMMATICALE*

Le professeur veut que les élèves chantent.

Il fait chanter les élèves.
Il les fait chanter.

Il veut qu'on répare sa motocyclette.

Il fait réparer sa motocyclette.
Il la fait réparer.

Ils avaient faim.

Ils ont fait préparer des sandwichs.
Ils en ont fait préparer.

Elle a voulu que la fille lise à haute voix.

Elle a fait lire la fille à haute voix.
Elle l'a fait lire à haute voix.

L'enfant est malade.

Fais venir le médecin.
Fais-le venir.

Regardez les phrases à droite.

Quel verbe se trouve dans chaque phrase?

Qu'est-ce qui suit ce verbe?

Où met-on le pronom complément?

Quand le verbe **faire** est au passé composé, le participe passé s'accorde-t-il avec le pronom objet qui précède ou reste-t-il invariable?

Que fait-on quand la phrase est à l'impératif et qu'il y a un pronom complément d'objet?

# Exercices

**A.** Que l'on est paresseux aujourd'hui! On ne veut rien faire soi-même. On veut tout faire faire par quelqu'un d'autre.

Refaites les phrases suivantes en utilisant la construction **faire** causatif.

*Exemple*
Elle écrit la lettre.
Elle **fait écrire** la lettre.

1. Il répare sa bicyclette.
2. Elles font le ménage.
3. Il lit le paragraphe.
4. Il récite ses poèmes.
5. Ils peignent leur maison.
6. Elle prépare les repas.
7. Elle allume les bougies.
8. Les Gendron construisent le garage.

**B.** Mettez les réponses de l'exercice A au passé composé et remplacez les compléments d'objet par un pronom complément.

*Exemple*
Elle fait écrire **la lettre**.
Elle **l'**a fait écrire.

**C.** Répondez aux questions suivantes. Remplacez les mots en caractères gras par un pronom.

*Exemple*
Ta mère a fait ranger **la salle de récréation**?
(Oui)
Oui, elle **l'**a fait ranger.

1. Ils ont fait réparer **la machine à laver**?
(Oui)
2. Elle a fait planter **les petits pins**?   (Oui)
3. Le chef a fait payer **les factures**?   (Non)

4. Le professeur a fait corriger **les compositions** par le moniteur?   (Non)
5. On a fait venir **le médecin**?   (Oui)
6. Les Leduc ont fait couper **ces vieux arbres**? (Non)

**D.** Que fait-on dans les situations suivantes? Utilisez **faire** causatif dans la réponse: **On (Il) fait …**

*Exemple*
L'électricité dans la maison ne fonctionne pas.
On fait venir l'électricien.

1. Le professeur veut que les élèves répondent.
2. On pense qu'un voleur essaie d'entrer dans la maison. On appelle la police et …
3. On veut amuser des amis: On raconte une histoire drôle et …
4. On veut décorer sa chambre, mais on ne peut pas le faire soi-même.
5. On veut s'abonner à une certaine revue; donc, on remplit une formule d'abonnement et …
6. On veut une pizza; on téléphone à la pizzeria et …
7. La voiture marche très mal; donc, on la conduit au garage et …
8. On fait du cheval et on veut que le cheval aille au galop.

## EN GARDE!

Le professeur a fait réciter **le poème**.
Il **l'**a fait réciter.

Le professeur a fait réciter **les élèves**.
Il **les** a fait réciter.

Le professeur a fait réciter **le poème aux élèves**.
Il **le leur** a fait réciter.

Que fait-on quand **faire** causatif a un seul nom complément (personne ou chose) et que l'on veut le remplacer par un pronom objet?

Si la phrase avec **faire** causatif a deux noms compléments, lequel devient l'objet indirect et lequel l'objet direct? Et que fait-on si on veut remplacer ces compléments par des pronoms objets?

Remarquez qu'il y a une ambiguïté dans les phrases « Le professeur a fait réciter **le poème aux élèves**. » « Il **le leur** a fait réciter. » On ne sait pas si l'on récite un poème aux élèves ou si ce sont les élèves qui récitent. Donc on peut remplacer « **aux élèves** » par « **par les élèves** » pour indiquer que ce sont **les élèves** qui font l'action: c'est-à-dire que **les élèves** jouent le rôle d'agent.

Il l'a fait réciter par les élèves.

---

**E.** Ajoutez les mots entre parenthèses aux phrases suivantes selon l'exemple « a ». Faites les changements nécessaires. Ensuite, remplacez les compléments d'objet par des pronoms (exemple « b »); puis, éliminez l'ambiguïté de « a » en indiquant l'agent d'une façon différente (exemple « c »).

*Exemple*
Il a fait écrire l'élève.   (la phrase)
a) Il a fait écrire la phrase à l'élève.
b) Il la lui a fait écrire.
c) Il l'a fait écrire par l'élève.

1. Il a fait chanter les élèves.   (la nouvelle chanson)
2. Elle a fait lire le garçon.   (la page)
3. Ils ont fait étudier les élèves.   (l'exercice)
4. Il a fait répéter la phrase.   (les filles)
5. Ils ont fait arrêter le criminel.   (l'agent de police)
6. Elle a fait peindre son portrait.   (l'artiste)

**F.** Changez les phrases en utilisant **faire** causatif selon les exemples.

*Exemples*
L'agent vendra ma maison.
Je lui ferai vendre ma maison.

Il lavera leurs fenêtres.
Ils lui feront laver leurs fenêtres.

1. Ces peintres peindront notre maison.
2. Ma mère corrigera mes fautes.
3. Le mécanicien réparera leur auto.
4. Elle gardera notre chien.

5. Ils aideront son frère.
6. Elle fera mon costume.

**G.** Remplace le complément d'objet direct par un mot qui convient. Utilise ton imagination.

*Exemple*
Il la leur a fait décorer.
Il leur a fait décorer **la maison**.

1. Je la (le) lui ferai étudier.
2. Nous les lui ferons corriger.
3. Elle les lui fera laver.
4. Ils la lui feront réparer demain.
5. Je les leur ferai vendre.
6. Nous le (la) leur ferons construire cet été.

---

### *EN GARDE!*

Le patron se fait conduire au bureau chaque matin.
Tu te fais coiffer tous les samedis.
Ils se sont fait construire une maison.
Elle s'est fait faire une robe de soirée.

On peut utiliser **faire** causatif à la forme réfléchie pour souligner l'idée qu'on a fait faire quelque chose pour soi-même.

---

**H.** Utilisez **faire** causatif à la forme réfléchie dans les phrases suivantes.

*Exemple*
Il ne peut pas se réveiller le matin; donc …
Il se fait réveiller le matin.

1. Elle ne peut pas se coiffer; donc …
2. Elle ne peut pas se faire une robe de soirée; donc …
3. Tu ne peux pas te couper les ongles; donc …

4. Le roi ne veut pas s'habiller seul; donc …
5. Je ne peux pas me couper les cheveux; donc …
6. Il a mal aux dents de sagesse; il ne peut pas s'arracher ces dents; donc, il va chez le dentiste et …

**I.** Réponds comme tu veux.
1. Que fais-tu faire par les autres?
   a) Te coupes-tu les cheveux ou te fais-tu couper les cheveux par quelqu'un? Par qui?
   b) Te réveilles-tu le matin ou te fais-tu réveiller?
   c) Laves-tu tes vêtements ou les fais-tu laver par ta mère?
   d) Ranges-tu ta chambre ou la fais-tu ranger par ta mère? Par une femme de ménage?
   e) Pense à d'autres possibilités.
2. Est-ce que le professeur te fait faire trop de devoirs?
3. Qu'est-ce que tes parents te font faire pour aider chez toi?
4. Qu'est-ce qu'on te fait faire à l'école que tu n'aimes pas faire?

# DÉCOUVERTE DE LA FRANCE

## La vallée de la Loire

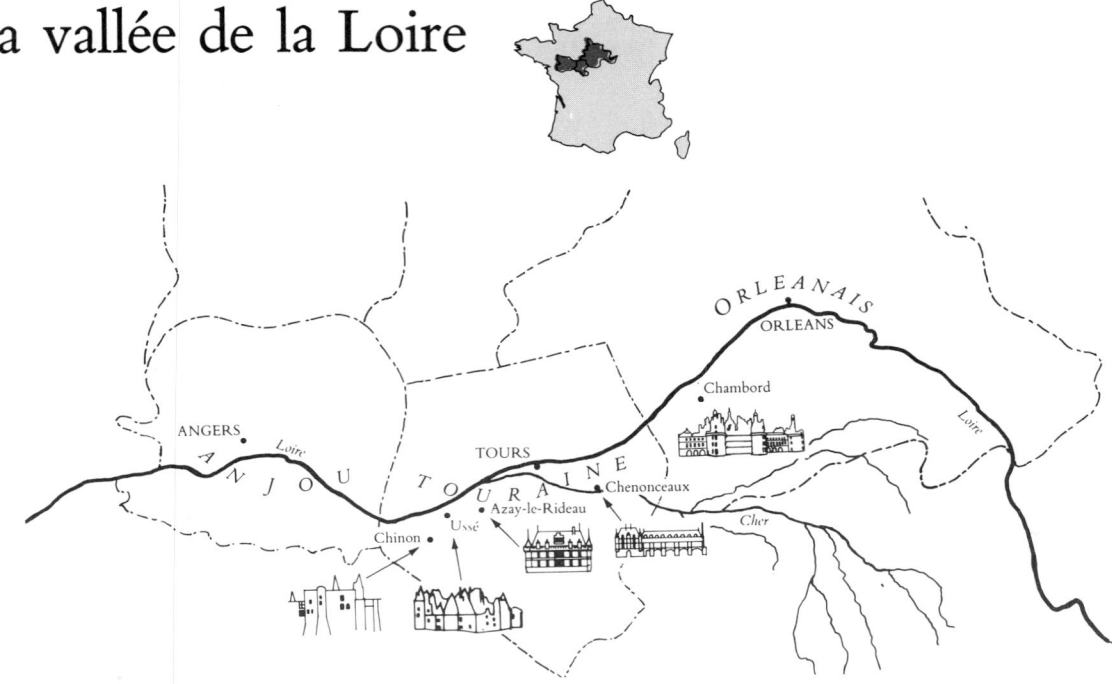

*Le château de Chenonceaux*

Une des régions les plus intéressantes de France est la vallée de la Loire, qui comprend trois régions principales: l'Orléanais, la Touraine et l'Anjou. La Loire est le plus long fleuve de France et mesure 1020 kilomètres à partir de sa source. Entre le XIVe et le milieu du XIXe siècle, la Loire servait de « chemin » le long duquel on transportait non seulement des marchandises mais aussi des voyageurs. Il fallait à peu près six jours pour descendre de la ville d'Orléans jusqu'à Nantes.                                                    5

Ce n'est pas surprenant qu'on appelle la vallée de la Loire « le jardin de la France » parce qu'on y cultive des fruits et des légumes, des céréales, et la vigne pour des vins blancs, rosés et rouges. L'élevage des boeufs, porcs, moutons, chèvres et volailles est pratiqué partout dans les pays de la Loire.

Mais la vallée de la Loire est surtout intéressante pour les amateurs d'histoire, parce qu'on y trouve de nombreux châteaux qui rappellent le passé glorieux de la France. Les plus beaux furent construits à     10
l'époque de la Renaissance, au XVIe siècle, mais quelques-uns datent du Moyen Age.

Parlons d'abord du château de Chinon qui, au Moyen Age, était une forteresse franco-anglaise. Le roi d'Angleterre, Henri II Plantagenêt qui, par son mariage à Eléonore d'Aquitaine devint roi d'une grande partie de la France, fortifia la citadelle de Chinon et y mourut en 1189. Son fils, Richard Coeur de Lion, chanté dans les légendes de Robin Hood, vécut aussi à Chinon et y mourut en 1199. Mais on     15
associe le château de Chinon aussi aux exploits de Jeanne d'Arc. En 1429 Jeanne, âgée de dix-huit ans, arriva à Chinon et insista pour parler au Dauphin Charles qui, en 1427, avait installé sa petite cour dans ce château. La situation était grave; l'armée de Henri IV, roi d'Angleterre, assiégeait la ville d'Orléans. Mais Jeanne se croyait « l'envoyée de Dieu » et elle avait un plan. Bien qu'on ait essayé de la confondre en déguisant un courtisan en roi tandis que Charles se cachait parmi ses gentilshommes, Jeanne l'identifia     20
immédiatement et s'avança vers lui pour lui annoncer qu'il devait se faire couronner à Reims.

Après la gloire du XVe siècle, Chinon commença à tomber en ruines, mais dès le milieu du XIXe siècle le gouvernement essaya de réparer les remparts et de consolider les ruines.

Non loin du château de Chinon se trouve le château d'Ussé, construit au XVe siècle. Ce beau château vaut une visite parce qu'on dit que l'écrivain Perrault choisit Ussé comme modèle pour son     25
conte « La Belle au bois dormant ».

Si l'on continue vers l'est sur la rive gauche de la Loire, on arrivera à Azay-le-Rideau, peut-être le plus charmant de tous. Il fut élevé entre 1518 et 1529 sur les ruines du château précédent, Azay-le-Brûlé, détruit en 1418 par Charles VII qui s'imaginait insulté par les châtelains.

Le château de Chenonceaux, connu comme « le château des six femmes » est peut-être le plus fameux     30
de tous. Ici nous n'allons faire mention que de trois des six femmes. Le château fut construit au bord du Cher, de 1513 à 1521, par Thomas Bohier, le trésorier des rois Charles VIII, Louis XII et François Ier. Mais comme Bohier passait la plupart du temps loin de Chenonceaux, ce fut sa femme, Catherine Briçonnet qui planifia les travaux et en fit une grande réussite. Après la mort de Bohier et de Catherine, Chenonceaux fut cédé au roi François 1er. En 1547, le fils de celui-ci devint le roi Henri II, qui donna     35
Chenonceaux à sa favorite, Diane de Poitiers. Elle fit aménager un beau jardin et construire un pont qui relie le château à l'autre rive du Cher. Mais Henri fut tué en 1559 au cours d'un tournoi et sa veuve Catherine de Médicis prit enfin sa revanche sur Diane qui était très attachée à Chenonceaux. Catherine força Diane à lui céder Chenonceaux en échange du sombre châteaux de Chaumont.

*Le château de Chambord*

Une fois installée à Chenonceaux, Catherine, qui aimait le luxe et la pompe, fit construire sur le 40
pont une galerie à deux étages et ajouter au terrain un jardin et un parc. Pendant le séjour de Catherine,
Chenonceaux connut maintes fêtes somptueuses.

Il y a beaucoup d'autres châteaux dans la vallée de la Loire. On pourrait faire mention du château de
Chambord qui date de 1519 et qui est le plus grand de tous les châteaux de cette région. Cette création
du roi François 1er est le précurseur de deux autres châteaux célèbres aux environs de Paris: Versailles 45
(commencé en 1631) et Fontainebleau (commencé peu après Chambord). Chambord est célèbre entre
autres choses pour son escalier en forme d'hélice.

Les villes auprès de la Loire: Angers, Tours et Orléans méritent aussi une visite. En visitant les villes
et les châteaux de la Loire, on se sent presque transporté dans le passé pour participer aux grands
événements historiques de la Renaissance ou même du Moyen Age. 50

# STRUCTURE

Révision
La concordance des temps
(le discours direct et indirect)

*Jeanne:* Tu dis: « Yves court trop de risques? »
*Marc:* Non! J'ai dit qu'il prenait tous mes disques!
*Jeanne:* Ça, c'est un vrai risque!

## OBSERVATION GRAMMATICALE

Henri dit: «Je pars dans dix minutes.»
Henri **dit** qu'il **part** dans dix minutes.
Henri **a dit** qu'il **partait** dans dix minutes.

Anne promet: «Je ferai tout afin de l'aider.»
Anne **promet** qu'elle **fera** tout afin de l'aider.
Anne **a promis** qu'elle **ferait** tout afin de l'aider.

Jean-Pierre répond: «J'ai déjà lu l'histoire.»
Jean-Pierre **répond** qu'il **a** déjà **lu** l'histoire.
Jean-Pierre **a répondu** qu'il **avait** déjà **lu** l'histoire.

Claire dit: «Je voudrais faire sa connaissance.»
Claire **dit** qu'elle **voudrait** faire sa connaissance.
Claire **a dit** qu'elle **aurait voulu** faire sa connaissance.

Quelles phrases ci-dessus sont au discours direct? Lesquelles sont au discours indirect?

Quels changements faut-il faire aux phrases au discours indirect quand le verbe qui introduit le discours indirect reste au présent?

Quand le verbe qui introduit le discours indirect est au passé, le verbe dans la proposition subordonnée n'aura pas le même temps que le verbe qui correspond dans le discours direct.

Complétez le schéma:

| | **Discours direct**<br>*temps du verbe* | | **Discours indirect**<br>*temps du verbe* |
|---|---|---|---|
| Il dit: | présent | Il a dit que | _____ |
| | futur | | _____ |
| | passé composé | | _____ |
| | présent du conditionnel | | _____ |

**Attention!**

Le professeur demande: «Avez-vous fini vos devoirs?»
Le professeur demande (a demandé) s'ils ont fini (avaient fini) leurs devoirs.

Quel mot ajoute-t-on à la phrase quand on met une question au discours indirect?

# Exercices

**A.** Mettez les phrases suivantes au discours indirect. Ensuite, mettez les réponses au passé selon l'exemple.

*Exemple*

Anne dit: «Je veux acheter le nouveau disque de cette symphonie.»

Anne **dit** qu'elle **veut** acheter le nouveau disque de cette symphonie.

Anne **a dit** qu'elle **voulait** acheter le nouveau disque de cette symphonie.

1. Pierre dit: «Je ne peux pas venir au concert ce soir.»
2. L'acteur explique: «Je n'ai jamais joué un rôle si complexe.»
3. Mᵐᵉ Lebrun répond: «Nous irons en France cet été.»
4. Mᵐᵉ Bastien demande: «Voulez-vous rester chez nous ce week-end?»
5. Lucille dit: «J'aimerais manger dans le nouveau restaurant vietnamien.»
6. Les enfants crient: «Nous avons faim!»
7. André dit: «Je voudrais vous inviter chez moi vendredi soir.»
8. Sharon répond: «Mes parents sont partis pour Vancouver hier.»
9. Le professeur promet: «Je vous expliquerai vos devoirs avant la fin de la classe.»
10. Philippe demande: «Ont-ils gagné le match?»

**B.** Roger et Bertrand sont étudiants à l'université de Québec à Trois Rivières. Ils n'aiment pas habiter dans la cité universitaire; donc, ils cherchent un appartement pour l'année prochaine. Voilà l'annonce qu'ils ont trouvée.

---

appartement au 252, rue Pelissier, très propre, grand, deux pièces, meublé, dans sous-sol d'une maison privée, grande cour, près autobus, près université, non-fumeurs seulement, libre 1ᵉʳ septembre. T:474-3797 entre 19h et 22h

---

Maintenant Roger parle à la propriétaire.

*Mᵐᵉ Martin:* Allô, ici Annette Martin.

*Roger:* Bonsoir, Madame. Vous avez un appartement à louer pour septembre prochain?*

*Mᵐᵉ Martin:* Oui, qui est à l'appareil?

*Roger:* Ici, Roger Lacasse. Mon ami Bertrand LaPorte et moi, nous sommes étudiants à l'université et nous cherchons un appartement pour l'année prochaine.*

*Mᵐᵉ Martin:* Euh – vous êtes étudiants? Mais nous n'acceptons ni partys ni buveurs.* Et vous ne fumez pas?*

*Roger:* Je vous assure, Madame, nous sommes non-fumeurs, nous ne buvons pas et nous n'avons pas le temps pour des partys.* Nous sommes très sérieux, très studieux – nous étudions à la faculté de commerce.* A propos, combien voulez-vous pour le loyer?*

*Mᵐᵉ Martin:* 275$ par mois, chauffage inclus.*

*Roger:* Pourrons-nous faire nos repas?*

*Mᵐᵉ Martin:* Oui, il y a une cuisine complète dans l'appartement. Il y a aussi une salle de bains avec douche, et vous pourrez utiliser la machine à laver et la sécheuse si vous voulez.*

*Roger:* Peut-on stationner une voiture?*

Bertrand

Roger

Mme et M. Martin

Pendant que Roger parle à M<sup>me</sup> Martin, son ami Bertrand veut savoir ce qu'elle dit, ainsi que M. Martin, qui écoute sa femme, veut savoir ce que l'étudiant lui dit. Quand vous voyez un astérisque, mettez la phrase au discours indirect pour M. Martin ou pour Bertrand.

*Exemple*
*Roger:* Vous avez un appartement à louer pour septembre prochain?*
M<sup>me</sup> Martin dit qu'il veut savoir si nous avons un appartement à louer pour septembre prochain.

**C.** Qu'aurais-tu dit dans les situations suivantes?

*Exemple*
Il reste une tranche de tarte aux pommes et tu la veux. Soudain, ton frère arrive et annonce qu'il veut la manger.
J'aurais dit que je voulais la manger aussi et que je l'avais demandée avant son arrivée. *ou*
J'aurais dit que je la voulais aussi, mais que nous pourrions la partager.

1. Tu avais donné de l'argent de poche à ton frère (à ta soeur) pourvu qu'il (elle) tonde la pelouse pour toi. Il (Elle) ne l'a pas fait et maintenant tes parents se fâchent. Que leur aurais-tu dit? Qu'aurais-tu dit à ton frère (à ta soeur)?
2. Tu avais l'intention d'aller au cinéma avec un(e) ami(e) et maintenant ta mère veut que tu emmènes ton petit frère (ta petite soeur) avec toi. Tu n'es pas content(e). Qu'aurais-tu dit à ta mère?
3. Tes parents demandent que tu aides ton cousin (ta cousine) pour ses devoirs, mais tu penses que le cousin (la cousine) est seulement paresseux (paresseuse). Qu'aurais-tu dit à tes parents? Au cousin? (A la cousine?)

M<sup>me</sup> Martin: Oui, il y a une place disponible pour le stationnement d'une voiture.*
Roger: Parfait! Permettez-vous que nous venions ce soir même voir l'appartement?*
M<sup>me</sup> Martin: Un moment que je parle à mon mari ...
Très bien. Vous pourriez venir vers neuf heures?* Si vous voulez l'appartement, nous demandons deux mois de loyer d'avance afin de le réserver.*
Roger: Très bien, Madame. A bientôt.
M<sup>me</sup> Martin: Au revoir, Monsieur. A bientôt.

4. Tu voudrais rester en ville cet été pour travailler et gagner de l'argent. Tes parents voudraient pourtant que tu ailles à une colonie de vacances. Que leur aurais-tu dit?

5. Le professeur d'anglais avait téléphoné à ta mère pour lui dire que tu ne travailles pas et que tu déranges les autres élèves. Tu penses que le professeur ne t'aime pas, qu'il n'explique pas bien les choses, mais tu admets que tu aurais pu faire plus d'effort dans la classe. Qu'aurais-tu dit à tes parents à ce sujet?

*Le château d'Azay-le-Rideau*

---

## En garde!

**L'usage des temps et le subjonctif**

J'attends qu'il revienne.
Attends qu'il revienne.
J'attendrai qu'il revienne demain.
J'ai attendu qu'il soit revenu hier.

Après les expressions qui prennent le subjonctif, quel temps du subjonctif utilise-t-on pour exprimer le futur?

Quel temps du subjonctif utilise-t-on pour exprimer le présent?

Quel temps du subjonctif utilise-t-on pour exprimer le passé?

| | |
|---|---|
| Jacqueline **était partie** avant-hier. | Paul regrette que Jacqueline **soit partie** avant-hier. |
| Jacqueline **voulait** partir. | Paul regrettait que Jacqueline **ait voulu (veuille)** partir. |
| Jacqueline **voudrait** partir aujourd'hui. | Paul regrettait que Jacqueline **veuille** partir aujourd'hui. |

Dans la langue parlée, quand il faut employer le subjonctif, quel temps utilise-t-on pour exprimer le plus-que-parfait?

Quels temps peut-on utiliser pour exprimer l'imparfait?

Quel temps utilise-t-on pour exprimer le conditionnel?

**D.** Ajoutez les expressions entre parenthèses aux phrases suivantes selon l'exemple. Faites les changements nécessaires.

*Exemple*
Elle avait l'intention d'y rester.   (Marc était content)
Marc était content qu'elle **ait** l'intention d'y rester.

1. Ils avaient perdu leur chien.   (Je regrettais)
2. Il voudrait apprendre à jouer du cor.   (Les parents n'étaient pas heureux)
3. Yves savait toutes les réponses.   (Le professeur était surpris)
4. Elle avait acheté une nouvelle bague.   (Il est douteux)
5. L'enfant avait beaucoup de chagrin.   (Elle regrettait)
6. Il pourrait réduire ses dettes s'il le voulait.   (Je doutais)
7. Il aimait même les serpents venimeux.   (Il n'était pas probable)
8. Ils étaient partis en vacances avant-hier.   (Je suis triste)
9. Nous voudrions le voir.   (Etait-il évident?)
10. Tu trouvais le travail dégoûtant.   (Nous étions surpris)

**E.** Complète les phrases comme tu veux.

1. Quand j'ai vu le test d'histoire, je n'étais pas certain(e) que …
2. Quand le professeur m'a posé une question ce matin, je doutais que …
3. Quand _____ m'a invité(e) au concert, je n'étais pas sûr(e) que …
4. Quand j'ai découvert que j'avais oublié mes devoirs de sciences à la maison, je regrettais que …
5. Quand j'ai appris que mon ami(e) sortait avec un(e) autre, j'étais furieux (furieuse) que je …
6. Quand j'ai appris qu'il y aurait un test de maths aujourd'hui, je regrettais que …
7. Quand on m'a offert un emploi pour l'été, je n'étais pas certain(e) que …
8. Quand mes parents ont dit qu'ils voulaient aller en Floride à Noël, je n'étais pas sûr(e) que …

*Orléans*

# AU BOUT DE LA LANGUE

## **Faire** causatif vs **rendre** + adjectif

Il me fait écouter ses disques et ça me rend folle!

Marie est allée voir un film tragique.
   La fin du film l'a fait pleurer.
   La fin du film l'a rendue triste.

Quel verbe emploie-t-on avec un infinitif?

Quel verbe emploie-t-on avec un adjectif?

Quel verbe s'accorde avec le pronom complément d'objet direct?

## Exercices

**A.** Remplacez les tirets par la forme correcte de **faire** ou de **rendre**. La première phrase est faite pour vous.

Notre professeur de mathématiques, M. Delisle, est un tyran–il nous **fait** travailler dix fois plus que tous les autres professeurs. En classe, il nous _____ très nerveux parce qu'il nous _____ répondre très vite à ses questions. L'autre jour, il _____ pleurer Evelyne devant toute la classe parce qu'il l'_____ malheureuse. Tous les soirs, il nous _____ faire quinze problèmes très difficiles. Cela me _____ travailler jusqu'à minuit et me _____ si fatigué que le matin je dois me _____ réveiller par mon réveille-matin, ma mère et mon chien. Maintenant, il me _____ si enragé que tous les soirs je fais le même rêve. Dans mon rêve, c'est moi qui suis le professeur. Je _____ faire des milliers de problèmes à M. Delisle. Je le _____ fou de rage! Je le _____ pleurer de fatigue! Ah! si seulement c'était vrai!

**B.** Pour chaque situation suivante, faites une phrase avec **faire** causatif et une phrase avec **rendre** + adjectif.

*Exemple*
M^me Lépine a gagné un million à la loterie.
La loterie lui a fait quitter son travail.
La loterie l'a rendue riche.

1. Jules et Pierre sont allés voir une comédie.
2. La mère oblige son fils à nettoyer le garage.
3. Marc récite un poème amusant à Nathalie.
4. Le père de cette jeune fille meurt.
5. Lise est allée chez le coiffeur.
6. Madeleine lit un livre triste.
7. Notre maison est en feu.

*Angers*

# STRUCTURE

## Les pronoms indéfinis

**Chacun à son goût**

*Chantal:* Je vois quelque chose de vraiment beau!
*Michel:* Moi aussi!

---

### OBSERVATION GRAMMATICALE

Je cherche **quelque chose** d'extraordinaire.
Ce magasin n'a **rien** d'intéressant.
Ce monsieur a l'air d'être **quelqu'un** d'important.
Vraiment? Je ne trouve pas qu'il ait quelque chose de spécial. Ce n'est **personne** d'intéressant.

Quelle forme de l'adjectif suit les pronoms indéfinis **quelqu'un** ou **quelque chose**?

Quel mot faut-il utiliser après le pronom indéfini pour introduire l'adjectif?

Quelle est la forme négative de **quelqu'un**? De **quelque chose**?

# Exercices

**A.** Complétez les phrases suivantes par **quelque chose**, **quelqu'un**, **personne** ou **rien**.

*Exemple*
Il est _____ d'intéressant? Non, ce n'est _____ de spécial.
Il est **quelqu'un** d'intéressant? Non, ce n'est **personne** de spécial.

1. Veux-tu lire _____ d'intéressant?
2. Ce film n'est _____ de spécial.
3. Elle a rencontré _____ de bien hier.
4. Est-ce que _____ frappe à la porte? Non, il n'y a _____ .
5. Il n'y a _____ de neuf au monde.
6. Je voudrais te raconter _____ d'amusant.
7. Elle cherche _____ d'intelligent qui puisse l'aider, mais elle n'a trouvé _____ .
8. Il a acheté _____ de beau, mais ce n'est _____ d'utile.

**B.** Répondez aux questions suivantes en utilisant **quelqu'un**, **quelque chose**, **personne** ou **rien** suivis par **de** + un adjectif.

*Exemple*
C'est un homme intéressant? Non, ce n'est ...
Non, ce n'est personne de spécial.

1. Tu as fait la connaissance du nouvel élève? Oui, c'est ...
2. Tu as aimé le film? Non, ce n'est ...
3. Ils ont acheté une nouvelle voiture? Oui, c'est ...
4. Le cours de maths, il est difficile? Non, ce n'est ...
5. Le nouveau prof, il est strict? Mais non, c'est ...

6. C'est une histoire amusante? Oui, c'est ...
7. Que penses-tu de sa nouvelle robe? Ce n'est ...
8. Que penses-tu de son frère? C'est ...
9. Comment était le cadeau? C'était ...
10. Décrivez le voleur. Ce n'est ... Au contraire, c'est ...

**C.** Devinettes
Qu'est-ce que c'est?

1. Je suis quelque chose de noir et de rond et l'on peut m'écouter. Je suis ...
2. Je suis quelque chose de rond et de sucré. Je pourrais être rouge, jaune ou verte. On me mange pour rester en bonne santé. Je suis ...
3. Je suis quelqu'un de très familier. Tu me vois quand tu te brosses les dents ou te coiffes. Tu me connais bien. Qui suis-je?
4. Je suis quelque chose de très beau et je sens bon. Je pourrais être rouge, rose, jaune ou même blanche. Que suis-je?
5. Je suis quelque chose de rouge, d'orange, de jaune, de vert, de bleu et de violet et l'on me voit après la pluie. Que suis-je?
6. Je suis quelque chose de grand et de carré. Je fais monter et descendre les personnes et l'on me trouve dans des immeubles ou des édifices à plusieurs étages. Que suis-je?
7. Pouvez-vous faire une devinette? Essayez de mystifier les autres dans la classe.

As-tu aimé les peintures dans la galerie?
En général, mais **quelques-unes** étaient plutôt bizarres.

Peux-tu identifier tous ces oiseaux?
Je peux en identifier **quelques-uns**.

A-t-elle invité tous ses amis à ses noces?
Non, elle n'en a invité que **quelques-uns**.

Quels mots utilise-t-on pour désigner des personnes ou des choses indéterminées?

Si le pronom indéfini est l'objet direct dans la phrase, quel autre mot faut-il utiliser?

**D.** Répondez à l'affirmatif aux questions suivantes selon l'exemple.

*Exemple*
A-t-il beaucoup d'amis?
Eh bien, il en a quelques-uns.

1. As-tu lu tous ces livres?
2. A-t-elle fait toutes ces illustrations?
3. A-t-il mangé tous les beignes?
4. Aime-t-il tous ses professeurs?
5. Sait-il jouer de tous les instruments à vent?
6. A-t-elle apporté tous ses disques à la party?
7. Ont-ils fait beaucoup de fautes?
8. Ont-ils gagné beaucoup de matchs?

**E.** Complète ces phrases comme tu veux.

1. Quand je veux acheter des vêtements pour l'école, je cherche quelque chose de …
2. Quelques-un(e)s de mes ami(e)s sont …
3. Un bon professeur est quelqu'un de …
4. Un bon film n'est rien de …, mais au contraire est quelque chose de …
5. A mon avis, quelque chose de bon à manger est …
6. Quand je cherche des vêtements pour aller aux sports d'hiver, je veux quelque chose de …
7. Quelques-uns de mes profs sont …
8. En général, quand j'achète des vêtements, je veux quelque chose de … mais rien de …
9. Quelques-unes de mes notes sont …, surtout celles de …
10. Si je voulais acheter une voiture, je chercherais quelque chose de …

## Noël

Le mot Noël est d'origine latine: *dies natalis* veut dire **jour de la naissance**. En français moderne, le mot peut signifier la fête qui célèbre la naissance du Christ ou une chanson que l'on chante à l'occasion de cette fête.

# LECTURE

## Le Choix

*Yves Thériault (1916–1983)*

*Dans ses contes et dans ses romans, Thériault tient à montrer son amour de l'homme et son respect de l'être humain. Voici un conte de Noël qui parle d'une pauvre famille québécoise, mais dont la morale et les sentiments sont universels.*

Il allait être Noël dans moins d'un mois. Le pays était désormais blanc, le sol[1] gelé, les frondaisons[2] effeuillées[3] et déjà de grands vents bas et acharnés[4] qui secouaient les ais[5] du toit et les bouleaux[6] en taille[7] à côté de la maison.

Mais il n'y avait de rire et de joie que chez l'enfant à qui personne encore n'avait expliqué la pauvreté;[8] il avait six ans et croyait encore à demain.

Puis Micheline trouva le papier sous le matelas[9] du petit et le fit lire à Jérôme. Elle avait de longtemps enseigné à l'enfant comment écrire. Il était de vive intelligence, assoiffé de savoir et ne songeait qu'à ce temps qui n'en finissait pas d'arriver, où il serait lui aussi en classe. Pour nourrir sa patience, elle lui avait appris comment tracer les bâtons qui formaient les lettres, et les sons, et le dessin des mots. Vitement, le petit avait acquis[10] la dextérité de la main, et écrivait tout autant qu'il lisait. Ce papier trouvé disait en mots simples ce qu'il attendait à Noël, ce que la magie antique et solennelle[11] du jour lui apporterait.

5

10

Micheline avait tendu[12] le papier à Jérôme.

– Regarde, avait-elle dit à son mari. Voilà ce que le petit voudrait pour étrennes.[13]

L'homme avait lu lentement, le front soucieux, il y avait de l'angoisse[14] dans la façon dont son regard scrutait[15] l'énumération des jouets et des babioles[16] désirés par l'enfant.

A la fin, il jeta le papier sur la table et se versa une autre tasse de thé de savoyane[17] qu'ils buvaient depuis la fin de leur maigre repas.

– Et comment lui expliquer? dit-il.

La femme pleurait doucement.

– Qu'est-ce qu'on dit à un enfant? fit-elle.

… Jérôme secouait lentement la tête.

– J'aurais peut-être pas dû venir ici, me croire plus habile,[18] plus connaissant. Les autres l'avaient bien jugé, l'héritage. Ils savaient qu'on ne tire rien d'une pareille terre.

– C'est à nous, dit Micheline, bien à nous, et il y a du lendemain. Tu as bien fait de venir, Jérôme.

Mais il continuait de secouer la tête, le regard perdu, la bouche en rictus.[19] Sa main était sur le papier péniblement[20] tracé par le petit.

– Viens, dit Micheline, allons dormir. Demain, j'essaierai de lui expliquer.

Mais quel pouvait être ce demain dont elle escomptait[21] peut-être trop?

Il fut soleil. Grand beau soleil avec de surprenantes brillances d'un jour de juin, alors que la terre avait déjà cédé à l'hiver et dormait dans son lit de froidure. Il fut un soleil qui ramena à Micheline des sucs[22] de confiance et presque de témérité.[23] Elle allait, sans le moindrement[24] fléchir,[25] dire au petit ce qui en était[26] et lui faire comprendre.

Jérôme partit tôt vers les bâtiments et le petit voulut le joindre[27] après avoir mangé. Il s'habillait posément,[28] près du poêle, sans hâte,[29] le visage sérieux. Ce n'était pas un enfant bruyant[30] ou turbulent. Quand il avait grandi, à la ville, il avait tôt appris à ne pas courir, à ne pas crier, à respecter la tranquillité des voisins, à ne pas jouer dans la rue. Maintenant que de grands espaces libres l'accueillaient, on eût dit[31] qu'il ne savait qu'en faire. S'il jouait dehors, c'était avec retenue[32] et dans le silence qui lui était depuis si longtemps imposé: jamais il ne s'aventurait[33] loin, et si Micheline le perdait de vue, elle le savait à l'étable, avec les animaux, où il passait le plus clair[34] de son temps. Il avait acquis envers les bêtes un respect et une amitié fervente qui surprenaient chez ce petit citadin.[35] Micheline savait bien que ce matin-là malgré la neige neuve qui ravit[36] toujours les enfants, le petit serait vite rendu dans l'étable, où l'attendaient ses nouveaux amis à qui il offrait tant d'attention et de tendresse.

Il achevait[37] d'endosser[38] bottes et pantalon chauds que Micheline lui dit:

– Tu attends beaucoup de Noël?

Il la regarda, tête penchée de côté, la mine[39] attentive.

– J'ai tout écrit sur un papier, répondit-il. Je peux te le montrer.

Micheline soupira, vint caresser les cheveux de l'enfant.

– A Montréal, dit-elle, nous n'avions pas beaucoup d'argent; ici, nous en avons encore moins. Un jour, notre terre donnera, nous aurons beaucoup de vaches, de grands bâtiments de métal, un silo, des tracteurs, une auto. Mais nous en sommes encore loin.

Les yeux grands, rêvant aux belles images racontées par sa mère, le petit souriait.

– Et j'aurai, dit-il, une bicyclette.

– Oui, si tu veux.

– Mais il faut attendre, dit l'enfant. 55

– Oui. Il faut attendre. Attendre longtemps, peut-être, et Noël qui vient sera peut-être triste.

Le petit sortit, tête basse, et Micheline n'osa insister davantage. Il avait compris, elle en était sûre, et il ne servait à rien de tourner le fer dans la plaie.[40]

Toute la journée se passa aux occupations coutumières.[41] L'enfant entra, sortit, vint manger au moment voulu. Micheline cherchait à déceler,[42] dans son regard, s'il y avait une tristesse accrue,[43] mais rien 60 ne semblait paraître. Vers quatre heures de l'après-midi, Jérôme entra boire une lampée[44] d'eau.

– As-tu pu parler au petit?

– Oui.

– Et puis?

– Il n'a rien dit, il est sorti vitement jouer dehors et il n'a rien dit depuis ce moment-là. Est-ce qu'il 65 t'a semblé triste?

– Non. Il a beaucoup parlé aux bêtes, mais il le fait toujours. La grosse brebis[45] noire va mettre bas[46] aujourd'hui, je l'ai chargé de la surveiller.[47] Il fait bien ça.

Jérôme venait à peine de repartir qu'il rentra en coup de vent.[48]

– Viens, dit-il à Micheline. Enfile un manteau. Viens vite à l'étable. 70

Dans le bâtiment, Jérôme obligea sa femme à marcher sans bruit et tous les deux vinrent se placer un peu derrière l'enclos[49] où la brebis noire était couchée. Assis par terre, à côté d'elle, le petit tenait un agneau blanc, né de l'instant à peine, les grands yeux effarés,[50] découvrant le monde. Et tandis que la brebis affalée,[51] se reposait de ses labeurs, l'enfant caressait l'agneau qui apprenait déjà à se blottir.[52]

– Moi, murmura-t-il, je m'appelle Robert. Je demanderai à ta mère comment elle veut qu'on 75 t'appelle. Et je veux lui dire merci. Je voulais des jouets pour Noël, toutes sortes de jouets, mais nous n'avons pas beaucoup d'argent dans la maison et c'est toi, mon vrai cadeau de Noël, le plus beau de toute ma vie.

Sans se manifester l'un ou l'autre, Jérôme et Micheline sortirent de la grange[53] en silence. Ils se hâtaient[54] vers la maison quand Robert surgit[55] de la grange, vint à eux en courant. 80

– J'avais écrit ce que je voulais à Noël, et maintenant, je veux le déchirer. J'ai le plus beau cadeau de ma vie. Avec cet agneau, sommes-nous encore pauvres?

Jérôme et Micheline se regardèrent.

– Robert, je crois que nous n'avons jamais été aussi riches, dit Jérôme.

Extrait de *Valère et le grand canot*,
VLB Editeur, 1981

# Lexique

[1]**le sol:** la terre
[2]**la frondaison:** *foliage*
[3]**effeuillées:** sans feuilles
[4]**acharnés (acharner):** furieux
[5]**un ais:** une planche
[6]**un bouleau:** *birch*
[7]**en taille:** *pruned*
[8]**la pauvreté:** quand on n'a pas assez d'argent
[9]**un matelas:** la partie du lit sur laquelle on se couche (*mattress*)
[10]**acquis (acquérir):** gagné, obtenu
[11]**solennelle (*m.* solennel):** grave
[12]**tendu (tendre):** donné
[13]**une étrenne:** un cadeau de nouvel an
[14]**une angoisse:** une inquiétude, un souci
[15]**scrutait (scruter):** examinait attentivement
[16]**une babiole:** un petit objet de peu de valeur
[17]**une savoyane:** plante à trois feuilles
[18]**habile:** capable
[19]**un rictus:** une grimace
[20]**péniblement:** difficilement
[21]**escomptait (escompter):** espérait, anticipait
[22]**un suc:** un jus, une essence
[23]**la témérité:** l'audace
[24]**le moindrement:** le moins du monde
[25]**fléchir:** céder
[26]**ce qui en était:** quelle était leur situation
[27]**joindre:** *to join*
[28]**posément:** calmement, lentement
[29]**la hâte:** la rapidité
[30]**bruyant:** qui fait du bruit
[31]**eût dit:** aurait dit
[32]**une retenue:** une modération
[33]**s'aventurait (s'aventurer):** se risquait
[34]**le plus clair:** *ici:* les moments les plus heureux, les plus calmes
[35]**un citadin:** une personne qui habite la ville
[36]**ravit (ravir):** enchante, enthousiasme
[37]**achevait (achever):** finissait
[38]**endosser:** mettre
[39]**une mine:** une expression

[40]**une plaie:** une blessure
[41]**coutumières (*m.* coutumier):** habituelles
[42]**déceler:** trouver, voir
[43]**accrue (accroître):** plus grande
[44]**une lampée:** une grande gorgée de liquide (*large gulp*)
[45]**une brebis:** *ewe, sheep*
[46]**mettre bas:** donner naissance (à un animal)
[47]**surveiller:** regarder attentivement
[48]**en coup de vent:** très vite
[49]**un enclos:** *paddock*
[50]**effarés (effarer):** qui a un sentiment de peur mêlée de stupeur (*startled*)
[51]**affalée (affaler):** tombée
[52]**se blottir:** *to snuggle up*
[53]**une grange:** *barn*
[54]**se hâtaient (se hâter):** se dépêchaient
[55]**surgit (surgir):** sortit soudain

*Une ferme au Québec*

## Yves Thériault

Né à Québec en 1916, Yves Thériault eut d'a-
bord deux ambitions: être annonceur à la radio
et être athlète professionnel (joueur de tennis et
boxeur). Une attaque de tuberculose mit fin à
ses ambitions sportives, mais il réussit dans une
carrière d'annonceur et fit aussi beaucoup
d'autres métiers: vendeur de fromage, camionneur et agent de publicité, entre autres. Sa
carrière littéraire commença en 1944. Son
oeuvre comprend plus de 1 500 textes pour la
radio et la télévision et une quarantaine de
recueils de contes et de romans, dont les plus
célèbres sont *Aaron* (1954), sur un jeune Juif de
Montréal, et *Agaguk* (1958), sur les Esquimaux
du Labrador et de l'Ungava. Thériault, qui
mourut vers la fin de 1983, reste un des auteurs
les plus lus et les plus étudiés au Québec.

*Yves Thériault*

## Compréhension

Répondez aux questions suivantes.

1.  a)  A quel moment de l'année est-ce que
        l'histoire a lieu?
    b)  Quel temps fait-il? Comment le savez-vous?
        (quatre détails)
2.  a)  Quels sont les membres de la famille?
    b)  Quel est leur état d'esprit?
3.  Robert est-il intelligent? Expliquez.
4.  a)  Qu'est-ce que Robert a écrit?
    b)  Quel est le problème posé par ce papier.
5.  a)  Pourquoi la famille est-elle pauvre main-
        tenant?
    b)  Les parents sont-ils optimistes ou pessi-
        mistes?
6.  a)  Le lendemain, quel temps fait-il?
    b)  Quel est l'effet de ce temps sur Micheline?
7.  a)  Quelles sont les habitudes du petit? Pour-
        quoi?
    b)  Comment passe-t-il son temps d'habitude?
8.  a)  Qu'est-ce que Micheline explique à son fils?
    b)  Quelle est la réaction immédiate de
        Robert à cette nouvelle?
    c)  Comment est-il plus tard dans la journée?
9.  a)  Qu'est-ce qui s'est passé à l'étable?
    b)  Que fait Robert?
10. a)  Quel est le cadeau de Noël de Robert?
    b)  Qu'en pense-t-il?

## Vocabulaire

A.  Complétez les phrases par un mot de la liste
    suivante.

    escompter/matelas/bruyants/effeuillés/
    angoisse/achevé/se hâter/brebis/grange/
    surveillent/pauvreté/péniblement/mis bas

    1.  Il faut _____ ; le train va partir dans
        cinq minutes.

2. Comme l'exercice était extrêmement difficile, il le faisait très _____ .
3. Les gardiens _____ attentivement les prisonniers.
4. La chatte a _____ six petits avant-hier.
5. Le loup a attaqué la petite _____ .
6. En écrivant les derniers mots, il a _____ son roman.
7. Puisqu'elle gagne très peu d'argent, elle vit dans la _____ .
8. Mettez votre argent à la banque; ne le cachez pas sous le _____ .
9. A cause de la pollution, les arbres étaient _____ .
10. M. Lamontagne s'est plaint à la police parce que ses voisins étaient trop _____ .

**B.** Trouvez le mot qui n'appartient pas à la série.
1. sol, solennel, terre
2. bouleau, érable, étable
3. habillé, habile, capable
4. finir, achever, acheter
5. bénédiction, blessure, plaie
6. coutumier, costume, habituel
7. angoisse, agneau, brebis
8. maigre, mince, malgré
9. témérité, timidité, confiance
10. envoyer, enfiler, endosser

# A ton avis

**A.** Réponds aux questions suivantes sur l'histoire.
1. Pourquoi Jérôme dit-il à la fin « Robert, je crois que nous n'avons jamais été aussi riches »?
2. Pourquoi Thériault a-t-il intitulé son histoire « le Choix »?
3. Choisis les sentiments de la liste suivante que tu avais en lisant l'histoire. Explique tes choix.

a) la joie
b) la haine
c) la témérité
d) la tristesse
e) l'angoisse
f) la peine
g) l'effarement
h) la sympathie
i) la tendresse
j) la colère

4. Est-ce une bonne histoire de Noël? Explique ta réponse.

**B.** Quel cadeau de Noël donnerais-tu
1. à ta mère?
2. à ton père?
3. à ta soeur/à ton frère?
4. à ton meilleur ami/à ta meilleure amie?
5. à un(e) cousin(e) de six ans?
6. à une vieille dame qui n'a pas de famille?
7. à un(e) millionnaire?
8. à ta vedette de cinéma préférée?
9. au Premier ministre du Canada?
10. à quelqu'un que tu aimes en secret?

# A faire et à discuter

**A.** Discutez en groupe.
1. Laquelle est la plus dure, la vie à la campagne ou la vie en ville?
2. « Il vaut mieux que les enfants grandissent à la campagne qu'en ville. »
3. « Les meilleurs cadeaux sont d'habitude les plus chers. »

**B.** 1. Avez-vous jamais assisté à la naissance d'un animal? Décrivez cette expérience.
2. Racontez votre histoire préférée où il est question d'un cadeau.

# POT-POURRI

**A.** Votre réaction, s'il vous plaît.

Je voudrais quelque chose de vraiment beau pour l'anniversaire de mon amie.

**B.** Mettez les phrases suivantes au discours direct.

*Exemple*
Elle a dit qu'elle partirait demain.
Elle a dit: « Je **partirai** demain. »

1. Jean a expliqué qu'il avait souvent résolu de tels problèmes.
2. Marie-Claire a répondu qu'elle aurait aimé sortir avec Jules.
3. Luc a demandé si nous savions les nouvelles.
4. Louise a promis qu'elle leur donnerait la recette.
5. J'ai demandé si tu avais lu le journal hier.
6. Nicole a répondu que nous aurions dû rester chez nous au lieu d'aller au restaurant.
7. Pierre a promis qu'il ne ferait pas le moindre bruit.
8. Suzanne a expliqué qu'elle cherchait un prétexte quelconque pour éviter la réunion.

**C.** Pour chaque situation suivante, faites une phrase avec **faire** causatif et une phrase avec **rendre** + adjectif.

*Exemple*

Les amis de Lise ont organisé une surprise-party pour son anniversaire.

Les amis ont fait préparer des sandwichs pour la party.

La party a rendu Lise (l'a rendue) toute joyeuse.

1. Robert a frappé son petit frère Michel.
2. Le professeur vous a posé une question difficile.
3. Les parents de Sarah lui ont défendu de sortir avec Paul.
4. Le professeur veut que les élèves fassent quatre exercices comme devoirs.
5. Grâce à Lorraine, notre équipe a gagné le match.
6. La mère de Philippe suggère qu'il achète de nouveaux vêtements, mais il ne veut pas le faire.
7. André adore le petit de la brebis; il lui donne à manger.
8. L'enfant pleure, alors Jean-Guy fait une mine comique.

D. As-tu des névroses? Jouons au psychiatre. Travaille avec un(e) partenaire et réponds aux questions suivantes comme tu veux. Pense à plusieurs réponses pour chaque question.

*Exemple*

Qu'est-ce qui te rend furieux (furieuse)?

Quand quelqu'un me fait manquer mon émission de télé favorite, ça me rend furieux (furieuse).

1. Qu'est-ce qui te rend furieux (furieuse)?
2. Qu'est-ce qui te rend nerveux (nerveuse)?
3. Qu'est-ce qui te rend malheureux (malheureuse)?
4. Qu'est-ce qui te rend inquiet (inquiète)?
5. Qu'est-ce qui te rend gai(e)?
6. Qu'est-ce qui te rend triste?

E. A ton avis.

1. Est-il évident que les enfants de nos jours soient moins polis envers les adultes qu'ils ne l'étaient auparavant?
2. Est-il vrai que la vie au vingtième siècle soit meilleure que la vie au dix-neuvième?
3. Est-il clair que les filles soient plus douées que les garçons pour apprendre les langues, mais que les garçons soient plus doués que les filles pour apprendre les sciences?
4. Est-il certain que la plupart des pays du monde veuillent la paix?
5. Est-il probable qu'une personne de nos jours fasse le même métier pendant toute sa vie?
6. Est-il certain que les informations à la télé soient plus exactes que celles dans les journaux?
7. Est-il probable que les couples mariés de nos jours aient moins d'enfants que leurs parents?
8. Est-il évident que les gens de ce pays soient parmi les plus privilégiés du monde?
9. Est-il vrai que les rêves prédisent l'avenir?
10. Est-il clair qu'on apprenne plus à l'école de nos jours qu'auparavant?

F. Complète ces phrases comme tu veux.

1. Je cherche quelqu'un qui ...
2. Il n'y a personne qui puisse ...
3. J'ai un(e) ami(e) qui ...
4. Je cherche un(e) ami(e) qui ...
5. Je connais quelqu'un qui ...
6. Il y a beaucoup de gens qui ...
7. Y a-t-il quelqu'un qui ... ?
8. Connais-tu quelqu'un qui ...?
9. J'ai trouvé quelque chose qui ...
10. Je cherche quelque chose qui ...

# VOCABULAIRE ACTIF

**Nom (masculin)**

le privilège

**Noms (féminins)**

l'angoisse
la blessure
la brebis
la hâte
la pauvreté
la somme
la vieillesse

**Verbes**

achever
apercevoir
atteindre
frotter
se hâter
réduire
rendre
surveiller

**Adjectifs**

habile
moindre
nuisible
pénible
quelconque
subit, -e

**Adverbes**

péniblement

# LECTURES SUPPLÉMENTAIRES

# Antoine de Saint-Exupéry

Toute sa vie (1900–1944), Antoine de Saint-Exupéry fut à la fois homme d'action et homme de réflexion. Il fut un pionnier de l'aviation française, assurant le service du courrier aérien d'abord entre la France et l'Afrique et, plus tard, entre la France et l'Amérique du Sud. Pendant la deuxième guerre mondiale, il effectua de nombreuses missions en avion jusqu'au jour désastreux où il ne revint jamais d'un vol de reconnaissance photographique. On ne retrouva jamais le corps ni l'avion du célèbre pilote. Aviateur courageux, Saint-Exupéry fut aussi romancier, poète et philosophe. Ses livres, qui portent souvent sur l'aviation, sont toujours considérés comme importants.

De toute son oeuvre littéraire, *le Petit Prince* est le livre le plus connu, peut-être parce qu'il s'adresse aux enfants aussi bien qu'aux adultes. Dans cette histoire, le petit prince part de sa planète, un astéroïde minuscule, à la suite d'une dispute avec sa rose, qu'il aime beaucoup. Après plusieurs aventures, il arrive sur la Terre, où il fait des découvertes importantes sur lui-même et aussi sur les hommes. Voici une rencontre (chapitre 21) où il apprend des choses fondamentales: c'est avec un renard.

*Antoine de Saint-Exupéry*

# Le Petit Prince

*Antoine de Saint-Exupéry*

C'est alors qu'apparut le renard:

    – Bonjour, dit le renard.

    – Bonjour, répondit poliment le petit prince, qui se retourna mais ne vit rien.

    – Je suis là, dit la voix, sous le pommier[1] ...

    – Qui es-tu? dit le petit prince. Tu es bien joli ...      5

    – Je suis un renard, dit le renard.

    – Viens jouer avec moi, lui proposa le petit prince. Je suis tellement triste ...

    – Je ne puis[2] pas jouer avec toi, dit le renard. Je ne suis pas apprivoisé.[3]

    – Ah! pardon, fit le petit prince.

Mais, après réflexion, il ajouta:      10

    – Qu'est-ce que signifie « apprivoiser »?

    – Tu n'es pas d'ici, dit le renard, que cherches-tu?

    – Je cherche les hommes, dit le petit prince. Qu'est-ce que signifie « apprivoiser »?

    – Les hommes, dit le renard, ils ont des fusils et ils chassent. C'est bien gênant! Ils élèvent aussi des poules. C'est leur seul intérêt. Tu cherches des poules?      15

    – Non, dit le petit prince. Je cherche des amis. Qu'est-ce que signifie « apprivoiser »?

    – C'est une chose trop oubliée, dit le renard. Ça signifie « créer des liens[4] ... »

    – Créer des liens?

    – Bien sûr, dit le renard. Tu n'es encore pour moi qu'un petit garçon tout semblable à cent mille petits garçons. Et je n'ai pas besoin de toi. Et tu n'as pas besoin de moi non plus. Je ne suis pour toi      20 qu'un renard semblable à cent mille renards. Mais, si tu m'apprivoises, nous aurons besoin l'un de l'autre. Tu seras pour moi unique au monde. Je serai pour toi unique au monde ...

    – Je commence à comprendre, dit le petit prince. Il y a une fleur ... je crois qu'elle m'a apprivoisé ...

    – C'est possible, dit le renard. On voit sur la terre toutes sortes de choses ...

    – Oh! ce n'est pas sur la Terre, dit le petit prince.      25

Le renard parut très intrigué:

    – Sur une autre planète?

    – Oui.

    – Il y a des chasseurs, sur cette planète-là?

    – Non.      30

    – Ça c'est intéressant! Et des poules?

    – Non.

    – Rien n'est parfait, soupira le renard.

Mais le renard revint à son idée:

– Ma vie est monotone. Je chasse les poules, les hommes me chassent. Toutes les poules se ressemblent, et tous les hommes se ressemblent. Je m'ennuie donc un peu. Mais, si tu m'apprivoises, ma vie sera comme ensoleillée. Je connaîtrai un bruit de pas qui sera différent de tous les autres. Les autres pas me font rentrer sous terre. Le tien m'appellera hors du terrier,[5] comme une musique. Et puis regarde! Tu vois, là-bas, les champs de blé? Je ne mange pas de pain. Le blé pour moi est inutile. Les champs de blé ne me rappellent rien. Et ça, c'est triste! Mais tu as des cheveux couleur d'or. Alors ce sera merveilleux quand tu m'auras apprivoisé! Le blé, qui est doré,[6] me fera souvenir de toi. Et j'aimerai le bruit du vent dans le blé …

Le renard se tut et regarda longtemps le petit prince:

– S'il te plaît … apprivoise-moi, dit-il!

– Je veux bien, répondit le petit prince, mais je n'ai pas beaucoup de temps. J'ai des amis à découvrir et beaucoup de choses à connaître.

– On ne connaît que les choses que l'on apprivoise, dit le renard. Les hommes n'ont plus le temps de rien connaître. Ils achètent des choses toutes faites chez les marchands.[7] Mais comme il n'existe point de marchands d'amis, les hommes n'ont plus d'amis. Si tu veux un ami, apprivoise-moi!

– Que faut-il faire? dit le petit prince.

– Il faut être très patient, répondit le renard. Tu t'assoiras d'abord un peu loin de moi, comme ça, dans l'herbe. Je te regarderai du coin de l'oeil et tu ne diras rien. Le langage est source de malentendus[8]. Mais, chaque jour, tu pourras t'asseoir un peu plus près …

Le lendemain revint le petit prince.

– Il eût mieux valu[9] revenir à la même heure, dit le renard. Si tu viens, par exemple, à quatre heures de l'après-midi, dès trois heures je commencerai d'être heureux. Plus l'heure avancera, plus je me sentirai heureux. A quatre heures, déjà, je m'agiterai et m'inquiéterai: je découvrirai le prix du bonheur! Mais si tu viens n'importe quand, je ne saurai jamais à quelle heure m'habiller le coeur … Il faut des rites.

– Qu'est-ce qu'un rite? dit le petit prince.

– C'est aussi quelque chose de trop oublié, dit le renard. C'est ce qui fait qu'un jour est différent des autres jours, une heure, des autres heures. Il y a un rite, par exemple, chez mes chasseurs. Ils dansent le jeudi avec les filles du village. Alors le jeudi est jour merveilleux! Je vais me promener jusqu'à la vigne.[10] Si les chasseurs dansaient n'importe quand, les jours se ressembleraient tous, et je n'aurais point de vacances.

Ainsi le petit prince apprivoisa le renard. Et quand l'heure du départ fut proche:

– Ah! dit le renard … Je pleurerai.

– C'est ta faute, dit le petit prince, je ne te souhaitais point de mal, mais tu as voulu que je t'apprivoise …

– Bien sûr, dit le renard.

– Mais tu vas pleurer! dit le petit prince.

– Bien sûr, dit le renard.

– Alors tu n'y gagnes rien!

– J'y gagne, dit le renard, à cause de la couleur du blé ...

Et il revint vers le renard:
– Adieu, dit-il ...
– Adieu, dit le renard. Voici mon secret. Il est très simple: on ne voit bien qu'avec le coeur. L'essentiel est invisible pour les yeux.
– L'essentiel est invisible pour les yeux, répéta le petit prince, afin de se souvenir.
– C'est le temps que tu as perdu pour ta rose qui fait ta rose si importante.
– C'est le temps que j'ai perdu pour ma rose ... fit le petit prince, afin de se souvenir.
– Les hommes ont oublié cette vérité, dit le renard. Mais tu ne dois pas l'oublier. Tu deviens responsable pour toujours de ce que tu as apprivoisé. Tu es responsable de ta rose ...
– Je suis responsable de ma rose ... répéta le petit prince, afin de se souvenir.

Extrait du *Petit Prince*, © 1943, Harcourt Brace Jovanovich, Inc; autorisé en 1971 par Consuelo de Saint-Exupéry, réimprimé avec l'autorisation de l'éditeur

## Lexique

[1]**un pommier:** un arbre qui porte des pommes
[2]**puis:** peux
[3]**apprivoisé:** domestiqué
[4]**un lien:** un rapport, une affinité, une liaison
[5]**un terrier:** un trou dans la terre qui sert d'abri à un animal
[6]**doré:** couleur d'or
[7]**un marchand:** un vendeur
[8]**un malentendu:** un manque de compréhension
[9]**il eût mieux valu:** il aurait mieux valu
[10]**une vigne:** *(grape)vine*

## Compréhension

Répondez aux questions suivantes.

1. a) Qu'est-ce que le petit prince demande au renard de faire?
   b) Pourquoi le renard refuse-t-il?
2. Comment le renard définit-il les hommes?
3. Que signifie « apprivoiser », selon le renard? Expliquez.
4. Pourquoi le renard veut-il que le petit prince l'apprivoise?
5. Qu'est-ce que le petit prince doit faire pour apprivoiser le renard?
6. a) Pourquoi le petit prince devrait-il revenir à la même heure chaque jour?
   b) Qu'est-ce que c'est qu'un rite? Quel en est l'exemple que donne le renard?
7. a) Le départ du petit prince est-il triste?
   b) Qu'est-ce que le renard y gagne quand même?
8. Quel est le secret du renard?
9. a) Pourquoi la rose est-elle importante pour le petit prince?
   b) Pourquoi est-il responsable de sa rose?

# Vocabulaire

**A.** Trouvez dans l'histoire un mot de la même famille que chacun des mots suivants.

1. poli
2. pomme
3. élève
4. lier
5. sembler
6. soupir
7. soleil
8. terre
9. marchandise
10. entendu
11. demain
12. inquiet
13. partir
14. visible
15. vrai

**B.** Lesquels des mots suivants appartiennent à la vie de la campagne? Expliquez vos choix.

1. renard
2. retourna
3. pommier
4. prince
5. apprivoiser
6. chasseur
7. poule
8. lien
9. planète
10. terrier
11. musique
12. champ
13. blé
14. marchand
15. herbe
16. malentendu
17. prix
18. rite
19. vigne
20. rose

# A ton avis

**A.** Réponds aux questions suivantes sur l'histoire.

1. Quelle leçon est-ce que le renard donne au petit prince?
2. Pourquoi Saint-Exupéry a-t-il choisi un renard pour son histoire au lieu d'un autre animal?
3. Pourquoi est-ce que l'auteur a fait venir le petit prince d'une autre planète?
4. Qu'est-ce qu'il y a dans l'histoire qui plairait aux enfants? Aux adultes?

**B.** Vrai ou faux?
Explique tes réponses.

1. On ne peut pas être l'ami de quelqu'un que l'on ne connaît pas bien.
2. La chose la plus précieuse au monde est l'amitié.
3. Chaque personne est unique.
4. L'amitié est plus durable que l'amour.
5. A la première rencontre, on peut décider si l'on veut être l'ami de quelqu'un.
6. On est responsable de ses ami(e)s.
7. Une personne très riche ne peut pas savoir si elle a de vrai(e)s ami(e)s.
8. On doit toujours prendre la défense d'un(e) ami(e), même quand il/elle a tort.

# A faire et à discuter

1. Discutez en groupe.
   « Les hommes n'ont plus le temps de rien connaître. Ils achètent des choses toutes faites chez les marchands. Mais comme il n'existe point de marchands d'amis, les hommes n'ont plus d'amis. »
2. Dressez une liste de rites que vous connaissez dans chacune des catégories suivantes.
   a) rites à l'école
   b) rites politiques ou gouvernementaux
   c) rites sociaux
   d) rites familiaux
   e) rites religieux
3. Rédigez une composition qui illustre une des citations suivantes.
   a) « Le langage est source de malentendus. »
   b) « On ne voit bien qu'avec le coeur. L'essentiel est invisible pour les yeux. »
4. Discutez avec un(e) partenaire la citation suivante et son rapport avec les idées de Saint-Exupéry.
   « Le coeur a ses raisons, que la raison ne connaît point. »

   (Blaise Pascal, *Pensées*)

## Marc Chagall

Ce peintre, connu dans le monde entier pour son expression artistique des symboles et du folklore juifs, naquit en Russie. Cependant, depuis un demi-siècle, il habite en France, où il compte parmi les artistes les plus célèbres. Non seulement on trouve ses toiles dans de nombreux musées, mais aussi le plafond de l'Opéra de Paris, ainsi que d'autres édifices publics, fut décorés par lui.

Depuis sa jeunesse Chagall écrit également des poèmes, soit en russe soit en yiddish. Voici la traduction française de l'un d'eux écrit pour sa femme Vava et accompagné d'un bois gravé qu'il fit spécialement pour le poème.

# Pour Vava

*Marc Chagall*

Avec toi je suis jeune
Quand là-bas les arbres menacent
Et le ciel se fait plus lointain
Tes yeux me touchent

5 Quand chaque pas se perd dans l'herbe
Quand chaque pas marche sur les eaux
Quand les vagues frémissent[1] dans ma tête
Et quelqu'un des nuages m'appelle

Avec toi je suis jeune
10 Mes années tombent comme feuilles
Quelqu'un colore mes tableaux
Ils brillent près de toi

Le sourire sur ton visage
Plus clair que les nuées[2]
15 Je cours où, pensive[3]
Tu m'attends

Extrait de *Poèmes*,
Editions Gérald Cramer, 1975

## Lexique

[1]**frémissent (frémir):** tremblent
[2]**une nuée:** un gros nuage
[3]**pensive (*m.* pensif):** perdue dans ses pensées

# Compréhension

Répondez aux questions suivantes.

1. Comment Chagall se sent-il quand il est avec Vava?
2. a) Donnez deux détails de la première strophe qui montrent l'état d'esprit de Chagall quand il n'est pas avec Vava.
   b) Quel état d'esprit ces détails montrent-ils?
3. a) Donnez quatre détails de la deuxième strophe qui décrivent le poète sans Vava.
   b) Quel est son état d'esprit ici?
4. Quel est l'effet de Vava sur la peinture de Chagall?
5. Caractérisez le sourire de Vava.
6. Quel est le sentiment du poète à la fin du poème?

# Vocabulaire

A. Remplacez les tirets par un mot de la liste suivante.

frémissent / nuages / nuées / lointain / menacent / vagues / pensive / feuilles / sourire / brillent

1. A la banque, les voleurs _____ le caissier.
2. Elle voyait à peine l'édifice parce qu'il était très _____.
3. Pendant la tempête, les _____ étaient immenses.
4. Sous le vent, les feuilles des arbres _____.
5. Nous regardons passer de gros _____ dans le ciel.
6. Les _____ sont devenues jaunes avant de tomber.
7. Ses bijoux _____ à la lumière des chandelles.
8. Paul a un large _____ parce qu'il est heureux.
9. Il fait beau, mais il y a quelques _____ blanches à l'horizon.
10. Cette femme _____ songe à ses problèmes.

B. Cherchez dans le poème les mots ou les expressions qui sont répétés. Quel effet ces répétitions produisent-elles?

# A ton avis

A. Réponds aux questions suivantes sur le poème.
   1. Qui appelle le poète des nuages?
   2. Qui colore ses tableaux?
   3. A quoi Vava pense-t-elle?

B. Marc Chagall est considéré comme un des précurseurs du surréalisme, mouvement artistique qui vise à libérer la création du contrôle de la raison.
   Quelles images dans le poème te semblent surréalistes, c'est-à-dire qu'elles échappent aux lois de la logique et de la raison? Explique tes choix.

C. Complète les phrases suivantes comme tu veux.
   1. Je préfère les tableaux
      a) réalistes.
      b) surréalistes.
      c) abstraits.
      d) ?
   2. Vivre avec un(e) artiste serait
      a) très intéressant.
      b) très difficile.
      c) déprimant.
      d) ?

3. Quand j'ai des ennuis, je
   a) travaille pour les oublier.
   b) lis de la poésie.
   c) me promène.
   d) ?
4. Je me sens plus jeune quand je
   a) joue avec des enfants.
   b) tombe amoureux/amoureuse.
   c) fais du sport.
   d) ?

## A faire et à discuter

1. Dans la peinture de Marc Chagall, on voit souvent
   a) le ciel.
   b) la nature.
   c) des couleurs éclatantes.
   d) une simplicité apparente qui masque des pensées plus complexes.

   En travaillant avec un(e) partenaire, trouvez dans le poème des mots ou des expressions qui appartiennent à ces catégories.
2. Faites des recherches sur la production artistique de Marc Chagall et présentez à la classe des reproductions de son oeuvre, accompagnées de vos commentaires et de vos explications.
3. Faites un tableau qui illustre « Pour Vava ».
4. Voici quelques mots-clefs du poème.
   jeune / ciel / pas / eaux / tableaux / toi / sourire / courir

   Ecrivez un poème où vous utiliserez au moins trois de ces mots-clefs. Il n'est pas nécessaire de faire rimer les vers.

# David Diop

Né en France en 1927 de père sénégalais et de mère camerounaise, David Diop fit d'excellentes études, malgré une santé délicate. Celle-ci l'obligea en effet à abandonner ses études de médecine et il se consacra exclusivement aux lettres, qui l'avaient toujours passionné d'ailleurs. La publication de son recueil de poésie, *Coups de pilon*, en 1956, le rendit célèbre parmi les nationalistes de l'Afrique francophone, célébrité qu'on peut facilement comprendre après une lecture du poème « Afrique ». En 1958, lorsque la Guinée devint indépendante de la France, Diop s'y installa comme professeur. Après deux ans d'enseignement, il décida d'aller en France pour des vacances et d'y soumettre le manuscrit d'un deuxième livre de poèmes à son éditeur. Ce fut une décision fatale: son avion fit naufrage dans l'océan Atlantique le 25 août 1960. Diop disparut et, avec lui, tous ses manuscrits.

*Conakry, capitale de la Guinée*

# Afrique

*David Diop*

Afrique mon Afrique
Afrique des fiers guerriers[1] dans les savanes[2]
  ancestrales
Afrique que chante ma grand'Mère
5 Au bord de son fleuve[3] lointain
Je ne t'ai jamais connue
Mais mon regard est plein de ton sang
Ton beau sang noir à travers les champs répandu
Le sang de ta sueur[4]
10 La sueur de ton travail
Le travail de l'esclavage[5]
L'esclavage de tes enfants
Afrique dis-moi Afrique
Est-ce donc toi ce dos qui se courbe
15 Et se couche sous le poids de l'humilité
Ce dos tremblant à zébrures[6] rouges
Qui dit oui au fouet[7] sur les routes de midi
Alors gravement une voix me répondit
Fils impétueux cet arbre robuste et jeune
20 Cet arbre là-bas
Splendidement seul au milieu de fleurs blanches et
  fanées[8]
C'est l'Afrique ton Afrique qui repousse
Qui repousse patiemment obstinément
25 Et dont les fruits ont peu à peu
L'amère[9] saveur[10] de la liberté.

Extrait de *Coups de pilon*,
*Présence Africaine*, Paris, 1956

## Lexique

[1]**un guerrier:** quelqu'un qui fait la guerre
[2]**une savane:** une vaste prairie sauvage
[3]**un fleuve:** une grande rivière qui se jette dans l'océan
[4]**la sueur:** la transpiration
[5]**l'esclavage (*m.*):** *slavery*
[6]**une zébrure:** une ligne sur la peau (comme celle sur un zèbre)
[7]**un fouet:** *whip*
[8]**fanées:** *wilted*
[9]**amère (*m.* amer):** rude et désagréable (*bitter*)
[10]**une saveur:** un goût

## Compréhension

Répondez aux questions suivantes.

1. a) Quelle Afrique la grand-mère du poète chante-t-elle?
   b) Le poète connaît-il cette Afrique?
2. a) Quel lien unit le poète à cette ancienne Afrique?
   b) De quoi ce lien est-il composé?
3. a) Décrivez le dos de l'Afrique.
   b) Pourquoi le dos africain est-il ainsi?
   c) A quelles périodes de l'histoire africaine cette image fait-elle référence?
4. a) Quelle image représente la nouvelle Afrique?
   b) Par quels détails le poète décrit-il cette image?

*La maison du président à Conakry*

## Vocabulaire

**A.** Reliez les débuts de phrase de la colonne A à la fin de phrase convenable de la colonne B.

| A | B |
|---|---|
| Les guerriers portaient fièrement | un goût amer. |
| Les animaux sauvages courent | à zébrures noires et blanches. |
| Le fleuve le plus important du Canada | pour faire marcher le cheval. |
| A cause de sa blessure il a perdu | repoussent au printemps. |
| La sueur coulait | leurs armes. |
| Dans le sud des Etats-Unis les noirs ont connu | l'esclavage. |
| Elle porte une robe | dans les savanes. |
| Le cocher agite son fouet | de nettoyer sa chambre. |
| Le directeur de l'école a parlé | très gravement aux élèves. |
| Ce jeune homme fort | beaucoup de sang. |
| Les vieux rideaux | la demande répétée de l'enfant. |
| L'herbe et les fleurs | est robuste et vigoureux. |
| Cette boisson a | est le Saint-Laurent. |
| Elle écoutait patiemment | du front de l'athlète. |
| Il refuse obstinément | ont été fanés par le soleil. |

**B.** Trouvez dans le poème les noms, les adjectifs, les verbes et les adverbes qui sont reliés à

1. l'esclavage.
2. la liberté.

## A ton avis

**A.** Réponds aux questions suivantes sur le poème.

1. Aujourd'hui est-ce qu'on a la même image de l'Afrique que celle chantée par la grand-mère du poète? Est-ce une vision réaliste? Sur quoi est-elle basée?
2. Le symbole de la nouvelle Afrique est-il bien choisi? Pourquoi?
3. Que représentent les « fleurs blanches et fanées »? Explique le choix de cette image.
4. Pourquoi la liberté a-t-elle une « amère saveur »?
5. Quels sont les sentiments du poète à la fin du poème?

**B.** Vrai ou faux?
Explique tes réponses.

1. En général on a tendance à trop idéaliser le passé de son pays.
2. L'esclavage est le chapitre le plus sombre de l'histoire de l'humanité.
3. Il est préférable qu'un pays dominé par un pouvoir colonialiste gagne sa liberté peu à peu plutôt que de se révolter.
4. L'Afrique reste le continent que nous connaissons le moins bien.
5. Nous ne faisons pas assez pour aider l'Afrique à résoudre ses problèmes.

## A faire et à discuter

1. Lisez attentivement les nouvelles africaines dans le journal et préparez-en un résumé pour une discussion en groupe.
2. Faites un débat sur la question suivante.
   « Le colonialisme a fait plus de mal que de bien. »
3. Faites des recherches sur l'esclavage pour déterminer
   a) comment on se procurait des esclaves en Afrique.
   b) quels étaient les principaux pays engagés dans la traite des esclaves.
   c) quelles étaient les conditions de vie des esclaves.
   d) si l'esclavage existe aujourd'hui.
4. Rédigez une composition qui a pour thème « l'amère saveur de la liberté ».

## Alain Stanké

En 1951, juste avant d'avoir 17 ans, Alain Stanké immigra au Canada de Lituanie. Depuis son arrivée dans son pays d'adoption, Stanké travaille dans les média (radio, télévision, cinéma, journalisme) et dans l'édition, où il dirige actuellement sa propre maison d'édition, qui publie des auteurs québécois importants. Il est aussi écrivain lui-même, auteur d'une quinzaine de livres sur des sujets variés.
Voici un récit amusant dans lequel Stanké raconte les difficultés d'un Québécois qui se rend à Paris où, pense-t-il, on parle la même langue que celle utilisée dans la belle province.

*Alain Stanké*

# Les tribulations d'un Québécois à Paris

*Alain Stanké*

Le présent récit, qui relate les tribulations d'un Canadien à Paris, est imaginaire. Pourtant, le fond en est véridique.[1]

L'auteur, qui traverse l'Atlantique plusieurs fois par année, s'est permis d'affirmer qu'il en était à son premier voyage. (Ici la forme personnelle n'est utilisée que pour les besoins de la narration.) On peut cependant être assuré que les faits relatés sont authentiques, de même que les diverses expressions sur lesquelles le récit est basé. Tout ce qui suit est arrivé ou risque d'arriver, un jour ou l'autre, aux nôtres qui vont de « l'autre bord ».

Je n'étais jamais allé à Paris. C'était donc tout naturel qu'en descendant à l'aéroport d'Orly je ressente un léger pincement au coeur.

Dès l'arrivée à l'hôtel, je me dirige vers la réception. Suivant la recommandation de notre sage ministère du Tourisme – « Dites bonjour! » – je suis le premier à lancer un vibrant bonjour. A quoi le préposé à[2] l'accueil répond froidement: « M'sieudam ». C'est sans doute un Russe ou un Allemand. Paris est plein d'étrangers, surtout l'été ...

Les formalités remplies, je monte à ma chambre et téléphone aussitôt à Montréal pour apprendre à ma femme que je suis arrivé sain et sauf.

– Opératrice? dis-je.

– OPERA combien? demande à son tour la femme au bout du fil.

– C'est pour faire un « longue distance ».

– Un quoi?

Les Français ne doivent pas téléphoner souvent à l'étranger, car la préposée n'a pas l'air de [20]
comprendre ...

– C'est pour téléphoner à Montréal, au Canada.

– Ne bougez pas. Je vous passe l'inter.

– Allô! Ici la standardiste. Vous avez demandé l'interurbain?

Cette fois, je manque perdre patience. [25]

– Je n'ai rien demandé du tout! Ce que je veux c'est parler à Montréal.

– C'est pour un P.C.V.? insiste la voix.

– Non, c'est pour ma femme!

– Mais où appelez-vous?

– A Montréal. [30]

– En P.C.V.?

– Non, en Canada.

– Je vous demande qui va payer!

Ce qu'elles sont indiscrètes, ces Françaises ...

– C'est un appel « collect ». Ou, si vous aimez mieux, « charges renversées ». Compris? [35]

C'est sûrement une nouvelle employée. Elle ne comprend pas. Il faut que je lui explique tout.

– Ma femme va payer le téléphone.

– Ah! votre femme va payer la communication. C'est ce que je disais: c'est un P.C.V., alors! Ne
quittez pas, j'ai l'abonnée en ligne ...

\*    \*    \*

Sitôt[3] douché et changé, je vais me renseigner sur les spectacles. Pour une fois que je peux voir un [40]
film français six mois avant qu'il arrive à Montréal, je ne veux pas rater[4] l'occasion.

– Monsieur désire?

J'allais répondre: « Aller aux vues », mais je me retiens.

– Voir un bon film, dis-je délicatement.

Jusque-là ça va bien. Mais tout se gâte quand j'ajoute: [45]

– Pouvez-vous m'indiquer un bon théâtre?

– Voir un film dans un théâtre? Impossible!

Impossible, n'étant pas français, j'insiste.

– Il n'y a plus de films?

– Si. Mais au cinéma, pas au théâtre, reprend l'homme, ricanant[5] discrètement. [50]

Nous nous séparons là-dessus. J'ai tout juste la force de lui dire bonjour en partant, ce à quoi
il répond:

– Non, monsieur: au revoir!

\*    \*    \*

Regroupant de mon mieux les éléments épars[6] de ma dignité, je vais m'asseoir à la terrasse d'un café.

– Et pour monsieur ce sera ...?

– Je prendrais une liqueur douce, dis-je au garçon d'un air très autochtone.[7]

– Pas ça ici.

– Quelque chose sans alcool.

– Alors une boisson gazeuse?

Le mot boisson me fait frémir.[8] Par bonheur, sur une autre table, je vois une bouteille de Coca-Cola.

– Je prendrai seulement un Coke, dis-je avec un geste d'insouciance.

– Un ...? Je regrette, nous n'avons pas ça ici.

Tricolore d'ahurissement,[9] l'index[10] raide,[11] je montre la petite bouteille familière sur la table voisine. Le garçon devient plus vert que de la chlorophylle et lance:

– Monsieur veut sans doute dire un Coca ...?

\*   \*   \*

J'ai hâte de manger dans un bon restaurant. Je commets[12] l'imprudence de demander à un Parisien de me recommander «un bon restaurant français». Il me fait remarquer, assez justement d'ailleurs, que, français, les restaurants le sont tous, au même titre que les cerises (de France), le pain (français) et les pâtisseries (françaises).

Le restaurant dans lequel j'entre finalement à midi est charmant. L'accueil, lui, est plutôt froid.

– C'est pour dîner, dis-je au maître d'hôtel.

– A cette heure-ci? demande-t-il, l'air ulcéré.

Les Français ne mangent peut-être pas aux mêmes heures que nous. Il faut se renseigner.

– A quelle heure servez-vous le dîner ici?

– A partir de 19 heures, monsieur.

– Et maintenant vous servez quoi?

– Le déjeuner, monsieur!

Le déjeuner à midi? Ils doivent se lever tard, les Parisiens!

J'apprendrai plus tard que tout cela n'est qu'une question de termes. Quand nous prenons notre déjeuner, les Français, eux, prennent le petit déjeuner; quand nous dînons, ils déjeunent et, quand nous soupons, ils dînent. Durant mon séjour en France, j'ai simplifié mes tracas en disant que je voulais tout simplement manger. Ce que j'ai d'ailleurs fait très bien trois fois par jour ...

Je veux à tout prix commencer par une spécialité. Le menu annonce: «Bifteck pommes frites». Le mariage des pommes – frites par surcroît[13] – avec la viande est inattendu. Je commande. Je dois avouer que pour le steak, que je prends habituellement «médium», c'est assez compliqué. On peut me le faire saignant, à point ou de mille et une autres façons, mais on ne sait pas le faire médium. J'en conclus que le chef doit être un débutant. Quant aux pommes, c'est de la fausse représentation: de vulgaires patates frites!

Le repas terminé, je ne veux pas m'attarder. Il me reste beaucoup à découvrir dans Paris.  90
    – Garçon, donnez-moi la note, je vous prie!
    – Monsieur veut que je lui donne la note, reprend-il, ruisselant de[14] ravissement.[15] Monsieur est musicien?
    Je dois en revenir au geste de l'index et du pouce imitant la main qui écrit. Le garçon paraît soulagé:
    – Ah! monsieur voulait dire l'addition!  95

*   *   *

C'est ainsi que, petit à petit, je fais mon apprentissage parisien. J'apprends que pour obtenir un verre de bière on doit demander un demi, qu'on dit boisson et non breuvage, des glaçons et non des cubes de glace, une glace et non une crème glacée, que bien froid se dit frappé et qu'on ne demande pas la liste mais la carte des vins. A la pharmacie, on donne une ordonnance et non une « prescription », et l'on ne se plaint pas, après avoir trop mangé, de brûlements d'estomac mais de brûlures à l'estomac. Là-bas, un bicycle est un vélo, une lumière rouge un feu rouge et la gazoline de l'essence. Une intermission devient un entracte, le barbier un coiffeur, la boîte téléphonique une cabine ...

J'apprends tout cela par la méthode difficile, c'est-à-dire non sans humiliation parfois mais restant toujours fier de parler, comme dit la fameuse annonce, la langue de 150 000 000 de personnes.

Mais là où la confusion atteint son comble, c'est dans un magasin à rayons où je me rends faire quelques achats.

Je veux m'habiller à la française de la tête aux pieds. Je commence par demander des bas. On m'envoie au rayon des bas de nylon pour femmes. La vendeuse me regarde d'un air ahuri.[16] Je finis par lever une jambe et montrer du doigt l'objet de ma convoitise.[17]

– Ah! monsieur veut des chaussettes!

– Mais non, des chaussettes j'en ai, toutes doublées.[18] Ce que je veux c'est ça!

– Mais ça, monsieur, ce sont des chaussettes!

Alors là, si l'on ne me prend pas pour un ivrogne,[19] je suis sûr de passer pour un hurluberlu.[20] Ma jambe en l'air et l'altercation qui s'ensuit commencent à créer un attroupement.[21] Il faut mettre fin à cette comédie.

– Si « ça », ce sont des chaussettes, qu'est-ce que c'est alors que « ça »? dis-je en montrant un comptoir voisin.

– Ça, monsieur, ce sont des pantoufles, laisse-t-elle échapper, complètement ahurie.

Revenu au rayon des hommes, je demande à voir des gilets. Vous me croirez si vous voulez mais on me montre des vestes. Et quand je veux essayer des vestes, on me montre des gilets ...

Homme du monde jusqu'au bout des ongles, je feins[22] de tout comprendre mais, en réalité, je ne comprends plus rien. Je voudrais bien aller faire un tour du côté des tissus[23] – j'habille mieux dans le fait sur mesure – mais, rien qu'à l'idée d'être obligé de demander « combien de verges[24] » ça prend pour faire un complet », j'y renonce.[25]

\* \* \*

Ma femme m'a chargé[26] d'acheter quelques petites choses pour elle à Paris: une bourse, deux foulards, une blouse, une « brassière » et un chandail.

Pour la bourse, c'est assez pénible,[27] merci! J'apprends que c'est un sac à main que j'aurais dû demander. Quant à la blouse, on me fait remarquer que ça s'appelle un chemisier. Il en est de même pour les chandails, que l'on désigne sous le nom de tricots ou de pulls (le « u » comme dans « nu »). Pour ce qui est des foulards, je finis par acheter un fichu et un carré de soie. Je suis sûr que ma femme ne verra pas la différence. Je me demande d'ailleurs s'il y en a vraiment une ...

Quant à la « brassière », c'est plutôt désastreux. On commence, en effet, par m'envoyer au rayon des enfants. Je reviens quand même à celui des froufrous féminins. J'insiste, je parlemente[28] du mieux que je peux.

– Mais enfin, monsieur, vous cherchez une brassière, oui ou non?

– Oui.

– Voyez le rayon des enfants.

(Ça ne doit pas être pour rien qu'on dit que les petits Français sont très développés pour leur âge …)

– Mais ce n'est pas pour un enfant, c'est pour ma femme!

– Oui, mais elle va faire quoi, votre femme, avec une brassière?

Je vous jure qu'il y a des circonstances dans la vie où l'on voudrait laisser … tout tomber. Incommensurablement confus, rougissant un brin,[29] j'explique à cette femme, moi un homme, quel usage nos femmes à nous font de cet objet vestimentaire. Du coup la vendeuse pouffe de rire.[30] Sa bouche se comporte comme celle d'une truite privée[31] d'eau.

– Ah! … ah! … ah! monsieur veut parler d'un soutien-gorge!

Sévère mais toujours digne, j'achète le premier qu'on me présente et je quitte l'étage en me jurant[32] bien de ne plus jamais faire d'autres « commissions » de cette nature. Les Français diraient des courses et, dans ce cas, ils auraient raison: ce que j'ai pu courir …

\*   \*   \*

Avant de quitter le magasin, la curiosité l'emportant[33] sur l'humiliation, je passe par le rayon des articles ménagers. Je veux voir à tout prix les objets qui servent aux Français à faire leur délicieuse cuisine: réfrigérateurs, ustensiles, poêles, etc.

Je vois de superbes chaudrons (prononcez casseroles), de magnifiques ustensiles (articulez couverts), de merveilleuses machines à laver (dites laveuses) et même des séchoirs, qui ressemblent étrangement à nos sécheuses.

Il y a pourtant quelque chose que je n'ai pas encore vu: les « poêles ». Je ne vais pas quitter ce magasin sans avoir satisfait ma curiosité. Car le vrai tourisme, voyez-vous, ça commence ici et non au Louvre!

Prenant ma voix la plus douce, je dis:

– Pardon, mademoiselle, pourriez-vous me montrer vos poêles, je vous prie?

La ravissante[34] vendeuse hausse les épaules avec mépris.[35]

– … moi la paix, vous!

Je sais que les Parisiens sont facilement irritables. C'est dû à la guerre, aux Américains ou à de Gaulle, on ne le sait plus très bien, mais le fait est là. Toujours poli et correct, je reprends:

– Vous allez me trouver un peu curieux, sans doute …

Elle me coupe net, en faisant mine de[36] vouloir me gifler:[37]

– Suffit, n'est-ce pas?

– C'est que je suis touriste …

– Ah! qu'il est drôle!

– Alors, j'aurais voulu voir les poêles que les Français utilisent pour faire leur cuisine.

Souriant comme si elle avait mordu dans un citron, la vendeuse répond:

– Monsieur veut sans doute parler des cuisinières?

170

\*    \*    \*

La suite du voyage me mortifie un tantinet.[38] En effet, je ne peux rapporter aucune photo, car je n'ai pu trouver de films pour mon kodak. Il paraît que j'aurais dû demander des pellicules pour mon appareil photographique. C'est drôle, mais ces choses-là, moi, je les ai dans les cheveux ...

Vous imaginez mon désarroi quand je suis obligé – la nature a certaines exigences ... – de demander le chemin de la « salle de repos », que je finis, d'ailleurs, par appeler les toilettes et qu'en réalité, pour me faire bien comprendre, je devrais nommer les waters (prononcez « ouatères ») ou les W.-C. (dites les « vécé »).

175

Un jour, je cherche à me rendre à pied sur les grands boulevards, mais je dois avoir pris la mauvaise direction car, au bout d'une heure, je ne les ai pas encore trouvés.

– Pardon, monsieur, je suis « écarté », dis-je à un inconnu.

180

Au lieu de m'aider à trouver mon chemin, il se met à rire à gorge déployée[39] et repart en se tenant les côtes. Ils sont fous, ces Français!

Maintenant que je suis de retour au pays, je peux le dire: c'est vraiment une chance qu'au Québec nous parlions la même langue qu'en France. Sinon, j'aurais eu mon voyage!

C'est d'ailleurs pour ça que je ne vais pas à New York. J'ai peur de ne pas pouvoir me faire comprendre, car je ne parle pas anglais....

185

\*    \*    \*

Extrait de *Dimanche-Matin*,
juillet, 1969

## Lexique

[1]**véridique:** vrai
[2]**un préposé à:** un responsable de
[3]**sitôt:** aussitôt
[4]**rater:** manquer
[5]**ricanant (ricaner):** riant à demi, par moquerie
[6]**épars (*m.s.* épars):** dispersés
[7]**autochtone:** qui est du pays
[8]**frémir:** trembler
[9]**un ahurissement:** une grande surprise
[10]**l'index (*m.*):** le doigt dont on se sert pour indiquer
[11]**raide:** fort tendu et qu'on plierait difficilement
[12]**commets (commettre):** fais
[13]**par surcroît:** en plus
[14]**ruisselant de:** *dripping with*
[15]**un ravissement:** un enchantement
[16]**ahuri:** stupéfié
[17]**une convoitise:** un désir très fort de posséder quelque chose
[18]**doublées:** *lined*
[19]**un ivrogne:** quelqu'un qui boit trop d'alcool
[20]**un hurluberlu:** une personne qui agit d'une manière bizarre

[21]**un attroupement:** une foule
[22]**je feins (feindre):** je fais semblant (*I pretend*)
[23]**un tissu:** *material, yard goods*
[24]**une verge:** une mesure de longueur qui vaut trois pieds
[25]**j'y renonce (renoncer):** je l'abandonne
[26]**a chargé (charger):** a imposé l'obligation
[27]**pénible:** difficile
[28]**parlemente (parlementer):** négocie, discute
[29]**un brin:** un peu
[30]**pouffe (pouffer) de rire:** rit en essayant de se contenir
[31]**privée de:** *deprived of*
[32]**me jurant (se jurer):** me promettant
[33]**emportant (emporter):** *ici: winning*
[34]**ravissante:** charmante, jolie
[35]**le mépris:** *disdain*
[36]**en faisant (faire) mine de:** en ayant l'air de
[37]**gifler:** frapper à la joue
[38]**un tantinet:** un petit peu
[39]**à gorge déployée:** très fort

---

## Compréhension

Répondez aux questions suivantes.

1. Quand l'auteur reçoit-il son premier choc linguistique?
2. a) Pourquoi veut-il téléphoner au Canada?
   b) Pourquoi est-il obligé de passer par la standardiste?
   c) Qu'est-ce qu'elle ne comprend pas?
3. a) Pourquoi a-t-il hâte de voir un film?
   b) Où demande-t-il des renseignements?
   c) Qu'est-ce que la personne ne comprend pas?
4. Qu'est-ce qu'il commande au café?
5. a) Pourquoi se rend-il ridicule en demandant un restaurant français?
   b) Que mange-t-il au restaurant?
6. a) Au magasin, à quels rayons va-t-il pour les vêtements d'homme?
   b) Où n'a-t-il pas le courage d'aller? Pourquoi?
7. a) Qu'est-ce que sa femme veut qu'il lui achète?
   b) Quel article lui donne le plus de mal?
8. Quelle est l'attitude de la vendeuse au rayon des articles ménagers?
9. Pourquoi n'a-t-il pas de photos de son voyage?
10. Quels autres incidents gênants lui arrive-il?

## Vocabulaire

Trouvez le mot qui n'appartient pas à la série.

1. véridique, viride, vrai
2. responsable, préposé, pose
3. rat, rater, manquer
4. rire, ricaner, risquer
5. pars, repars, épars
6. aussitôt, tôt, sitôt
7. autochtone, indigène, indigestion
8. parler, parlementer, mentir
9. brin, tantinet, tartine
10. ahurissement, stupide, stupéfaction
11. pénible, peine, peigne
12. emporter, porte, gagner
13. tremper, trembler, frémir
14. renoncer, annoncer, abandonner
15. ravissant, charmant, vivant
16. verger, verge, pouce
17. gifler, siffler, frapper
18. doigt, droit, index
19. tisser, tissu, issu
20. privé de, privé, sans

## A ton avis

1. Devrait-on changer de vocabulaire quand on va à l'étranger?
2. Devrait-on changer son accent aussi?
3. Est-il facile de modifier son vocabulaire? Son accent?
4. Méprise-t-on le français du Canada? L'anglais?
5. Les Français et les Britanniques devraient-ils modifier leur vocabulaire quand ils viennent au Canada?
6. Y a-t-il des accents anglais et/ou français que tu n'aimes pas? Pourquoi? Tes raisons peuvent-elles se justifier?

## A faire et à discuter

1. En travaillant en groupe de huit personnes, prenez une partie de l'histoire pour y trouver les mots québécois et leurs équivalents français. Expliquez l'incompréhension dont parle l'auteur.
2. Faites des recherches sur le vocabulaire canadien.
   a) Faites une liste de mots canadiens-anglais et de leurs équivalents britanniques.
      *Exemple:* elevator – lift
   b) Faites une liste de mots québécois et de leurs équivalents français. Choisissez des mots qui ne sont pas dans le texte.
      *Exemple:* centre d'achats – centre commercial
3. Il est évident qu'un Québécois sera obligé de modifier ses habitudes linguistiques s'il va en France. Quelles autres habitudes devra-t-il modifier aussi?
4. Cherchez les raisons historiques qui expliqueraient les différences entre le français du Canada et celui de la France. Présentez les résultats de vos recherches dans une dissertation.
5. Discutez en groupe.
   « Si tout le monde parlait de la même façon, le monde serait meilleur. »
6. Racontez un incident où vous avez eu du mal à vous faire comprendre.

# UNITÉ 3

## La formule de cette unité

### BUTS

- discuter de l'amitié et de l'amour;
- faire la distinction entre le sens actif et le sens passif;
- discuter des avantages de la bonne nutrition;
- apprendre à utiliser les verbes de perception dans vos conversations;
- découvrir la Provence et la Côte d'Azur;
- exprimer les conditions;
- apprendre à mettre en relief des mots importants dans une conversation;
- apprendre à utiliser quelques expressions négatives.

# *L*ECTURE

## Femmes

*Claire Martin*

*Cette nouvelle est tirée du recueil* Avec ou sans amour, *publié en 1958. Comme son titre l'indique, ce recueil parle de l'amour, et « Femmes » n'est pas une exception à cette règle. Claire Martin se sert d'un style ironique et simple pour nous amuser – et nous instruire – par les manifestations de cette passion.*

La réception s'achevait et Valentine était heureuse. Cet homme, qui lui plaisait tellement, elle croyait bien lui plaire aussi. Toute la soirée elle avait senti son regard sur elle, un regard caressant comme des mains, et sa peau était toute chaude de cette insistance.

Comme toutes les femmes qui se sentent observées par un homme qui leur plaît, elle avait de la difficulté à rester naturelle et devait se surveiller pour ne pas parler et rire trop haut. Elle devait aussi se faire violence[1] pour ne pas passer tout son temps dans le groupe où il était et elle lui en voulait[2] un peu de ne pas la suivre quand ses devoirs de maîtresse de maison la faisaient se déplacer[3] dans le grand salon.

Elle était heureuse et courbatue.[4] Cette contrainte[5] que les femmes doivent s'imposer de ne pas faire le premier pas quand c'est de tourner autour d'[6] un homme qu'elles ont envie, comme le fait si simplement la fillette[7] autour du garçonnet[8] qui lui plaît, cette contrainte se faisait durement[9] sentir dans tous ses muscles. Elle fut presque soulagée quand il vint prendre congé[10].

Elle souriait, un peu abêtie[11] par l'effort de cacher sa joie, parce qu'il disait: « Si vous êtes libre, un soir de cette semaine, et si vous le voulez bien, je viendrai vous prendre pour dîner. Après, nous irons danser. » Quand son amie Mariette, passant près d'eux, jeta: « Je peux me servir du téléphone pour demander un taxi? »

Quel damné[12] besoin avons-nous de toujours vouloir voler son rôle au destin?[13] Il nous arrangerait si bien les choses si nous n'étions pas sans cesse à le pousser[14], si nous n'étions pas toujours à parler quand nous n'avons pas la parole.[15] Valentine dit: « Un instant, chérie. » Puis: « Vous reconduiriez bien Mariette, André? » Et voilà!

Tous deux montèrent dans la longue voiture dont le devant[16] chromé,[17] « le sourire du dollar », luisait[18] doucement dans la nuit, un miroir aux alouettes.[19] André se mit tout de suite à parler avec enthousiasme de Valentine, de sa grâce, de son charme, de sa jolie taille.[20] Mariette écoutait et se taisait.

– Vous ne partagez pas mon opinion?

– Si, je la partage! Mais personne mieux que moi ne peut apprécier les qualités de Valentine! Je la connais depuis quinze ans. Vous me parlez de sa jolie taille. Je voudrais qu'elle vous entende, ça lui ferait plaisir. Il lui a fallu tellement d'acharnement[21] pour perdre l'embonpoint[22] qu'elle avait accumulé durant son mariage.

– L'embonpoint? Vous voulez me faire marcher?[23] Elle est mince comme un fil.[24]

– Justement. Comme elle était d'ailleurs avant de se marier. Et puis, vous savez ce que c'est. Quand on a conquis[25] un mari, on oublie parfois[26] comment on l'a conquis. On se laisse un peu aller. Quand Valentine est devenue veuve,[27] elle n'était pas obèse, bien sûr, mais … Je lui dis souvent: « Si tu ne peux pas te marier sans grossir, mieux vaut n'y pas songer. » Elle est tellement ravissante[28] maintenant, n'est-ce pas?

– Très.

– Même chose pour ses cheveux. Vous ne l'avez pas connue avant qu'elle les fasse teindre?[29]

– Non. Je croyais qu'ils étaient naturellement auburn. De quelle couleur étaient-ils?

– C'est-à-dire qu'autrefois ils l'étaient. Mais, les dernières années de son mariage, elle avait beaucoup blanchi.[30] Ce n'est que depuis son veuvage[31] qu'elle les fait teindre. Cela lui va tellement mieux. Elle paraît de quinze ans plus jeune qu'elle ne l'est en réalité. Si Daniel la voyait, il ne la reconnaîtrait pas.

– Vous l'avez connu, son mari? <sup>40</sup>

– Oh! mais très bien … le pauvre.

– Oui, évidemment, mourir si jeune.

– Ce n'est pas tellement cela. Je pense que Daniel ne tenait pas beaucoup à[32] la vie. Il avait un air soulagé de la quitter qui était assez déprimant,[33] je dois dire.

– Vraiment? Est-ce qu'ils ne s'entendaient[34] pas bien tous les deux? <sup>45</sup>

– Pas très bien. Et pourtant Daniel était de tous les hommes que j'ai rencontrés le mieux pourvu[35] de toutes les qualités imaginables.

– Il y a parfois certaines incompatibilités incoercibles.[36] Car enfin, Valentine aussi a de très grandes qualités.

– Bien sûr. Et d'ailleurs le ménage[37] allait très bien au début. C'est quand les affaires de Daniel se <sup>50</sup> sont mises à péricliter[38] que le désarroi[39] a commencé.

– Oui … il y a des hommes qu'une telle mésaventure aigrit[40] à les rendre inendurables.

– Et les femmes aussi. Que voulez-vous, c'est humain. Valentine était habituée à un certain luxe. J'avais cru, comme tout le monde, qu'il s'agissait d'un mariage d'amour et que ce contretemps[41] n'y changerait rien. Il y a même des couples d'amoureux que les épreuves[42] rapprochent, dit-on. Je sais bien <sup>55</sup> que pour ma part, si j'étais mariée et que mon mari vînt[43] à perdre sa fortune, je me dirais que c'est là une occasion toute trouvée de lui montrer combien je l'aime. Et ça n'est pas ça qui me ferait blanchir les cheveux. Mais Valentine est une enfant gâtée. Au début de cette déconfiture,[44] on a même raconté un peu partout qu'elle aurait, comment dirais-je, tenté de suppléer à[45] ce que Daniel ne pouvait plus lui donner en … <sup>60</sup>

– En ayant un ami riche? C'est ce que vous voulez dire?

– Mon Dieu, oui. Mais ça, je ne l'ai jamais cru.

– En tout cas, ç'aurait été au temps où elle était encore un peu mince et un peu auburn.

– Ne soyez pas méchant. J'ai horreur de ça. Elle ne le mérite pas. Elle a manqué d'un peu de courage. Ça n'est pas un crime. <sup>65</sup>

– Et pourtant la vie qu'elle fait en ce moment doit demander beaucoup de courage. Elle travaille très fort.

– Mais elle gagne beaucoup. Il faut bien faire l'un quand on veut l'autre. Quand elle a épousé Daniel, elle croyait son avenir assuré pour toujours. Mauvaise mise.[46] Oh! je ne suis pas inquiète pour elle. Comme elle le dit souvent, la prochaine fois elle choisira un homme qui a les reins plus solides.[47] <sup>70</sup>

– Vraiment, elle dit ça?

– Mettez-vous à sa place! Vous ne pouvez comprendre ça. Vous remuez l'argent à la pelle.[48] Moi non plus, d'ailleurs, je ne le comprends pas. J'ai l'infirmité d'être sentimentale.

– L'argent ne vous intéresse pas?

– Moi? Mon pauvre ami! Un coeur et une chaumière,[49] comme on dit. Et même un coeur tout seul. <sup>75</sup>

– C'est très bien ça. Vous avez trouvé?

– Non. Parce que, sur d'autres points, je suis très exigeante.

– Lesquels?

– L'intelligence, par exemple. Je n'aimerai qu'un homme extrêmement intelligent.

– Deuxièmement?

– Des manières raffinées.[50] Je ne peux souffrir les rustres.[51]

– Troisièmement?

– Un physique attrayant.[52] Ne riez pas, j'ai cette faiblesse.

– Oui … Vous avez des exigences qui feraient trembler de peur le plus vaniteux[53] des soupirants.

– Vous pouvez parler, vous qui avez tout cela.

– Est-ce à dire que je pourrais poser ma candidature?[54]

– Mais qu'allez-vous croire là? Je n'ai pas oublié l'existence de Valentine et je vous assure qu'elle est suffisante[55] pour qu'il n'en soit pas question. L'amitié est une chose que je respecte plus que tout au monde.

– Comme c'est joli! Et si je vous disais que Valentine n'est rien pour moi. Rien du tout, je vous le jure. Si vous êtes libre un soir de cette semaine, et vous le voulez bien, je viendrai vous prendre pour dîner. Après, nous irons danser.

(*A suivre*)

Extrait de *Avec ou sans amour*,
Le Cercle du Livre de France Limitée, 1958

## Lexique

[1]**se faire violence:** se forcer

[2]**elle lui en voulait:** elle avait des sentiments de rancune contre lui

[3]**se déplacer:** aller

[4]**courbatue:** très fatiguée

[5]**une contrainte:** une discipline

[6]**tourner autour d':** *to hang around*

[7]**une fillette:** une jeune fille dans les premières années de l'adolescence

[8]**un garçonnet:** un garçon dans les premières années de l'adolescence

[9]**durement:** difficilement

[10]**prendre congé:** dire au revoir

[11]**abêtie:** rendue stupide

[12]**damné:** *damned*

[13]**le destin:** le hasard, la chance

[14]**si nous n'étions pas sans cesse à le pousser:** si nous ne le poussions sans cesse

[15]**n'avons pas la parole:** n'avons pas le droit de parler

[16]**le devant:** la partie avant (*grill*)

[17]**chromé:** *chrome*

[18]**luisait (luire):** brillait

[19]**un miroir aux alouettes:** à la chasse, un miroir que l'on manoeuvre pour attirer des oiseaux; un piège

[20]**une taille:** *figure*

[21]**un acharnement:** un grand effort constant

[22]**l'embonpoint (*m.*):** la corpulence forte, l'obésité

[23]**me faire marcher:** vous moquer de moi

[24]**un fil:** *string*

[25]**conquis (conquérir):** gagné, captivé

[26]**parfois:** quelquefois

[27]**une veuve:** une femme dont le mari est mort

[28]**ravissante:** jolie

[29]**teindre:** changer de couleur

[30]**blanchi (blanchir):** devenir blanc

[31]**un veuvage:** l'état de quelqu'un après la mort de sa femme (son mari)

[32]**ne tenait (tenir) pas beaucoup à:** n'était pas attaché à

³³**déprimant:** démoralisant
³⁴**s'entendaient (s'entendre):** s'accordaient (*got along*)
³⁵**pourvu (pourvoir):** doué
³⁶**incoercibles:** insurmontables, irréductibles
³⁷**un ménage:** un couple
³⁸**péricliter:** aller à leur ruine
³⁹**le désarroi:** la confusion, le désordre
⁴⁰**aigrit (aigrir):** *embitters*
⁴¹**un contretemps:** une difficulté, une complication
⁴²**une épreuve:** un malheur, l'adversité
⁴³**vînt:** imparfait du subjonctif de **venir**
⁴⁴**une déconfiture:** une défaite
⁴⁵**suppléer à:** *to make up for*

⁴⁶**une mise:** *bet, gamble*
⁴⁷**qui a les reins plus solides:** qui a une grande sécurité financière
⁴⁸**vous remuez l'argent à la pelle:** vous êtes très riche, vous gagnez beaucoup d'argent
⁴⁹**une chaumière:** *thatched cottage*
⁵⁰**raffinées:** polies
⁵¹**un rustre:** *boor*
⁵²**attrayant:** beau
⁵³**vaniteux (f. vaniteuse):** *vain*
⁵⁴**poser ma candidature:** *apply for the job*
⁵⁵**suffisante:** assez

## Claire Martin

Née à Québec en 1914, Claire Faucher, qui signe ses livres du nom de jeune fille de sa mère, habite maintenant en France. Elle écrit des romans et des nouvelles, mais elle est connue surtout pour ses mémoires, dont un volume, *Dans un gant de fer*, obtint le prix du Gouverneur Général. Dans ce livre, Claire Martin raconte les malheurs de son enfance, dûs à la cruauté de son père et à la rigueur des écoles qu'elle fréquenta. Dans ses autres livres, elle parle avant tout de l'amour.

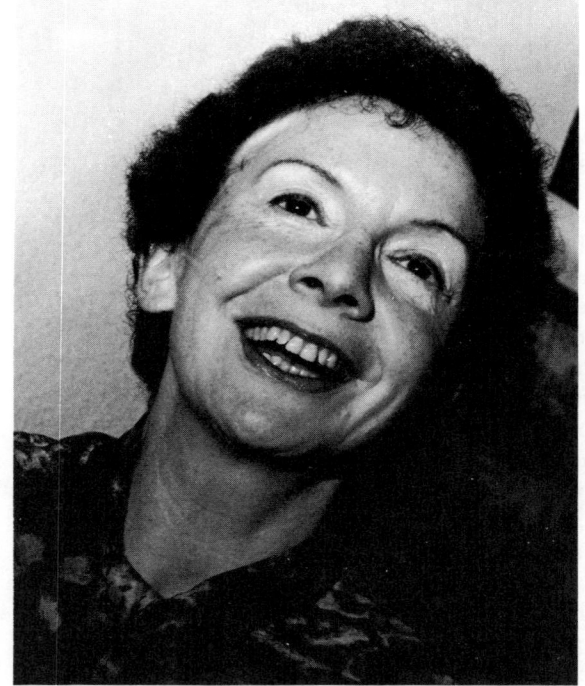

*Claire Martin*

## Compréhension

Répondez aux questions suivantes.

1. Pourquoi Valentine était-elle heureuse?
2. a) Pourquoi avait-elle de la difficulté à rester naturelle?
   b) Que devait-elle faire pour paraître aussi naturelle que possible? (trois choses)
3. a) Pourquoi était-elle presque soulagée quand l'homme est venu prendre congé?
   b) Comment l'homme l'a-t-il rendue heureuse à ce moment-là?
4. a) Qui voulait partir en même temps que l'homme?
   b) Comment Valentine a-t-elle arrangé les choses?
5. a) De qui André a-t-il parlé dans la voiture?
   b) Quelle était l'attitude d'André? L'attitude de Mariette?
6. a) Quand Valentine avait-elle grossi? Pourquoi, selon Mariette?
   b) Quand Valentine était-elle redevenue mince? Avait-elle eu de la difficulté à le faire?
7. a) Quelle était la couleur naturelle des cheveux de Valentine?
   b) Depuis quand est-ce qu'elle les faisait teindre?
8. a) Comment le mari de Valentine s'appelait-il?
   b) Quel était son état d'esprit au moment de sa mort?
9. a) Valentine et Daniel s'entendaient-ils bien, selon Mariette?
   b) Etaient-ils gentils, l'un et l'autre? Alors, pourquoi leur mariage n'allait-il pas bien?
10. a) Quelle est parfois la réaction des couples qui passent par un moment difficile?
    b) Quelle aurait été la réaction de Mariette dans une telle circonstance?
    c) Qu'est-ce qu'on dit que Valentine avait fait dans cette circonstance?
11. a) Valentine travaille-t-elle maintenant? Gagne-t-elle bien sa vie?
    b) L'argent a-t-il beaucoup d'importance pour elle? Quelle en est la preuve, selon Mariette?
12. a) Mariette a-t-elle la même attitude envers l'argent?
    b) Quelles sont les qualités que Mariette recherche chez un homme? (trois)
13. Comment la soirée finit-elle?

## Vocabulaire

**A.** Choisissez une des expressions entre parenthèses pour compléter les phrases suivantes.

1. Colette _____ Georges parce qu'il ne l'a pas invitée à la party. (en veut à/veut)
2. Avant de partir, il _____ de l'hôtesse. (a congé/prend congé)
3. Ce livre est si _____ que j'ai beaucoup pleuré en le lisant. (déprimé/déprimant)
4. Imaginez la _____ de la danseuse quand elle est tombée devant le public. (confiture/déconfiture)
5. Ils sortent souvent ensemble parce qu'ils _____ bien. (entendent/s'entendent)
6. _____ a la parole au parlement. (Le premier ministre/L'ancien prisonnier)
7. M^me Savard a envie de _____ ses cheveux. (tendre/teindre)
8. En suivant un régime très strict, Paul a perdu son _____. (embonpoint/point)
9. Cet acteur est si _____ qu'il passe des heures à se regarder dans un miroir. (vanité/vaniteux)
10. Cet homme politique est très honnête parce qu'il _____ sa réputation. (tient/tient à)

**B.** Complétez les phrases par un des mots de la liste suivante.

se déplaçait/luisait/chaumière/pelle/fil/
destin/ménage/parfois/veuve/ravissante

1. Certaines personnes croient que votre horoscope peut prédire votre _____ .
2. Jacqueline est absolument _____ dans sa robe rouge.
3. Une seule chandelle _____ dans la chambre obscurcie.
4. Pour coudre, on a besoin d'un _____ et d'une aiguille.
5. J'aime _____ sortir jusqu'à deux heures du matin, mais pas toujours.
6. Cette _____ a recommencé à travailler après la mort de son mari.
7. J'aime beaucoup aller chez Isabelle et Bertrand parce que c'est un _____ très heureux.
8. On se sert d'une _____ pour déblayer la neige.
9. Il avait un travail où il _____ beaucoup.
10. On rêve souvent d'habiter dans une _____ à la campagne.

## A ton avis

Vrai ou faux? Justifie ton avis.

1. On sait toujours si l'on est aimé de quelqu'un, même si l'autre personne n'en dit rien.
2. Il est impossible de rester naturel quand on veut plaire à quelqu'un.
3. A une soirée on devrait parler à autant de personnes que possible; on ne devrait pas passer tout son temps dans un seul groupe ni avec une seule personne.
4. Même aujourd'hui, à l'époque du féminisme, les femmes ne devraient pas faire le premier pas quand elles s'intéressent à un homme.
5. A une soirée, il est plus amusant d'être l'invité(e) que l'hôte (l'hôtesse).
6. Une voiture révèle souvent la personnalité de son propriétaire.
7. Quand on a conquis un mari/une femme, on peut négliger un peu son apparence.
8. Les femmes devraient rester naturelles, et ne pas teindre leurs cheveux.
9. Un couple qui a des malheurs devient plus uni.
10. Si l'on ne peut pas dire du bien de quelqu'un, on devrait se taire.
11. La sentimentalité est une faiblesse.
12. L'amour est la seule chose qui compte dans un mariage.
13. On devrait respecter l'amitié plus que tout au monde.

## A faire et à discuter

**A.** Discutez en groupe.

1. Quelles seraient les trois qualités les plus importantes à chercher chez un époux (une épouse)? Seraient-elles les qualités recherchées par Mariette: l'intelligence, des manières raffinées et un physique attrayant?
2. Qu'est-ce qui constitue la soirée idéale?

**B.** Ecrivez

1. un dialogue entre un homme et une femme qui se rencontrent à une soirée et qui s'intéressent tout de suite l'un à l'autre.
2. un paragraphe qui illustre l'idée suivante: « [Le destin] nous arrangerait si bien les choses si nous n'étions pas sans cesse à le pousser. »

# STRUCTURES

## La voix passive

Le plan de mon palais a été conçu par le célèbre architecte Legrand.
Ma niche a été construite par mon maître parce qu'il m'aime.

---

### OBSERVATION GRAMMATICALE

a. Le concierge **ferme** les portes du musée tous les jours à 18 heures.

b. Les portes du musée **sont fermées** par le concierge tous les jours à 18 heures.

a. Le directeur **a écrit** la lettre aux parents.

b. La lettre aux parents **a été écrite** par le directeur.

a. Tous les enfants **regardaient** cette émission de télé.

b. Cette émission de télé **était regardée** par tous les enfants.

a. Monique **remettra** ma composition au professeur demain.

b. Ma composition **sera remise** au professeur par Monique demain.

Les phrases « a » ci-dessus sont des phrases à la forme **active** tandis que les phrases « b » sont à la forme **passive**.

---

Considérez l'exemple suivant:

Phrase active:    | Le concierge | **ferme** | les portes du musée. |

Phrase passive:   | Les portes du musée | **sont *fermées*** | par le concierge. |

Quel est le sujet de la phrase à la forme active?

Que fait-on de ce sujet quand on met la phrase à la forme passive?

Quel mot indique que l'ancien sujet est devenu l'agent de la phrase à la forme passive?

Quel est l'objet direct de la phrase à la forme active?

Que devient cet objet direct dans la phrase à la forme passive?

Quel est le verbe de la phrase active? A quel temps est ce verbe?

Que fait-on de ce verbe dans la phrase passive? Avec quoi s'accorde-t-il dans la phrase passive?

Quel est le verbe principal de la phrase passive?

A quel temps est ce verbe?

Pourquoi le verbe de la phrase active est-il singulier tandis que le verbe de la phrase passive est pluriel?

Donc, il y trois étapes à suivre pour changer une phrase de la forme active à la forme passive:
1. Le sujet de la phrase active devient l' _____ introduit par la préposition _____.
2. L'objet direct de la phrase active devient _____ de la phrase passive.
3. On remplace le verbe de la phrase active par le verbe _____ au même _____.
   Le verbe de la phrase active devient un _____ _____ et s'accorde avec le nouveau _____.

Remarquez que pour chaque temps et mode des verbes à la forme active, il y a une forme passive qui y correspond. Il y a même des infinitifs à la forme passive, par exemple:

Cet exercice doit **être fait** par tout le monde.

## Exercices

**A.** Mettez les phrases suivantes à la forme passive.

*Exemple*
Un camion a tué son chat.
Son chat **a été tué** par un camion.

1. M. Bénéteau construit notre nouvelle maison.
2. André Lalonde a écrit le roman.
3. Le bruit des ouvriers a dérangé notre classe.
4. Nicole écrira la lettre demain.
5. Les élèves remettront les examens au professeur dans quelques minutes.
6. La tempête a détruit plusieurs voitures.
7. Angèle fera une robe de bal.
8. Pierre a peint les chaises.
9. Un accident a causé l'arrêt de circulation.
10. Le premier ministre lira le rapport.

**B.** Répondez aux questions à la forme passive en suivant l'exemple.

*Exemple*
Le chat a tué le rat?   (Non/le chien)
Non, le rat **a été tué** par le chien.

1. Monique a préparé ce beau gâteau? (Non/moi)
2. Les Lions ont gagné le match?   (Non/les Bisons)
3. Tu écriras le rapport?   (Non/Anita)
4. Leur classe utilise ces livres?   (Non/notre classe)
5. Le professeur a choisi le gagnant?   (Non/le directeur)
6. Gauguin a fait cette peinture?   (Non/Degas)
7. La secrétaire écrira la lettre?   (Non/le patron)
8. Tony choisira le meilleur article?   (Non/le comité)

**C.** Un peu de culture
Les oeuvres qui suivent ont été créées par quels artistes? Pour chaque oeuvre, choisissez un verbe qui convient; mettez-le à la forme passive et ensuite ajoutez l'agent – l'artiste qui a créé l'oeuvre. Travaillez avec un(e) partenaire.

**a. les oeuvres**
1. la peinture « la Joconde »
2. le roman *la Symphonie pastorale*
3. le poème « Voyelles »
4. la statue « le Penseur »
5. le roman *Bonheur d'occasion*
6. l'histoire « le Choix »
7. le roman *le Rouge et le Noir*
8. la chanson « Mon Pays »
9. le roman *la Civilisation, ma Mère! ...*
10. la musique *la symphonie pastorale*
11. l'histoire « Une abominable feuille d'érable sur la glace »
12. le roman *le Petit Prince*
13. le poème « Familiale »

| **b. les verbes** | **c. les artistes** |
| --- | --- |
| composer | G. Vigneault |
| écrire | Y. Thériault |
| peindre | Léonard de Vinci |
| sculpter | R. Carrier |
| | A. Rimbaud |
| | Stendhal |
| | Beethoven |
| | Rodin |
| | G. Roy |
| | Saint-Exupéry |
| | A. Gide |
| | Prévert |
| | D. Chraïbi |

*Exemple*
La peinture « la Joconde » a été peinte par Léonard de Vinci.

## EN GARDE!

Ce recueil de poèmes a été publié à Montréal.
**On a publié** ce recueil de poèmes à Montréal.
Ce recueil de poèmes **s'est publié** à Montréal.

Le portefeuille perdu avait été retrouvé dans l'autobus.
**On avait retrouvé** le portefeuille perdu dans l'autobus.
Le portefeuille perdu **s'était retrouvé** dans l'autobus.

Le français est parlé dans cette classe.
**On parle** français dans cette classe.
Le français **se parle** dans cette classe.

Y a-t-il un agent spécifié dans les phrases ci-dessus?

Remarquez que dans les phrases où il n'y a pas d'agent spécifié, on préfère employer soit **on** + un verbe à la forme active, soit un verbe à la forme pronominale à la place du passif.

**D.** Changez les phrases suivantes en substituant a) **On** + le verbe à la forme active et b) le verbe à la forme pronominale.

*Exemple*
Cette maison a été vendue hier.
a) **On a vendu** cette maison hier.
b) Cette maison **s'est vendue** hier.

1. Le roman a été publié récemment.
2. Les journaux ne sont pas vendus dans ce magasin.
3. En général, les banques sont fermées à quinze heures.
4. L'espagnol est parlé au Mexique.
5. La maison fut construite en 1758.
6. Ses bons conseils furent suivis.
7. Soudain, la porte a été ouverte.
8. Cela n'est jamais fait ici.
9. Les livres sont vendus dans une librairie et non dans une bibliothèque.
10. Les grandes voitures de luxe ont été achetées ici.

**E.** Indiquez le temps ou la forme des verbes à la forme passive dans les phrases suivantes. Ensuite, mettez les phrases à la forme active en utilisant **On** ou l'agent donné.

*Exemple*

Les invitations **ont été mises** à la poste.
passé composé du passif
On a mis les invitations à la poste.

1. Lise **était invitée** à une party.
2. Elle **fut complimentée** pour son maquillage.
3. Hors d'une fête, ce maquillage **serait jugé** outré.
4. C'est un maquillage qui demande que les cils **soient** bien **soulignés**.
5. Le rouge à lèvres doit **être appliqué** de manière très précise.
6. Il est indispensable pour un tel ensemble que le teint **soit** parfaitement **égalisé**.
7. La peau **sera éclaircie** par un nuage de poudre fine.
8. Pour un tel maquillage, une discrète eau de toilette ne **sera** évidemment pas **indiquée**.
9. Il faut déterminer les conditions dans lesquelles un tel maquillage **est indiqué** et celles où il **est déconseillé**.
10. Ce maquillage **a été mis** en vogue par les gens qui fréquentent les discothèques.

**F.** Projet
Trouvez dix phrases à la forme passive dans les journaux et dans les revues. Trouvez aussi dix cas où l'on a utilisé un verbe à la forme pronominale ou **on** + la forme active à la place du passif.

**G.** Le décorum avant tout!
A ton avis, qu'est-ce qui ne se fait pas? Réponds en utilisant **On** …
Pense à autant de réponses possibles pour chaque cas.

Qu'est-ce qui ne se fait pas: à la maison?
à la maison quand il y a des invités?
à l'école?
au restaurant?
à une party?
pendant un examen?
quand on est invité chez quelqu'un?
à un match de football/hockey?
à table?
dans un bureau (au travail)?

*Exemple*
On ne met pas les pieds sur la table. Cela ne se fait pas à la maison.

# Laisser + l'infinitif

*Robin Hood:* Laisse-moi passer le premier!
*Ti-Jean:* Non, toi, tu me laisses passer le premier.

*Robin Hood:* D'accord, je te laisse passer le premier, mais donne-moi ta main.

## OBSERVATION GRAMMATICALE

Le professeur laisse les élèves partir avant la fin de la classe.
Le professeur laisse partir les élèves avant la fin de la classe.
Le professeur les laisse partir avant la fin de la classe.
Le professeur laisse les élèves faire leurs devoirs en classe.

Où peut-on mettre le nom complément (ci-dessus, **les élèves**) quand on a **laisser** suivi d'un infinitif mais aucun nom complément?

Si ce nom complément devient un pronom, où faut-il le mettre?

Remarquez que s'il y a un complément d'objet direct de l'infinitif après **laisser** (ci-dessus, **leurs devoirs**), il faut mettre l'autre nom (**les élèves**) devant cet infinitif. Ce nom fonctionne comme sujet de l'infinitif qui suit.

Comparez:

Il laisse partir les élèves. }
Il laisse les élèves partir. }

Il les laisse partir.

Il les a laissé**s** partir.

Il laisse Jean boire tout le vin.

Il fait partir les élèves.

Il les fait partir.

Il les a fait partir.

Il fait boire tout le vin $\left.{\text{par} \atop \text{à}}\right\}$ Jean.

De quelle façon la structure **laisser** + l'infinitif est-elle semblable à la structure **faire** + l'infinitif?

Quelles sont les deux différences entre les deux structures?

Remarquez que dans la phrase « Il les a laissés partir », le pronom complément **les** fonctionne comme l'objet de **laisser** et comme le sujet de l'infinitif **partir**, qui a un sens actif. Si l'infinitif a un sens passif, il n'y a pas d'accord quand il y a un pronom complément qui précède.

Ils ont laissé louer la maison.
Ils l'ont laissé louer.

## Exercices

**A.** Ce n'est pas une classe comme les autres!
Transformez les phrases en ajoutant à chacune
**Le professeur laisse** … selon l'exemple.

*Exemple*
Monique écrit au tableau.
Le professeur laisse Monique écrire au tableau.

1. Richard parle à Sylvie.
2. André et Paula vont au gymnase.
3. Jean-Pierre reste à la cafétéria.
4. Marie va à la bibliothèque.
5. Yvon chante à haute voix.
6. Annette se peigne.
7. Philippe regarde par la fenêtre.
8. Charlotte dessine dans son cahier.

**B.** Changez les phrases en utilisant **laisser** à la forme qui convient au lieu de **faire** selon l'exemple.

*Exemple*

Il fait rester Jacques après la classe.
Il **laisse** Jacques rester après la classe.

1. Elle fait chanter la classe.
2. Il fait lire Valérie.
3. Nous faisons partir les invités.
4. Le professeur fait parler plus fort l'enfant.
5. Il fait pleurer le bébé.
6. Tu fais aboyer le chien.

**C.** Changez les phrases en utilisant **laisser** à la forme qui convient au lieu de **faire** selon l'exemple.

*Exemple*

Le médecin a fait prendre ces pilules par le $\Big\}$ au $\Big\}$ malade.
Le médecin a laissé le malade prendre ces pilules.

1. Le professeur a fait finir l'exercice par les élèves.
2. M^me Martin a fait faire sa robe de bal par sa fille.
3. Les Gendron ont fait construire leur garage par Pierre.
4. J'ai fait prendre ma photo par Louis.
5. Georges a fait boire de la bière au chien.
6. Angèle a fait réparer sa voiture par son frère.
7. M^me Bondy a fait peindre son salon par son fils.
8. Les Caron ont fait manger tout le dindon aux invités.

**D.** Remplacez le mot en caractères gras par un pronom. Faites attention à l'accord possible.

*Exemple*

J'ai laissé **Sophie** chanter.
Je l'ai laiss**é** chanter.

1. La mère a laissé **le bébé** jouer avec des allumettes?
2. Elle a laissé **l'homme** ouvrir la porte pour elle.
3. Nous avons laissé **le chaton** boire de la crème.
4. J'ai laissé **mon chien** partager mon déjeuner.
5. Elle a laissé **son amie** lire son journal.
6. Paul a laissé **Anne** copier ses réponses.
7. Vous avez laissé **l'agent de police** voir cette photo?

**E.** Es-tu une personne stricte? Que permets-tu et que ne permets-tu jamais?

*Exemple*

copier mes notes
Je ne laisse personne copier mes notes. *ou*
De temps en temps, je laisse mes amis copier mes notes.

1. lire mon journal personnel
2. faire mon lit
3. m'aider pour mes devoirs
4. emprunter mon argent
5. me vendre quelque chose dont je n'ai pas besoin
6. emprunter mes disques
7. sortir avec mon ami(e)
8. entrer dans ma chambre
9. m'embrasser
10. ?

# QUESTION À DÉBATTRE

## La nourriture

Tandis que la plupart des Canadiens se gorgent d'hamburgers et de frites, quelques-uns reconnaissent l'importance de la bonne nutrition. Des études médicales nous prouvent le lien étroit qui existe entre nos habitudes alimentaires et les maladies les plus dangereuses. Le cholestérol peut mener à des maladies cardiaques, tout comme la viande fumée et la farine raffinée peuvent être à l'origine de certains cancers. En effet, on estime actuellement que chez les hommes nord-américains, de trente à quarante pour cent des cancers sont reliés à la nutrition, tandis que chez les femmes ce chiffre atteint le taux alarmant de soixante pour cent!

Alors, que faudrait-il faire? Devenir végétarien? Après tout, les végétariens sont moins souvent victimes du cancer que le reste de la population. Maigrir? C'est souvent une bonne idée, mais comment procéder? En perdant du poids petit à petit, ce qui risque d'être décourageant et trop difficile à faire? En suivant un régime à la mode, qui promet des résultats remarquables, mais peut-être peu durables? Même si on réussit à maigrir, on risque de ne pas pouvoir s'arrêter et de tomber dans l'anorexie. La santé se trouve peut-être dans les vitamines. La vitamine A, par exemple, peut empêcher le développement de cellules cancéreuses. Pourtant, à de trop fortes doses, la vitamine A devient toxique.

Que devrait-on mettre dans son assiette?

## Votre opinion, s'il vous plaît

1. La plupart des adolescents ne s'intéressent pas à la bonne nutrition et par conséquent ne sont pas en forme; ils sont trop gros. Vrai ou faux?
2. La pollution cause plus de maladies dangereuses que les mauvaises habitudes alimentaires. Vrai ou faux?
3. Beaucoup de régimes à la mode sont dangereux. Vrai ou faux? Citez des exemples.
4. On ne doit jamais suivre un régime sans consulter son médecin. Vrai ou faux? Pourquoi?
5. En général, les régimes sont inutiles. Vrai ou faux? Pourquoi?
6. Tout le monde devrait prendre chaque jour des vitamines supplémentaires. Vrai ou faux?
7. On est ce qu'on mange. Vrai ou faux? Préparez une liste d'aliments qu'on doit manger et une autre de ceux qu'on doit éviter. Indiquez pourquoi pour chaque exemple.
8. Pour la santé, l'exercice physique est plus important que ce qu'on mange. Vrai ou faux? Pourquoi?

# Développement

Choisissez une des phrases de **Votre opinion, s'il vous plaît** et dressez une liste du pour et du contre sur la question choisie.

Préparez un débat sur cette question avec un groupe d'étudiants.
Rédigez une composition sur ce sujet.

**Chez-nous, c'est le goût !**

**Minsha** un délice du Lac-Saint-Jean

Savez-vous que la plupart des bleuets sauvages poussent dans la région autour du lac St-Jean au Québec? Là, on trouve des centaines d'hectares de bleuetières – les champs de bleuets. On dit que les bleuets de cette région sont particulièrement délicieux. Les gens du lac St-Jean sont fiers de ces « perles bleues du Saguenay ». C'est pourquoi chaque année, en août, on célèbre le grand Festival des Bleuets à Mistassini, ville située un peu au nord du lac. Si l'on y va, on pourra goûter dans la Pâtisserie aux Bleuets, les tartes, les gâteaux, les cachettes*, les croissants, tous contenant des bleuets; il y a aussi la cipâte** aux bleuets et le pouding aux bleuets à essayer. Et ce n'est pas tout. On y trouve des distractions de toutes sortes: le Maître Bleuet pour les enfants, des musiciens, de l'artisanat orné de bleuets et le fameux concours du difficile transport des boîtes de bleuets. Pour les amateurs de bleuets, Mistassini en août est un véritable paradis.

*les cachettes: *berry-filled pastries*     **la cipâte: *six-layered pie*

# STRUCTURE

## Les verbes de perception + l'infinitif

*Le mari:* As-tu pris mon pain grillé?
*La femme:* Certainement pas, et je n'ai vu personne d'autre le prendre non plus. Tu l'auras
mangé sans t'en rendre compte.

---

### OBSERVATION GRAMMATICALE

**As**-tu **écouté** chanter le canari?
Elle n'**a** pas **senti** le moustique piquer.
J'**ai entendu** le violoniste jouer le concerto.
Nous **avons vu** cet homme voler le sac à cette dame.
Il **a regardé** l'élève écrire la réponse.

Quels sont les verbes de perception?

Quand on a un verbe de perception suivi d'un infinitif, où met-on le complément de l'infinitif?

Si l'infinitif a un complément de sujet et un complément d'objet, où met-on le sujet de l'infinitif? Et
l'objet de l'infinitif?

# Exercices

**A.** Transformez les phrases en ajoutant l'infinitif entre parenthèses.

*Exemple*
Elle entend le téléphone.   (sonner)
Elle entend sonner le téléphone.
1. Je regarde la pluie.   (tomber)
2. Nous entendons les musiciens.   (jouer)
3. Il sent la tempête.   (arriver)
4. L'enfant écoute ses parents.   (se disputer)
5. Elle voit les garçons.   (se battre)
6. Elle a regardé les passants dans la rue.   (se promener)
7. J'ai entendu les chiens.   (aboyer)
8. Avez-vous vu les chevaux?   (galoper)

**B.** Ajoutez un verbe de perception aux phrases suivantes en utilisant le sujet **nous**.

*Exemple*
Le choeur chante.
Nous entendons chanter le choeur.
1. Les élèves sortent de l'école.
2. Le soleil brille.
3. Les cloches de l'église sonnent.
4. Les femmes font du jogging.
5. Le vent siffle dans les arbres.
6. Le groupe pop chante notre chanson favorite.
7. L'hiver commence.
8. Le chien chasse l'écureuil.

---

## EN GARDE!

a. J'ai entendu **les enfants** réciter.
b. Je **les** ai entendu**s** réciter.
c. J'ai entendu **les enfants** réciter **le poème**.
d. Je **les** ai entendu**s le** réciter.

Qu'est-ce que le pronom **les** remplace dans les phrases « b » et « d » ci-dessus?

Pourquoi a-t-on ajouté **s** à **entendu** dans les phrases « b » et « d »?

Dans la phrase « d », il y a deux pronoms compléments. Où les met-on?

Remarquez:

J'ai entendu **les enfants** réciter.
Je **les** ai entendu**s** réciter.

J'ai entendu réciter **les poèmes**.
Je **les** ai entendu réciter.

Dans les deux premières phrases, l'infinitif a un sens actif et on peut considérer **les enfants** ou le pronom **les** comme complément d'objet du verbe de perception. Donc, le participe passé s'accorde avec l'objet direct qui précède.

Dans les phrases qui suivent, l'infinitif **réciter** a un sens passif.

---

Quand on remplace **les poèmes** par le pronom **les**, on le place devant le verbe de perception. Cependant, puisque **les** n'est pas un complément d'objet direct du verbe de perception, il n'y a pas d'accord.

J'ai entendu **les enfants** réciter.
J'ai entendu réciter **les poèmes**.

Dans la première phrase, l'infinitif **réciter** a-t-il un sens actif ou passif? Et dans la deuxième phrase?

Quand l'infinitif qui suit le verbe de perception a un sens actif, où met-on le nom complément? Et quand l'infinitif qui suit le verbe de perception a un sens passif, où met-on le nom complément?

**C.** Indiquez si l'infinitif dans les phrases suivantes a un sens actif ou un sens passif. Ensuite, remplacez les mots en caractères gras par un pronom.

*Exemples*
J'ai entendu **les musiciens** jouer.
sens actif
Je **les** ai entendus jouer.

J'ai entendu jouer **les hymnes nationaux**.
sens passif
Je **les** ai entendu jouer.

1. Elle a senti **la tempête** arriver.
2. Nous avons vu construire **la maison**.
3. Ils ont entendu chanter **les cantiques de Noël**.
4. J'ai regardé **l'équipe** jouer.
5. Il a écouté raconter **l'histoire**.
6. J'ai entendu **le téléphone** sonner.
7. Elles ont regardé **les élèves** sortir.
8. J'ai entendu appeler **la police**.
9. As-tu vu ouvrir **la porte**?
10. Il a écouté **la chanteuse** chanter.

**D.** Compose des phrases pour indiquer tes préférences.

*Exemple*
écouter la pluie tomber
J'aime écouter la pluie tomber. *ou*
Je n'aime pas écouter la pluie tomber.

1. écouter jouer un orchestre symphonique
2. regarder jouer un match de hockey
3. sentir venir une tempête/ le printemps/ l'hiver
4. entendre le téléphone sonner
5. voir rire des bébés
6. écouter …
7. regarder …
8. sentir …
9. entendre …
10. voir …

# DÉCOUVERTE DE LA FRANCE

## La Provence et la Côte d'Azur

*Le pont d'Avignon*

*Des chevaux camarguais*

Après Paris et ses environs, la Provence et la Côte d'Azur sont sans doute les régions de France les mieux aimées et les mieux connues des touristes – même des touristes français! Et pourquoi pas? Le climat est excellent – doux en hiver et pas trop chaud en été. Le paysage de la vallée du Rhône compte parmi les plus beaux du monde. C'est pour cette raison que de nombreux peintres comme Van Gogh, Gauguin, Renoir et Picasso, parmi beaucoup d'autres, y vinrent exercer leur art. Les villes de Provence comme Arles et Nîmes, avec leurs ruines romaines et le fameux pont du Gard, attirent chaque année des milliers de touristes. Et il ne faut pas oublier Avignon avec le palais des Papes et le célèbre pont d'Avignon, dont chaque écolier connaît la chanson. La Provence possède en plus Marseille, le principal port français. Mais à côté de ces villes anciennes et le va-et-vient bruyant du port de Marseille, il y a aussi un parc naturel, la Camargue, où errent les chevaux sauvages, et où les gardians surveillent des troupeaux de taureaux. Dans la réserve botanique et zoologique on peut observer divers oiseaux, tels que les flamants roses, les hérons et les hirondelles.

Et puis la Côte d'Azur! Même le nom évoque un certain lyrisme romantique. A quoi pense-t-on quand on entend les mots Côte d'Azur? – au bleu profond de la Méditerranée? – aux plages peuplées de gens bien bronzés? – au casino de Monaco? – au festival international du film? Il est probable que la Côte d'Azur éveille toutes ces associations. Mais cette région a bien d'autres choses à offrir. Naturellement, les villes littorales qui attirent tant de touristes pendant toute l'année méritent mention ici: St-Tropez, Cannes, Juan-les-Pins, Nice, Monte-Carlo et Menton, parmi d'autres. Mais la région n'est pas connue uniquement pour ces stations balnéaires.

Il y a, par exemple, la ville charmante de Grasse, fameuse pour l'industrie de la parfumerie. Après la cueillette des fleurs, principalement la rose et le jasmin, plusieurs procédés (soit l'ancien procédé de distillation, soit le procédé plus récent de l'extraction) sont utilisés pour obtenir différentes essences – bases des parfums. Cependant, les essences obtenues à Grasse sont envoyées d'habitude à Paris, où les grands parfumeurs les mélangent selon des formules secrètes pour préparer les parfums appréciés partout dans le monde.

*Eze-sur-Mer et Cap d'Ail*

Pour bien connaître cette région, on devrait pénétrer aussi dans l'arrière-pays. Là, on peut découvrir un artisanat important. Dans les vieux villages, souvent restaurés par les artisans eux-mêmes, on peut observer la fabrication de jarres, de marionnettes, la transformation du bois d'olivier en meubles et en objets sculptés, le tissage à la main et surtout le travail des verriers et des céramistes. Le village de Vallauris, par exemple, devint fameux pour sa céramique après 1947 quand Picasso y vint travailler dans un atelier. Aujourd'hui, il y a d'innombrables boutiques à Vallauris qui offrent au touriste un grand choix d'objets divers en poterie – certains d'une grande originalité. 30

Pour les amateurs de l'art moderne, une visite à St-Paul-de-Vence est indispensable. Près de cette ville charmante, une cité fortifiée qui conserve derrière ses remparts un aspect féodal, se trouve la Fondation Maeght, où l'on peut voir une importante collection d'oeuvres d'art modernes: peintures, mobiles, sculptures et céramiques d'artistes tels que Braque, Chagall, Miró, Matisse et encore beaucoup d'autres. Des artistes peuvent même séjourner à la Fondation pour y travailler ou pour animer des ateliers. 35

Dans cette région se trouvent plusieurs vieux villages perchés en nids d'aigles et entourés de remparts, connus comme « villes perchées ». Au Moyen Age, les habitants de la région voulurent se protéger contre les grandes invasions germaniques et sarrasines, les pirateries et les méfaits des guerriers – ils bâtirent ces villages avec la pierre de la colline, tracèrent des ruelles sinueuses qui ne peuvent être suivies – même aujourd'hui – qu'à pied. Parmi ces villes perchées, Eze, qui se trouve à peu près à mi-chemin entre Nice et Monaco, est peut-être la plus charmante et la plus pittoresque de toutes. 40

A vrai dire, en Provence et sur la Côte d'Azur il y en a pour tous les goûts. Donc, allez-y et amusez-vous bien! 45

# STRUCTURE

## Révision
## Les conditions avec **si**

*La fourmi*: Si tu ne te prépares pas à l'arrivée de l'hiver, tu auras faim.

*La fourmi*: Si tu m'avais écoutée l'été passé, tu n'aurais pas eu tous ces problèmes.

---

### OBSERVATION GRAMMATICALE

S'il **sait** la réponse, il la **dit**.

il la **dira**.

Si tu **sais** la réponse, **dis**-la.

S'il **avait** assez d'argent, il **ferait** le tour du monde.

Si elle **avait eu** assez d'argent, elle **aurait acheté** la maison.

Quand le verbe dans la proposition avec **si** est au présent, quels temps du verbe peut-on utiliser dans la proposition principale?

Quand le verbe dans la proposition avec **si** est à l'imparfait, quel est le temps du verbe dans la proposition principale?

Et si le verbe dans la proposition avec **si** est au plus-que-parfait, quel est le temps du verbe dans la proposition principale?

Remarquez que les temps des verbes dans les phrases avec **si** correspondent exactement à l'usage anglais.

## Exercices

**A.** Complétez les phrases suivantes par la forme qui convient du verbe entre parenthèses.

*Exemple*
Nous resterons à la maison s'il _____.
(pleuvoir)
Nous resterons à la maison s'il **pleut**.

1. Je t'écrirai si tu m'_____ aussi. (écrire)
2. Il ferait le travail s'il _____ le faire. (savoir)
3. Dis-le-moi si tu _____ de ses nouvelles. (recevoir)
4. Elle l'aurait fait si elle en _____ le courage. (avoir)
5. Nous pourrions t'aider si nous le _____. (vouloir)
6. Tu l'aurais regretté si tu _____ avec lui. (sortir)
7. Elle manquera l'autobus si elle ne _____ pas immédiatement. (partir)
8. Il ne l'aurait jamais dit s'il _____ la situation. (comprendre)

**B.** Complétez les phrases suivantes par la forme qui convient du verbe entre parenthèses.

*Exemple*
S'il avait eu l'argent, il _____ à Hawaii.
(aller)
S'il avait eu l'argent, il **serait allé** à Hawaii.

1. Si tu travaillais mieux, tu _____ plus de progrès. (faire)
2. Si vous avez de l'argent, _____ - nous-en. (prêter)
3. S'il ne faisait pas attention en classe, il n'_____ rien. (apprendre)
4. Si elle avait pris l'argent, nous l'_____. (remarquer)
5. S'il ne pleut pas cet après-midi, nous _____. (se promener)
6. Si tu avais attendu cinq minutes, j'_____ t'accompagner. (pouvoir)
7. S'il a de l'argent, il le _____ toujours. (dépenser)
8. Si je pouvais l'aider, je _____ bien le faire. (vouloir)

**C.** Mettez le verbe entre parenthèses au temps qui convient.

*Exemple*
S'il ne _____ pas, il sera malade. (manger)
S'il ne **mange** pas, il sera malade.

1. Si elle ne _____ pas, elle nous téléphonera. (venir)
2. Si nous avions le temps, nous _____ rester plus longtemps ici. (pouvoir)
3. Si j'avais mangé le ragoût, je _____ malade. (tomber)
4. S'il _____ assez d'argent, il achèterait certainement cette peinture. (avoir)
5. S'il était moins timide, il _____ la connaissance de plus de filles. (faire)
6. Si nous finissons ce travail, nous _____ très contents. (être)
7. Si elle n'avait pas téléphoné, sa mère _____ très inquiète. (être)
8. Si elle _____, elle aurait manqué sa visite. (sortir)
9. Si vous savez la vérité, _____-la-nous. (dire)
10. Si je la _____, je la reconnaîtrais. (voir)

**D.** Composez trois phrases conditionnelles avec **nous** en utilisant les mots donnés et en imitant l'exemple.

*Exemple*
avoir l'argent/acheter une voiture
Si nous **avons** l'argent, nous **achèterons** une voiture.
Si nous **avions** l'argent, nous **achèterions** une voiture.
Si nous **avions eu** l'argent, nous **aurions acheté** une voiture.

1. savoir la réponse/te la dire
2. aimer la maison/l'acheter
3. finir le travail de bonne heure/aller au cinéma
4. voir ton amie/lui dire de venir à la party
5. boire trop/nous sentir mal
6. trouver une bonne émission de télé/la regarder jusqu'au bout
7. avoir assez de temps/venir avec vous
8. être en retard/t'appeler

**E.** A ton avis. Réponds comme tu veux.
1. Si tu gagnais à la loterie, que ferais-tu?
2. Si tu n'avais pas fait tes devoirs, l'aurais-tu avoué au professeur? Qu'aurais-tu fait?
3. Si tu remarquais, près d'une banque, une personne à l'air suspect, que ferais-tu?
4. Si tu pensais qu'un(e) autre élève copiait tes réponses pendant un examen, que ferais-tu?
5. Si tu avais l'impression qu'une personne te poursuivait quand tu rentrais très tard le soir, que ferais-tu?
6. Si tu voulais rompre avec ton ami(e), comment le ferais-tu?
7. Si ton ami(e) voulait rompre avec toi, que ferais-tu?

8. Si tu avais beaucoup de devoirs et un test le lendemain, mais que ce soit aussi le soir de tes émissions favorites à la télé, que ferais-tu?
9. Si tu trouvais 1 000$ dans la rue, que ferais-tu?
10. Si tu voulais sortir avec quelqu'un que tes parents n'aiment pas, que ferais-tu? Ferais-tu l'effort de leur expliquer pourquoi tu veux sortir avec cette personne, que c'est une personne très gentille, etc.?

**F.** A discuter.
On dit que « si » est le mot le plus triste du monde. Es-tu d'accord? Suggère quelques situations où « si » est vraiment un mot triste.
Y a-t-il des situations où « si » est un mot chanceux? Suggère quelques exemples pour appuyer cette idée.

*St-Tropez*

137

# Au bout de la langue

## La mise en relief

Je le veux, le gâteau! Toi, tu auras les carottes!

**Vous,** vous dansez et **nous,** nous chantons.

Il **me** donne le cadeau **à moi,** il ne **te** le donne pas **à toi.**

**Les Martin,** on ne **les** voit plus depuis quelques jours.

**L'alcool,** elle n'**en** boit jamais.

**Roger, il** travaille beaucoup **lui,** mais **Yves, il** ne fait rien.

Trouvez les répétitions dans les phrases ci-dessus.

Quel est l'effet de ces répétitions?

Comment est-ce qu'on parvient au même effet en anglais? Pourquoi est-ce qu'on ne peut pas utiliser ce même procédé en français?

Quelles sortes de répétitions voyez-vous dans les phrases?

Quelle sorte de pronoms emploie-t-on dans ces répétitions?

**Attention!** Quand on veut mettre en relief le pronom **en**, quel article emploie-t-on avec le nom correspondant?

C'est la même chose pour **à** + un pronom et pour **y**.

**Ses devoirs?** Il n'**y** pense jamais.

## Exercices

**A.** Récrivez les phrases suivantes pour mettre en relief les mots en caractères gras.

*Exemple*
J'aime beaucoup **Jean**, mais je n'aime pas beaucoup **Marie**.
Jean, je l'aime beaucoup, lui, mais Marie, je ne l'aime pas beaucoup, elle.

1. **Il** part et **elle** arrive.
2. **Nous** étions très surpris par cette nouvelle.
3. On a choisi **Suzette** pour l'équipe.
4. Il pense toujours à **ses vacances**.
5. Le professeur **me** parle en ce moment, il ne **te** parle pas.
6. **La chimie** est très difficile, mais **l'éducation physique** est très amusante.
7. Jean-Pierre s'intéresse beaucoup à **cette jeune fille**.
8. Il mange **des bonbons** sans arrêt.
9. Le directeur **nous** dit d'attendre jusqu'à cinq heures.
10. Il ne veut pas de **télévision** chez lui.

**B. Une dispute dans la classe de M<sup>lle</sup> Joyal**

La classe de M<sup>lle</sup> Joyal avait décidé de faire un pique-nique samedi dernier, mais malheureusement le pique-nique était un désastre.
Voici pourquoi:
Jacques et ses amis ne sont pas venus.
Dorine a oublié les sandwichs.
Le gâteau de Michel n'était pas bon.
Philippe n'a pas vendu de billets.
Le lait était mauvais parce qu'il n'était pas assez froid.
Les jeunes filles n'ont pas voulu participer aux courses avec les garçons, et les garçons ont voulu partir à la pêche.
Maxine pense qu'elle a fait trop de travail pour le pique-nique et que les autres n'ont pas assez aidé.

Ecrivez un dialogue où la classe discute du pique-nique. Employez la répétition pour mettre en relief les mots importants de la dispute.

# STRUCTURE

## Ne ... aucun(e), Aucun(e) ... ne; Ne ... nul(le), Nul(le) ... ne

Nul ne peut me voir.
Je suis l'homme invisible!

---

### OBSERVATION GRAMMATICALE

**adjectifs:**

Combien de garçons y a-t-il dans cette classe?
Il **n'**y a **aucun** garçon dans cette classe. Pas un seul.

Quels films sont disponibles ici?
**Aucun** film **n'**est disponible ici.

Y a-t-il une solution au problème?
Je **ne** vois **nulle** solution au problème.

Ces problèmes ont été résolus?
Non, **nul** problème **n'**a été résolu.

**pronoms:**

Combien de ses amis sont venus à la party?
**Aucun n'**est venu à la party.

**Aucune** de ses soeurs **n'**est venue à son mariage.
Je **n'**en ai vu **aucune**.

Connais-tu un homme sans fautes?
**Nul n'**est sans fautes.

Connais-tu une femme parfaite?
**Nulle n'**est parfaite.

Quelles expressions négatives peut-on utiliser quand on veut dire **pas un seul; absolument pas de …?**

Quelle est la forme féminine de **nul** et de **aucun?**

Dans l'exemple «Je **n'**en ai vu **aucune**», que remplace **en?**

Remarquez: Ne … **aucun(e)**, **aucun(e)** … **ne** et **ne** … **nul(le)**, **nul(le)** … **ne** sont utilisés seulement au singulier.

L'adjectif **aucun(e)** est plus commun que l'adjectif **nul(le)** qui est utilisé principalement dans la littérature.

Le pronom **aucun(e)** peut être sujet ou objet, mais on utilise le pronom **nul(le)** seulement comme **sujet.**

## Exercices

**A.** Mettez les phrases suivantes à la forme négative en remplaçant le(s) mot(s) en caractères gras par l'expression donnée. N'oubliez pas d'utiliser seulement le singulier avec **aucun(e)** ou **nul(le).**

*Exemple*
Il y a **un grand** problème.   (ne … nul)
Il **n'**y a **nul** problème.

1. Elle a éprouvé **beaucoup de** difficultés. (ne … aucun)
2. Je vois **une** possibilité où je pourrais l'aider.   (ne … nul)
3. Nous connaissons **beaucoup de** personnes dans cette ville.   (ne … aucun)
4. Il suit **ces** principes.   (ne … nul)
5. Parleras-tu à **ces** garçons?   (ne … aucun)
6. **Cette** philosophie est totalement raisonnable. (nul … ne)
7. **Toutes les** filles sont absentes aujourd'hui. (aucun … ne)
8. **Chaque** exercice est trop difficile pour lui. (nul … ne)

**B.** Répondez aux questions suivantes à la forme négative en utilisant le pronom **nul(le)** ou **aucun(e)** pour remplacer le(s) mot(s) en caractères gras selon l'exemple.

*Exemples*
**Ses amies** lui ont donné des cadeaux?   (aucun)
Non, **aucune ne** lui a donné de cadeau.

A-t-il acheté **des chandails?**   (aucun)
Non, il **n'**en a acheté **aucun.**

1. Il propose **une explication pour tout cela?**   (aucun)
2. **Cet homme** est exempt d'impôts?   (nul)
3. **Les élèves** ont compris la règle?   (aucun)
4. **Ses idées** ont été acceptées?   (nul)
5. A-t-elle mangé **des poires?**   (aucun)
6. **Cette personne** comprend tout?   (nul)
7. **Trois** des étudiants ont échoué à l'examen? (aucun)
8. **Tout le monde** sait ce qui se passe?   (nul)

**C.** Répondez aux questions suivantes à la forme négative en utilisant a) l'adjectif **nul(le)** ou **aucun(e)** et b) le pronom **nul(le)** ou **aucun(e)** selon les exemples.

*Exemples*

Aime t-elle toutes ces robes?   (aucun)
a) Non, elle **n'**aime **aucune** robe.
b) Non, elle **n'en** aime **aucune**.

Trois maisons sont à vendre?   (nul)
a) Non, **nulle** maison **n'**est à vendre.
b) Non, **nulle n'**est à vendre.

1. Est-ce que ces deux places sont disponibles? (nul)
2. Ils ont acheté toutes les peintures?   (aucun)
3. Les complets sont bon marché dans ce magasin?   (nul)
4. Connaît-elle ces musiciens?   (aucun)
5. Les pilotes ont reconnu l'avion français? (nul)
6. Tous les invités ont répondu à l'invitation? (aucun)
7. Les cours de français sont difficiles?   (nul)
8. Les textes nécessaires se trouvent à la bibliothèque?   (aucun)

**D.** Complète ces phrases comme tu veux.

1. Nul problème …
2. Aucun(e) de mes ami(e)s …
3. Aucun des professeurs à cette école …
4. Nul homme (Nulle femme) …
5. Aucun être humain …

## Thérèse Casgrain

Sénateur avant sa mort en 1981, Thérèse Casgrain lutta longtemps pour procurer aux femmes québécoises le droit de vote. En 1965 elle fonda la Fédération des femmes du Québec, qui comprend aujourd'hui 34 associations et plus de 130 000 membres. C'est la FFQ qui fut à l'origine en 1967 de la création de la Commission d'enquête sur le statut de la femme et qui est donc à l'origine de bien des améliorations de la condition féminine dans tout le Canada.

*Thérèse Casgrain*

# *L*ECTURE

## Femmes

*Claire Martin*
(*Suite et fin*)

Six mois plus tard, en allant déjeuner, André s'est trouvé face à face avec Valentine. Il l'a invitée.

– Vous avez l'air bien heureuse, Valentine.

– J'espère bien. C'est que je me marie, voyez-vous.

– Ah! Je connais?

– Oh non! Ça n'est pas un financier. C'est un peintre. 5

– Un peintre connu, alors?

– Connu? Non! C'est un pauvre diable de peintre plein de talent, mais inconnu.

– Vraiment!

– Qu'y a-t-il? Vous avez l'air tout surpris.

– Je le suis un peu. Vous allez me trouver mufle,[1] mais … de quoi vit-on quand on épouse un 10
peintre inconnu?

– De l'air du temps.[2] Et puis je continuerai à travailler. Ça m'est bien égal. Non, jamais de pain,[3]
merci.

– Vous avez peur de grossir?

– Comme de la peste. Figurez-vous[4] que mon premier mari [aimait les femmes potelées.[5]] Je n'étais 15
jamais assez ronde. J'avais beau me défendre.[6] Après, j'ai eu toutes les difficultés du monde à redevenir
comme j'étais.

– Vous n'avez pas eu envie de rester comme il vous avait aimée?

– Cela m'aurait semblé assez malsain.[7] Comme on dit, il faut vivre avec les vivants.

– Vous avez dû lui en vouloir?

– A Daniel? Le pauvre chéri, j'aurais fait n'importe quoi pour lui.

– Vous vous entendiez bien?

– Je dirais même que nous étions un couple scandaleusement amoureux l'un de l'autre. Même en me remariant je lui garderai toujours un souvenir reconnaissant.[8] Je sais que je l'ai rendu heureux. Je n'ai pas de remords.[9]

– Vous êtes sûre de l'avoir rendu heureux? Il me semble que c'est tellement difficile à savoir.

– Valentine fouilla[10] dans son sac, en retira une carte qu'elle passa à André. C'était une carte comme on vous en fournit[11] chez tous les fleuristes.[12] Daniel y avait écrit: « Tu m'as rendu le plus heureux des hommes. »

– C'est la carte qui accompagnait les dernières fleurs qu'il m'a offertes. Je ne m'en sépare jamais. C'est une déclaration qui peut sembler un peu déclamatoire,[13] mais songez qu'il allait mourir, qu'il le savait. Quel homme merveilleux!

– Vous l'aimiez à ce point?

– Oui! Quand j'ai su qu'il était condamné, mes cheveux sont devenus tout blancs en quelques mois. Il ne voulait pas que je les fasse teindre parce que c'était pour lui qu'ils avaient blanchi. Il était devenu un peu enfantin, comme bien des[14] malades.

– Allons! vous voilà toute triste. Dites-moi, vous ne m'en avez pas voulu de ne jamais vous avoir téléphoné?

– Un peu, oui. Je peux bien vous le dire, maintenant, il y a eu un moment où j'avais presque commencé à vous aimer. Je n'attendais qu'un peu d'encouragement. Ça n'est pas venu. J'ai eu du chagrin, je l'avoue. Mais puisque vous préfériez Mariette. A propos, ça va tous les deux? Je ne la vois plus jamais. Quand faites-vous comme moi, elle et vous?

– Mariette? Eh bien! je pense que c'est fini avec Mariette.

– En voilà une nouvelle. Depuis quand?

– Mais, depuis aujourd'hui. Voyez-vous, elle n'aime que les hommes extrêmement intelligents.

Extrait de *Avec ou sans amour*,
Le Cercle du Livre de France Limitée, 1958

## Lexique

[1]**un mufle:** une personne indélicate (*boor*)

[2]**(vivre) de l'air du temps:** (vivre) très pauvrement

[3]**jamais de pain:** *ici:* Valentine refuse le pain qu'André lui offre

[4]**figurez-vous (se figurer):** imaginez

[5]**potelées:** qui ont de l'embonpoint

[6]**j'avais beau me défendre:** *however much I protested, protest as I might*

[7]**malsain:** pas sain

[8]**reconnaissant:** *grateful*

[9]**un remords:** un regret

[10]**fouilla (fouiller):** chercha

[11]**fournit (fournir):** donne

[12]**un fleuriste:** quelqu'un qui vend des fleurs

[13]**déclamatoire:** *pompous, bombastic*

[14]**bien des:** beaucoup de

## Compréhension

Répondez aux questions suivantes.

1. a) Qui est-ce qu'André revoit six mois plus tard?
   b) Que font-ils ensemble?
2. Pourquoi Valentine est-elle heureuse?
3. a) Qu'est-ce que le fiancé de Valentine fait?
   b) Gagne-t-il bien sa vie? Expliquez.
   c) Comment Valentine et son fiancé vont-ils vivre?
4. a) Pourquoi Valentine ne prend-elle pas de pain?
   b) Pourquoi a-t-elle grossi pendant son mariage avec Daniel?
   c) Pourquoi est-elle redevenue mince après la mort de Daniel?
5. a) Selon Valentine, est-ce qu'elle et son mari s'aimaient beaucoup?
   b) Qu'est-ce qui prouve que Daniel a beaucoup aimé Valentine?
   c) Qu'est-ce qui prouve que Valentine a beaucoup aimé Daniel?
6. a) Pourquoi les cheveux de Valentine sont-ils devenus blancs?
   b) Pourquoi est-ce qu'elle ne les a pas teints du vivant de Daniel?
7. Pourquoi Valentine était-elle un peu fâchée avec André après la soirée chez elle?
8. a) Avec qui est-ce qu'André sort depuis cette soirée?
   b) Continuera-t-il à sortir avec elle? Expliquez pourquoi.

## Vocabulaire

**A.** Voici la définition; trouvez le mot défini dans l'histoire.

1. imaginer
2. le sentiment qu'on a quand on a fait quelque chose de mauvais
3. quelqu'un qui travaille dans un magasin de fleurs
4. donner
5. quelqu'un qui fait des tableaux
6. prendre du poids
7. aller avec
8. emphatique, pompeux
9. un homme qui s'occupe de l'argent dans le monde des affaires
10. la tristesse

**B.** Trouvez le contraire des mots suivants dans l'histoire.

1. mince
2. sain
3. ingrat
4. peu de
5. le découragement
6. adulte
7. les morts
8. malheureux
9. vivre
10. stupides

## A ton avis

Réponds aux questions suivantes comme tu veux, en expliquant tes idées.

1. Quels seraient les avantages et les désavantages du mariage avec un(e) artiste?
2. Est-ce qu'une femme devrait essayer de plaire à son mari en grossissant ou en maigrissant, comme il veut?
3. Quelle sorte de mariage est préférable, celui où l'homme seul travaille ou celui où l'homme et la femme travaillent?
4. Valentine devrait-elle se remarier?
5. Si tu étais Valentine, que préférerais-tu, le peintre ou André?
6. Que signifie la dernière phrase de l'histoire?

## A faire et à discuter

**A.** Discutez en groupe.

    1. Quelle est la morale de l'histoire?

    2. Pourquoi cette histoire est-elle ironique?

**B.** Ecrivez un paragraphe sur un des sujets suivants.

    1. Imaginez la vie de Valentine pendant les six mois entre la première et la deuxième partie de l'histoire.

    2. Faites le portrait physique et psychologique de Mariette.

**C.** Racontez un incident où vous vous êtes trompé(e) sur les qualités de quelqu'un.

---

## Simone de Beauvoir

Pionnière du féminisme et écrivain, Simone de Beauvoir publia *le Deuxième Sexe* en 1945–50; elle y étudie d'une manière très intéressante le rôle de la femme dans la société et y analyse beaucoup de problèmes dont on discute encore aujourd'hui. Simone de Beauvoir fut professeur et elle lutta aussi pour diverses causes sociales en compagnie du philosophe Jean-Paul Sartre, avec qui elle fut très liée.

*Simone de Beauvoir et Jean-Paul Sartre*

# POT-POURRI

**A.** Votre réaction, s'il vous plaît.
**Un ami fidèle?**

**B.** Mettez les phrases suivantes à la forme active.

*Exemple*
Cette jarre a été fabriquée par Picasso.
Picasso **a fabriqué** cette jarre.

1. Cette soirée sera organisée par Mireille et Etienne.
2. Ces peintures avaient été achetées par la veuve de Daniel.
3. Ce journal est lu chaque jour par des milliers de personnes.
4. Cette rivière fut découverte par Champlain.
5. La salade a été préparée par Roger.
6. Les roses auraient été achetées par André s'il avait été ici.
7. Ces chapeaux ont été vendus seulement par M. Dupin.
8. Cette chanson est chantée chaque jour par sa classe.

**C.** Changez les phrases suivantes en utilisant **faire** causatif au lieu de **laisser** + l'infinitif. Faites les changements nécessaires.

*Exemples*
Il a laissé son fils conduire.
Il **a fait** conduire son fils.

Elle les a laissés manger.
Elle les **a fait** manger.

1. Elle a laissé André sortir avec Mariette.
2. Nous les avons laissés chanter.
3. Le professeur laissera Jean partir.
4. Je vous laisserai parler maintenant.
5. Nous avons laissé le chien entrer dans le salon.
6. Valentine a laissé cueillir les roses.
7. Ils nous ont laissés rester chez eux.
8. Elle a laissé Greg réparer sa bicyclette. (Attention!)

**D.** Changez les phrases suivantes selon l'exemple.

*Exemple*
S'il neige, nous ferons du ski.
S'il **neigeait**, nous **ferions** du ski.

1. Si tu pars, je m'en irai aussi.
2. Si Paul sort avec Madeleine, Irène sera furieuse.
3. Si Michel n'accepte pas le poste, nous serons surpris.
4. Si tu prépares le dîner, je ferai la vaisselle après.
5. Si les Larose partent pour Paris, Marie gardera leur maison et leur chat.
6. Si tu fais mes devoirs de maths, je t'aiderai pour ton exposé d'histoire.
7. Si nous partons maintenant, nous arriverons à l'heure.
8. Si Pierre connaît la nouvelle élève, il la présentera à la classe.

**E.** Changez les phrases suivantes en imitant l'exemple.

*Exemple*
Si Nancy avait su son adresse, elle nous l'aurait donnée.
Si Nancy **sait** son adresse, elle nous la **donnera**.

1. Si j'étais allé en Europe, j'aurais manqué le mariage de mon frère.
2. Si Laurent avait perdu le match, il aurait été désolé.
3. Si tu n'avais pas regardé ces émissions de télé, tu aurais fini tes devoirs.
4. S'il n'avait pas plu, nous aurions pu aller à la plage.
5. Si elle était sortie avec Pierre, elle se serait bien amusée.

6. S'ils avaient fait l'exercice, le professeur ne se serait pas fâché.
7. Si nous avions lavé notre auto, il aurait plu.
8. Si vous étiez allé au match de football, vous y auriez rencontré Angèle.

*Nice*

# VOCABULAIRE ACTIF

**Noms (masculins)**

le destin
le fil
le fleuriste
le remords

**Nom (féminin)**

la veuve

**Adjectifs**

déprimant, – e
malsain, – e
potelé, – e
ravissant, – e
reconnaissant, – e
vaniteux, vaniteuse

**Adverbes**

bien des
parfois

**Verbes**

s'entendre
se figurer
fournir
luire
tenir à

**Expressions**

avoir la parole
poser sa candidature

# UNITÉ 4

## La formule de cette unité

### BUTS

- discuter des problèmes qui se présentent lors du choix d'une carrière après l'école secondaire;
- apprendre à exprimer l'idée de totalité;
- discuter des promesses et des problèmes de la révolution technologique;
- apprendre à exprimer la durée d'une action par rapport au moment où elle commence;
- découvrir Paris et ses environs;
- apprendre à introduire une idée dans une conversation et à en discuter;
- apprendre à mettre en relief les différentes parties d'une phrase;
- apprendre à utiliser quelques expressions indéfinies pour appuyer vos idées;
- planifier votre avenir.

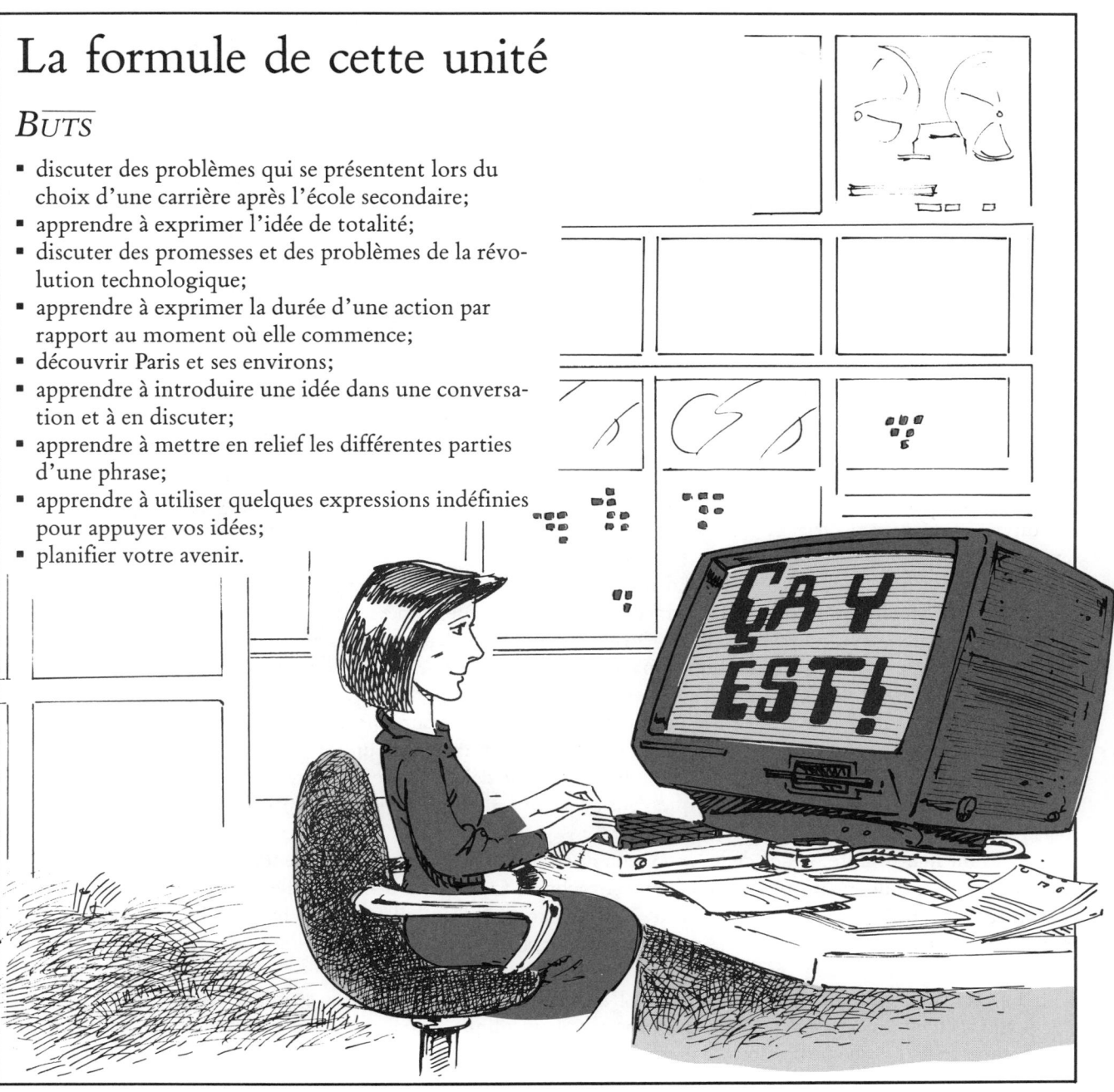

# LECTURE

## Une lycéenne[1] sur le parcours[2] du combattant

*Caroline Boutonnat*

*En France, comme au Canada, les jeunes qui finissent leurs études essayent de choisir une carrière. Ce choix, pour-*
*tant, n'est pas toujours facile. Dans le passage suivant, une étudiante parisienne de 17 ans, Caroline Boutonnat,*
*raconte ses expériences « sur le parcours du combattant », lorsqu'elle a essayé de se renseigner sur les possibilités*
*professionnelles qui lui étaient offertes.*

Le bac[3] est là... Mais après? Prise de panique, j'ai envie de connaître tous les débouchés[4] possibles du
bac A.[5] Déjà, le champ est rétréci.[6] Tout le monde le sait, les bacs scientifiques sont les plus valorisés![7]
Mais j'ai fait A.

En avril, le lycée avait organisé un « forum des carrières ». Plusieurs personnes étaient venues parler
de leur métier, des écoles et universités qui y menaient. J'avais assisté à la réunion sur le droit[8] et les          5
sciences économiques. Des orateurs plutôt jeunes, aux visages sympathiques... Je me souviens de deux
d'entre eux: un « énarque »,[9] digne, cravate et complet impeccables. Un notaire[10] vantant[11] les mérites de
son éminente profession. Son argument suprême: ouvrir une étude[12] de notaire ne revient pas plus cher
qu'ouvrir une épicerie! Déjà, ce forum m'avait permis d'éliminer certaines professions. Mais je voudrais
en savoir plus...                                                                                                       10

D'abord, l'Onisep (Office national d'information sur les enseignements et les professions). Des
montagnes de brochures nous ont été données au lycée depuis des années. Et si j'y allais? Une permanence[13] est installée pour quelques jours au Forum des Halles:[14] deux femmes peu accueillantes sont assises
derrière une table. Je pose quelques questions. Quels sont les secteurs les plus ouverts, ceux qui
présentent les meilleures chances de réussite?                                                                          15

« Personne ne peut planifier[15] l'avenir, me disent-elles, même sur cinq ans. Des enquêtes[16] ont déjà
été menées qui n'ont abouti à[17] rien. Nous ne pouvons pas vous donner un hit parade des meilleures
professions. » Eternelle remise de brochures, que je possède déjà. Manifestement, je ne les intéresse pas
beaucoup. « Il faut que vous sachiez ce que vous avez envie de faire. On ne peut pas choisir à votre
place », conclut[18] l'une d'elles.                                                                                     20

Bravant ma timidité, je décide le lendemain de m'adresser à la conseillère d'éducation du lycée. Tout
ce qu'elle fera sera de me proposer les fameuses brochures Onisep. Et de m'aiguiller[19] vers le Cio (Centre
d'information et d'orientation) de la mairie.[20] Je téléphone. Le conseiller est surchargé.[21] Pas de rendez-
vous possible avant deux semaines. Je rappelle plusieurs fois, j'insiste. Finalement, j'obtiens, « exceptionnellement », me dit-on, un rendez-vous trois jours après.                                                               25

En attendant, je continue les recherches. J'ai déjà une idée plus nette[22] de ce que je voudrais faire.
Quelques secteurs m'intéressent, comme le social et le juridique.[23] Mais je ne sais pas exactement à quoi
correspond telle ou telle profession. Je me suis cassé le nez[24] à la permanence Onisep des Halles. Je décide
de me rendre au siège de l'organisation, boulevard du Montparnasse.

Le lieu est peu accueillant, assez terne. On me renvoie vers le Cio, à l'étage au-dessous. Une femme ³⁰ souriante s'approche et me demande ce que je désire. Elle comprend, s'intéresse. Mais il n'est pas possible de savoir quelles sont les voies les plus ouvertes, les métiers qui ont le plus d'avenir.

« Tout évolue, me dit-elle, un secteur bouché²⁵ peut, dans quelques années, s'ouvrir, et vice versa. » Encore des brochures pour m'aider à faire mon choix. J'en consulte quelques-unes. « Bac ou pas bac, que faire après? » Celle-là propose une foule de métiers possibles. Elle vaut 20 Francs. « Il faut aller voir le ³⁵ conseiller d'orientation de votre établissement, me recommande²⁶-t-elle. Notre Cio, ici, est national. Les conseillères ne donnent pas d'entretiens²⁷ particuliers;²⁸ elles seraient débordées. »²⁹

Bon, continuons nos démarches.³⁰ Je vais au C.i.d.j. (Centre d'information et de documentation jeunesse), où se rendent tous les jeunes qui cherchent à s'orienter. Grand bâtiment moderne, près de Bir-Hakeim.³¹ Beaucoup de monde. Tout un service de documentation. ⁴⁰

Mais je me sens seule et anonyme au milieu de tous ces classeurs[32] et de tous ces gens. Il fait une chaleur écrasante. Finalement, je repère[33] un homme enfoui[34] sous une pile de papiers d'information.

Désagréable, il me répond comme si j'avais posé une question qu'il ne fallait pas formuler: « Il est impossible de prévoir quels seront les secteurs bouchés ou ouverts pour l'avenir... Quant à moi, je ne peux rien vous dire... Pouvait-on prévoir la crise pétrolière[35] il y a sept ans? ... » Il me fait comprendre que ma question est absurde et ridicule. Je repars, vexée, et assez découragée.

Mon dernier espoir est le rendez-vous avec le conseiller d'orientation. Homme jeune, souriant, décontracté,[36] la pipe à la bouche, il me fait entrer dans son bureau. Une fois de plus, j'égrène[37] les mêmes questions: les secteurs les plus ouverts? Le marché du travail?

« On ne peut pas gérer[38] la situation dans la région parisienne, me dit-il, tout change de manière trop rapide. Il est plus facile de prévoir à un niveau régional. Pour le choix d'un métier, on se trouve, bien entendu, confronté aux problèmes de débouchés, mais n'oublions pas le coefficient de réussite personnelle. L'important est de vous faire d'abord une idée des secteurs qui vous attirent, et puis d'aller voir les universités ou écoles elles-mêmes. Elles ont plus de renseignements sur les types d'études possibles, les taux d'échecs[39] et de réussites. »

Je ressors de son bureau perplexe. Décidément, il semble que l'orientation et l'information soient plutôt faites pour ceux qui savent déjà ce qu'ils veulent faire.

C'est-à-dire pour ceux qui n'en ont pas besoin.

Extrait de *L'Express*, juin 1980

*Selon un sondage[40] de diverses compagnies françaises, grandes et petites, voici les qualités qu'elles estiment prioritaires chez un jeune cadre.[41]*

## LES QUALITES PRIORITAIRES

| Ce qui compte ... | actuellement | dans cinq ans |
|---|---|---|
| capacité de communication | 33% | 26% |
| capacité d'adaptation | 36% | 18% |
| sens du concret et réalisme | 33% | 18% |
| esprit d'entreprise | 32% | 25% |
| aptitude au commandement | 27% | 27% |
| organisation et méthode | 33% | 19% |
| capacité d'innovation | 18% | 30% |
| capacité d'anticipation | 11% | 16% |
| étendue[42] de la culture générale | 7% | 6% |

Extrait de « Etudiants, choisissez bien vos diplômes (II) », par Patrick Arnoux, *L'Express*, juin 1980

## Lexique

[1]**une lycéenne (*m.* un lycéen):** une élève d'un lycée, d'une école secondaire

[2]**un parcours:** un chemin

[3]**un bac (un baccalauréat):** un certificat obtenu à la fin des études secondaires en France

[4]**un débouché:** une ouverture

[5]**un bac A:** un baccalauréat en langues et littératures classiques

[6]**rétréci (rétrécir):** étroit

[7]**sont les plus valorisés (valoriser):** ont le plus de valeur

[8]**le droit:** *law*

[9]**un énarque:** un ancien étudiant de l'Ecole nationale d'administration

[10]**un notaire:** *notary (public)*

[11]**vantant (vanter):** parlant très favorablement de

[12]**une étude:** *ici:* un bureau

[13]**une permanence:** *ici:* un bureau

[14]**le Forum des Halles:** grand centre commercial et culturel à Paris

[15]**planifier:** préparer à l'avance, prévoir

[16]**une enquête:** *ici:* une étude

[17]**abouti à (aboutir):** arrivé à

[18]**conclut (conclure):** finit

[19]**aiguiller:** diriger

[20]**une mairie:** un bâtiment où se trouvent les services de l'administration municipale

[21]**est surchargé (surcharger):** a trop de travail

[22]**nette (*m.* net):** claire

[23]**juridique:** qui a rapport aux lois

[24]**je me suis cassé le nez:** *ici:* je n'ai trouvé personne, c'était fermé

[25]**bouché:** *ici:* sans avenir

[26]**recommande (recommander):** conseille

[27]**un entretien:** une interview, une conversation

[28]**particuliers (*f.* particulière):** *private*

[29]**débordées:** surchargées

[30]**une démarche:** *ici:* une recherche

[31]**Bir-Hakeim:** une station de métro parisienne

[32]**un classeur:** *filing cabinet*

[33]**repère (repérer):** remarque, retrouve

[34]**enfoui (enfouir):** enterré, plongé (dans)

[35]**pétrolière (*m.* pétrolier):** qui a rapport au pétrole

[36]**décontracté:** *relaxed*

[37]**j'égrène (égrener):** je pose une à une

[38]**gérer:** contrôler

[39]**un échec:** le fait d'échouer

[40]**un sondage:** une enquête (*survey*)

[41]**un cadre:** *executive*

[42]**une étendue:** *ici:* l'importance

---

## Le métro

On inaugura la première ligne de métro en 1900 à l'occasion de l'Exposition Universelle à Paris. Aujourd'hui, le réseau comprend treize lignes régulières et deux autres: le RER (Réseau Express Régional), A et B, avec plus de trois cent cinquante stations. Le métro transporte un milliard de voyageurs et parcourt quarante millions de kilomètres par an.

Un billet de métro

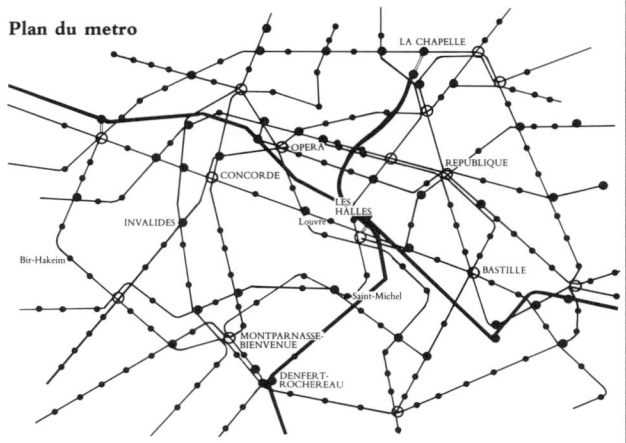

Plan du metro

# Compréhension

Répondez aux questions suivantes.

1. Où en est Caroline Boutonnat de ses études?
2. Quelle sorte de renseignements cherche-t-elle?
3. a) Quelle sorte d'études a-t-elle faites au lycée?
   b) Pourquoi se sent-elle limitée par ces études?
4. a) Comment le lycée essaye-t-il d'aider les étudiants dans le choix d'une carrière?
   b) A quelle réunion Caroline a-t-elle assisté?
   c) Décrivez cette réunion. (trois détails)
   d) Jugez de l'utilité de cette réunion.
5. a) Où Caroline va-t-elle ensuite se renseigner?
   b) Quelle question pose-t-elle et quelle réponse reçoit-elle?
   c) Décrivez l'atmosphère de cette entrevue.
6. Qu'est-ce que la conseillère d'éducation du lycée fait pour elle?
7. Réussit-elle à obtenir un rendez-vous au Cio de la mairie? Comment?
8. a) Que lui dit-on au Cio national?
   b) Peut-elle y avoir rendez-vous avec une conseillère?
   c) Dans l'ensemble, sa visite au Cio national est-elle utile? Pourquoi?
9. a) Où Caroline s'adresse-t-elle ensuite?
   b) Décrivez l'endroit.
   c) Décrivez sa conversation avec l'homme du C.i.d.j.
10. a) Décrivez le conseiller d'éducation du Cio de la mairie.
    b) Selon lui, peut-on prévoir les conditions du marché de travail? Expliquez.
    c) Expliquez le terme « le coefficient de réussite personnelle ».
    d) Comment faut-il procéder dans le choix d'une carrière, selon le conseiller d'éducation?
11. Quel est l'état d'esprit de Caroline à la fin de toutes ses démarches?
12. a) Quelles sont les trois qualités les plus estimées actuellement? Quelles seront les trois qualités les plus estimées dans cinq ans?
    b) Quelles sont les trois qualités les moins estimées actuellement? Dans cinq ans?
    c) Quelles qualités deviendront plus importantes dans cinq ans? Moins importantes? Quelle qualité aura la même importance?

# Vocabulaire

A. Voici la définition. Trouvez le mot défini dans le texte.

1. la matière qu'on étudie pour devenir avocat
2. disant du bien de
3. le bureau d'un avocat ou d'un notaire
4. un sondage
5. termine
6. c'était fermé
7. se modifie
8. non signé
9. un meuble de bureau, où on met des dossiers
10. dans une compagnie, quelqu'un qui a des responsabilités administratives

B. Trouvez dans le texte un mot de la même famille que chacun des mots suivants.

1. lycée
2. valeur
3. noter
4. permanent
5. plan
6. maire
7. charger
8. jury
9. bord
10. étendre

## A ton avis

**A.** Caroline Boutonnat a-t-elle raison de vouloir connaître les secteurs ouverts avant de choisir une carrière? Que ferais-tu dans la même situation?

**B.** Quelle importance donnerais-tu à l'influence des facteurs suivants dans ton choix d'une carrière? Explique tes réponses.
Réponds en choisissant une des catégories suivantes.

A. beaucoup d'importance
B. une certaine importance
C. pas beaucoup d'importance
D. aucune importance

a) le métier de tes parents
b) tes résultats scolaires jusqu'à présent
c) tes passe-temps
d) la situation économique de ta famille
e) ce que tes camarades de classe décident de faire
f) l'endroit où tu habites
g) le métier de tes soeurs ou de tes frères plus âgés
h) tes professeurs
i) quelqu'un que tu connais
j) la biographie d'une personne célèbre
k) les média
l) ta santé et ta force physique
m) un conseiller (une conseillère) d'orientation
n) des brochures ou d'autres renseignements écrits
o) la situation politique et/ou sociale du Canada ou d'un autre pays qui t'intéresse

## A faire et à discuter

1. Caroline Boutonnat a étudié le latin et le grec. A quelles carrières de telles études pourraient-elles mener?
2. Discutez en groupe.
   a) Est-ce qu'on aide assez les étudiants dans le choix d'une carrière?
   b) Est-il vraiment impossible de savoir « quelles sont les voies les plus ouvertes, les métiers qui ont le plus d'avenir »?
   c) «Décidément, il semble que l'orientation et l'information soient plutôt faites pour ceux qui savent déjà ce qu'ils veulent faire. » Vrai ou faux?
3. Travaillez avec un(e) partenaire.
   Préparez une entrevue entre un conseiller (une conseillère) d'orientation et un(e) étudiant(e) à la recherche d'une carrière.
4. Faites des recherches.
   En travaillant avec un groupe d'étudiants, renseignez-vous sur les services d'orientation pédagogiques de votre école et de votre ville. Présentez les résultats de vos recherches collectives à la classe.

# Rédaction d'un curriculum vitae pour un étudiant au niveau secondaire

Le curriculum vitae, ou feuille de renseignements, est utilisé par quelqu'un en quête d'un emploi. Il devrait contenir tous les renseignements généralement demandés sur un formulaire de demande d'emploi.

Le curriculum vitae doit donner du candidat une impression favorable. Il doit donc faire ressortir les points forts, les capacités, l'expérience acquise, en somme l'efficacité du candidat.

Certains renseignements doivent toujours figurer dans un curriculum vitae: description du poste désiré, études, emplois, activités parascolaires et aptitudes personnelles, références.

Voici une façon de rédiger le curriculum vitae d'un étudiant.

## Curriculum vitae

*Nom*

*Adresse*

*Age*

*Description du poste désiré:*

Un étudiant du secondaire décrira en des termes très généraux le genre de travail qui l'intéresse, plutôt qu'il ne parlera d'un poste défini. (par exemple: poste où on aura des contacts avec le public, travail manuel, etc.)

*Etudes:*

Nom(s) des établissements scolaires fréquentés, niveau de scolarité atteint, programme d'études, compétences, diplôme(s) ou crédits obtenus.

*Emplois:*

Emplois d'été et à temps partiel, périodes d'emploi, tâches accomplies et responsabilités. N'oubliez pas les travaux non-rémunérés ou volontaires.

*Activités parascolaires et aptitudes personnelles:*

Postes obtenus par élection, participation à des activités sportives, passe-temps, langues parlées couramment, permis de conduire obtenu.

*Références:*

Au nombre de deux ou trois, dont on indique le nom, le poste occupé, l'adresse (de préférence, l'adresse au travail), le numéro de téléphone (au travail, si possible). Les références doivent provenir d'un ancien patron, d'un conseiller d'orientation, d'un directeur, d'un professeur ou d'un ami de la famille. Demandez toujours l'autorisation aux personnes que vous nommez en références.

Le curriculum vitae doit être court: une page, deux au grand maximum. La présentation doit être nette, concise et attrayante. L'original doit être tapé à la machine et conservé pour en faire des photocopies.

On présente le curriculum vitae à l'interviewer lors d'une entrevue ou, si l'on écrit une lettre de demande d'emploi ou de réponse à une annonce, on le joint à sa lettre.

Adapté du Service informatique d'orientation scolaire, Ministère de l'Education de l'Ontario

# *S*TRUCTURE

## Les fonctions de **tout**

Avec toute cette nourriture, nous aurons bien sûr assez à manger.

Comment? Ils ont tout mangé! Déjà? Incroyable!

**Tout utilisé comme adjectif**

Nous avons lu **tout** le chapitre.
Ils ont mangé **toute** ma nourriture.
**Tous** les garçons sont présents.
**Toutes** ces filles ont réussi à l'examen.

Quelles sont les différentes formes de l'adjectif **tout**?

Si l'on utilise **tout** avec un article ou avec un adjectif possessif ou démonstratif, où met-on l'adjectif **tout**?

## Exercices

**A.** Complétez les phrases suivantes par la forme de **tout** qui convient.

*Exemple*
Il a perdu _____ son argent.
Il a perdu **tout** son argent.

1. Il passe _____ son temps dans la cafétéria.
2. Répétez _____ la phrase, s'il vous plaît.
3. _____ le monde est invité à la soirée.
4. _____ mes amies aiment jouer au tennis.
5. Elle a copié _____ mes réponses.
6. La foule a applaudi _____ les joueurs de l'équipe.
7. Je resterai à la bibliothèque _____ l'après-midi.
8. Je lui téléphone _____ les deux jours.
9. Le chat a bu _____ le lait.
10. L'écrivain a passé _____ l'année à écrire le roman.

**B.** Répondez aux questions en remplaçant les mots en caractères gras par la forme de **tout** qui convient selon l'exemple.

*Exemple*
A-t-elle invité **beaucoup de** ses amis?
Elle a invité **tous** ses amis.

1. As-tu reçu **quelques-unes de** tes notes du professeur?
2. Va-t-il lui prêter **un peu de** son argent?
3. As-tu résolu **la plupart de** ces problèmes?
4. Dois-je lire **la moitié du** chapitre ce soir?
5. **Une partie de** la classe a échoué à l'examen?
6. **Trois des** professeurs ont assisté au match de basket-ball?
7. Il a acheté **quelques** roses pour Monique?
8. Ils ont passé **une partie de** l'année en Suisse?

**C.** La totalité, s'il vous plaît.
Changez les phrases suivantes en utilisant la forme de **tout** qui convient selon l'exemple.

*Exemple*
Aujourd'hui elle a terminé une partie du travail.
Et demain?
Demain elle va terminer **tout le** travail.

1. Il a fini la moitié de ses devoirs en classe. Et ce soir?
2. Aujourd'hui elle a exécuté la moitié de sa peinture. Et demain?
3. Ce matin le directeur a parlé à quelques élèves de notre classe. Et cet après-midi?
4. Hier quelques-uns de ses clients étaient satisfaits. Et demain?
5. Hier soir elle a passé un peu de temps à faire son exposé. Et ce soir?
6. Hier la moitié des filles de cette classe ont répondu. Et demain?
7. Ce matin Paul a fini la moitié de l'exercice. Et cet après-midi?
8. La semaine passée ils ont décoré la moitié de la maison. Et la semaine prochaine?

**D.** Réponds à ces questions.

1. Qu'est-ce que tu oublies tout le temps?
2. Fais-tu tous tes devoirs chaque jour? Quand les fais-tu?
3. Doit-on manger toute la nourriture dans l'assiette quand on est invité chez quelqu'un ou quand on est dans un restaurant? Pourquoi?
4. Quand tu lis un roman que tu aimes, lis-tu tout le roman d'un trait ou aimes-tu le lire peu à peu?
5. Quelle émission de télé regardes-tu tous les huit jours?
6. Lis-tu tout le journal chaque jour? Quelle(s) partie(s) du journal lis-tu tous les jours?

## Blaise Pascal

Le langage informatique qui s'appelle **le pascal** est un souvenir de l'homme de lettres et de sciences, Blaise Pascal, qui vécut en France au dix-septième siècle. Outre de nombreux écrits et des inventions ingénieuses, il imagina la première machine à calculer, alors qu'il n'avait que seize ans. C'est cette machine qui est l'ancêtre éloigné de l'ordinateur moderne.

*La machine à calculer construite par Pascal, à seize ans*

## *Tout* utilisé comme pronom

**Tout** est possible.
Il faut penser à **tout**.
L'amnésique a **tout** oublié.

Où sont vos amis? **Tous** sont partis.

        Ils sont **tous** partis.

Qu'est-ce qui est arrivé à ces plantes? **Toutes** ont besoin d'eau.

        Elles ont **toutes** besoin d'eau.

Connaissez-vous ces élèves? Oui, je les connais **tous**.

As-tu reconnu les personnes sur cette photo? Oui, je les ai **toutes** reconnues.

As-tu écrit à tes amies? Oui, j'ai écrit à **toutes**.
A-t-il peur de ces chiens? Oui, il a peur de **tous**.

Remarquez:  Le pronom **tout** au singulier est invariable. Il n'y a pas de forme féminine. Ce pronom correspond à des objets inanimés.

        Si l'on parle de personnes dans le sens général, on utilise l'expression **tout le monde**.

        Au pluriel, **tous/toutes** peut indiquer des personnes ou des choses.

        On prononce le **s** du pronom **tous** [tus].

Si le pronom sujet **tous/toutes** ne s'emploie pas seul mais avec **ils** ou **elles**, où faut-il mettre **tous/toutes**? Et s'il y a un verbe composé?

S'il y a un verbe composé (comme **ai reconnues** ci-dessus), où met-on le pronom complément d'objet direct **tout/tous/toutes**?

Quand on utilise **tous** ou **toutes** comme objet direct, quel autre mot faut-il utiliser dans la phrase?

**E.** Remplacez les mots en caractères gras par la forme de **tout** qui convient selon les exemples.

*Exemples*

**Tous mes amis** sont venus à la soirée.
**Ils** sont **tous** venus à la soirée.

Elle a acheté **toutes les peintures**.
Elle **les** a **toutes** achetées.

1. **Toutes mes cousines** habitent à Montréal.
2. Le directeur connaît **tous les élèves**.
3. Elle admire **tous les hommes intelligents**.
4. **Tous ces chiots** sont à vendre.
5. Il a fini **tout le travail**.
6. Maurice a perdu **tous ses cahiers**.
7. **Tous les garçons** sont allés au match de basket-ball.
8. Il a mangé **tout le gâteau**.

**F.** Répondez aux questions suivantes en utilisant la forme de **tout** qui convient.

*Exemple*
Connaissez-vous **les membres de l'équipe**?
Je **les** connais **tous**.

1. Avez-vous invité **vos amis** au mariage de votre frère?
2. As-tu compris **les questions**?
3. A-t-il résolu **les problèmes de mathématiques**?
4. Est-ce que **les invités** sont déjà partis?
5. Est-ce que **tes cours à l'école** sont intéressants?
6. **Que** veut-il apprendre?
7. Est-ce que **les filles de cette classe** sont intelligentes?
8. **Qu'est-ce qui** est difficile?

**G.** A ton avis.

1. Serait-il bon de tout savoir? Pourquoi?
2. Aimerais-tu être capable de te rappeler tout? Pourquoi?
3. Est-il possible d'aimer tout le monde?
4. Tout est possible. Vrai ou faux?
5. « Tout nouveau, tout beau. » Es-tu d'accord? Pourquoi? Donne des exemples.
6. « Toute vérité n'est pas bonne à dire. » Donne des exemples.
7. « Tout vient à point à qui sait attendre. » Explique ce proverbe. Es-tu d'accord?
8. « Chacun pour soi et Dieu pour tous. » Explique ce proverbe. Es-tu d'accord?

---

### *Tout* utilisé comme adverbe

Il est **tout** content.
Ils sont **tout** surpris.
Elle s'est montrée **tout** aimable ce jour-là.
Elles étaient **tout** heureuses.

Elle est **toute** confuse.
Elles sont **toutes** joyeuses.
Elle se sent **toute** honteuse d'avoir triché.

Normalement l'adverbe **tout** est invariable.

Quand est-ce qu'il s'accorde avec l'adjectif? Pouvez-vous suggérer pourquoi?

Comparez les mots **aimable** et *heureuses* aux mots **confuse**, *joyeuses* et *honteuse*.

Quelle est la différence entre le **h** de **heureuses** et celui de **honteuse**?

**H.** Complétez les phrases suivantes par la forme de l'adverbe **tout** qui convient.

*Exemple*
Cette chemise est _____ usée.
Cette chemise est **tout** usée.

1. La robe est _____ prête maintenant.
2. Anita est _____ étonnée de le voir.
3. Son manteau est _____ déchiré.
4. Normalement désobéissant, mon chien est _____ obéissant avec son dresseur.
5. Caroline se sent _____ confuse.
6. La route est _____ sinueuse.
7. Ma mère est _____ heureuse de voir mon frère réussir.
8. Francine était _____ contente d'apprendre qu'il n'y aurait pas d'examen ce jour-là.

**I.** Répondez aux questions selon l'exemple.

*Exemple*
Ces garçons sont tout contents, et ces filles?
Elles sont toutes contentes aussi.

1. Cette lampe est toute neuve, et ce tapis?
2. Ce chandail est tout noir, et cette jupe?
3. Pauline avait des yeux tout enflés, et des glandes?
4. Pierre s'est montré tout aimable ce jour-là, et Lucille?
5. Hervé était tout fier de lui-même, et Henriette?
6. Les voisins étaient tout honteux, et les voisines?
7. Sa jambe est toute gonflée, et son bras?
8. Michel est tout heureux aujourd'hui, et Christine?

**J.** Le fouinard.
Réponds à ces questions.

1. Si tu voyais un(e) ami(e) qui avait l'air tout(e) triste, que ferais-tu?
2. Quand t'es-tu trouvé(e) tout(e) bête? Pourquoi?
3. Voudrais-tu partir tout(e) seul(e) en vacances? Pourquoi?
4. Préfères-tu étudier tout(e) seul(e) ou avec des amis (amies)? Pourquoi?
5. Quand préfères-tu être tout(e) seul(e)?
6. Si tu voyais ta mère toute triste et tout en larmes, que ferais-tu?
7. Si tu te sentais tout(e) triste, que ferais-tu?
8. Comment te sentirais-tu si tu gagnais à la loterie? Tout(e) surpris(e)? Tout étonné(e)?

# QUESTION À DÉBATTRE

## Les promesses et les problèmes de la révolution technologique

Nous sommes presque arrivés à l'époque où toute usine sera entièrement mécanisée, où toute maison aura son ordinateur et où tout le monde portera sa montre digitale. Cette abondance technologique sera-t-elle la terre promise ou l'enfer?

La question est loin d'être simple. D'abord, on pourrait se demander si toutes les nouvelles inventions servent vraiment à améliorer la qualité de notre vie. Par exemple, on a déjà calculé qu'une femme passe actuellement environ le même nombre d'heures à faire le ménage que sa mère a passé il y a une génération. A quoi servent donc tous les appareils ménagers qui encombrent les cuisines modernes?

Les experts nous vantent aussi les changements que l'ordinateur apportera à notre façon de travailler. Ils envisagent le jour où presque personne n'ira au bureau. Chacun fera son travail chez soi, confortablement installé. Bien sûr, les problèmes quotidiens de circulation ne manqueront à personne. Par contre, ne se sentira-t-on pas isolé sans pouvoir déjeuner avec les collègues, ni même passer deux ou trois minutes à leur dire bonjour? Et comment travailler comme il faut dans une maison où les enfants crient, le chien jappe, le téléphone sonne et le voisin frappe à la porte?

Mais il y a plus grave. On nous promet que la technologie créera des milliers d'emplois. Jusqu'à présent, pourtant, on a plutôt vu le contraire: une machine qui remplace plusieurs hommes, un ordinateur qui élimine plusieurs fonctions. Déjà le chômage atteint des proportions alarmantes. Cette situation s'aggravera-t-elle ou serait-elle due à des facteurs économiques passagers?

Comment prévoir l'avenir? Et sera-t-il un avenir de loisirs ou, au contraire, d'esclavage technologique?

## Votre opinion, s'il vous plaît

1. La qualité de la vie était meilleure avant la révolution technologique. Vrai ou faux? Pourquoi?
2. Une vie pleine de loisirs ne vaut rien. Vrai ou faux? Pourquoi?
3. On devrait utiliser des robots dans les usines au lieu d'embaucher des personnes. Vrai ou faux? Pourquoi? Dans quels domaines la machine ne remplacera-t-elle jamais l'homme? Pourquoi?
4. L'ordinateur apporte beaucoup de problèmes au lieu de les résoudre. Vrai ou faux? Donnez une réponse détaillée.
5. Les femmes devraient se préparer à exercer des professions au lieu de métiers traditionnels, que machines et ordinateurs feront disparaître en grande partie. Vrai ou faux? Quelles professions devraient-elles choisir? Pourquoi?
6. A cause des changements rapides dûs à la technologie, on ne peut prévoir aujourd'hui quelles aptitudes et connaissances seront les plus appréciées dans dix ans ou plus. Donc, la meilleure façon de se préparer pour l'avenir est de suivre des cours variés – sciences, maths, langues modernes, littérature, histoire, géographie et informatique, etc. – afin d'être préparé à tout changement. Vrai ou faux?

## Développement

Discutez de ces phrases en classe.
Choisissez une des phrases ci-dessus et dressez une liste du pour et du contre sur la question choisie.
Préparez un débat sur cette question avec un groupe d'étudiants.
Rédigez une composition sur ce sujet.

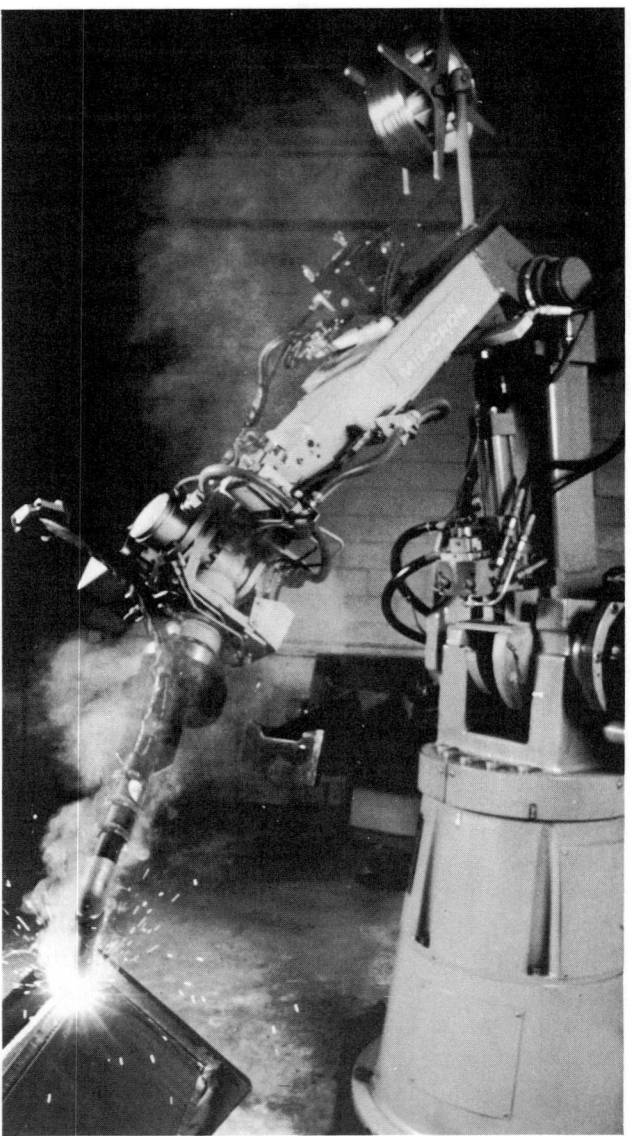

*Un robot*

# STRUCTURE

## Les prépositions **en** et **dans**

...**20**minutes

*Julie:*   Ne partez pas! Dans quelques minutes le grand maestro va jouer son nouveau concerto.

*Danny:*  Est-ce que cela va durer longtemps?

*Bruno:*  Mais non! On dit qu'il peut le jouer en vingt minutes.

---

### OBSERVATION GRAMMATICALE

Comparez:

Nous n'avons pas le temps aujourd'hui, mais nous pourrons réparer votre voiture **dans** quatre jours.

Combien de temps la réparation prendra-t-elle?

Nous pouvons la faire **en** deux heures.

Quelle préposition utilise-t-on pour indiquer quand une action commencera?

En général, quel est le temps du verbe dans ce cas?

Quelle préposition utilise-t-on pour exprimer la durée d'une action?

# Exercices

**A.** Complétez les phrases suivantes par la préposition **dans** ou **en** selon le cas.

*Exemples*

Nous aurons un examen _____ trois jours.
Nous aurons un examen **dans** trois jours.

Elle travaille vite. Elle peut finir ses devoirs _____ une demi-heure.
Elle travaille vite. Elle peut finir ses devoirs **en** une demi-heure.

1. Ils partiront en Europe _____ deux semaines.
2. J'ai écrit la composition _____ une heure.
3. Normalement, on fait le voyage en avion entre Toronto et Vancouver _____ quatre heures.
4. L'avion va atterrir à Montréal _____ vingt minutes.
5. Notre classe d'histoire commencera _____ quinze minutes.
6. On peut finir l'examen _____ une heure et demie.
7. Déjà sept heures du matin. Elle se lèvera _____ quelques minutes.
8. Le gâteau sera prêt _____ quelques heures.
9. On peut lire cette histoire _____ quelques heures.
10. Les invités arriveront _____ une heure.

**B.** Composez une réponse à chaque question suivante en utilisant les mots entre parenthèses. Utilisez **en** ou **dans** selon le cas.

*Exemples*

Pouvez-vous me parler maintenant?
(dix minutes)
Je pourrai vous parler **dans** dix minutes.

Combien de temps faut-il pour faire ces exercices?
(une demi-heure)
On peut les faire **en** une demi-heure.

1. Combien de temps faut-il pour finir cet examen? (une heure)
2. Quand partiront-ils en Europe? (huit jours)
3. Combien de temps a-t-il pris pour courir les 1 500 mètres? (quatre minutes)
4. Combien de temps a-t-elle pris pour faire le ménage? (trois heures)
5. Quand est-ce que le film commencera? (vingt minutes)
6. Combien de temps faut-il pour voyager en avion entre Montréal et Winnipeg? (trois heures et demie)
7. Quand aurons-nous la prochaine réunion? (quinze jours)
8. Quand ira-t-elle chez le dentiste? (un mois)

**C.** Réponds à ces questions.

1. En combien de temps finis-tu tes devoirs normalement?
2. Où seras-tu dans trois heures? Que feras-tu?
3. Quel métier ou quelle profession veux-tu exercer dans dix ans?
4. En combien de minutes as-tu fini ton déjeuner ce matin? Ton dîner hier soir?
5. En combien de temps as-tu appris à nager?
6. Que feras-tu (Où seras-tu) dans deux ans?

**D.** Sujet de discussion:
Comment sera le monde dans cent ans?

# DÉCOUVERTE DE LA FRANCE

## Paris et ses environs

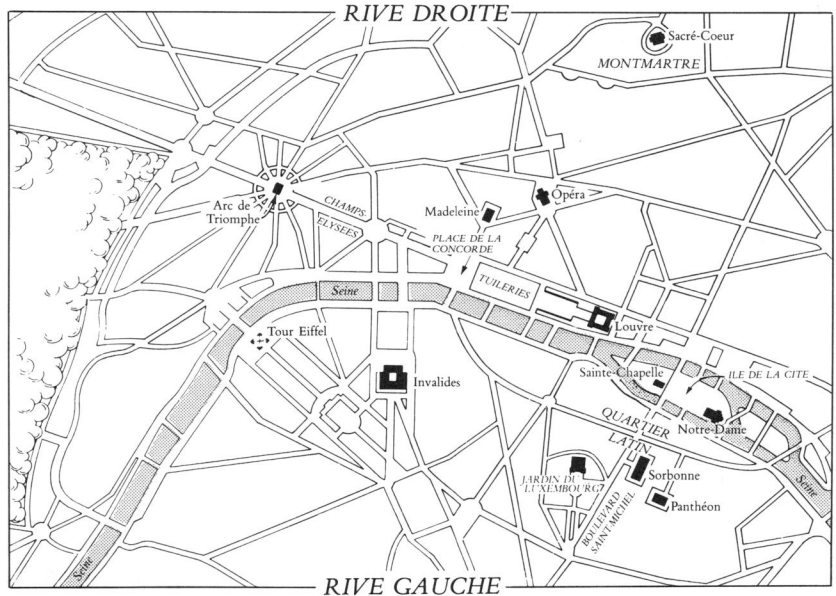

Imaginez que vous avez la chance de passer une semaine ou dix jours à visiter Paris et ses environs. En effet, une semaine ne suffit pas pour tout voir de la capitale politique et intellectuelle de la France, mais nous allons faire notre possible pour en connaître le maximum. Par où commencer? Nous voilà à peu près au centre de Paris dans l'île de la Cité devant l'église Notre-Dame. Si nous avons de la chance, nous pourrons peut-être voir un mariage ou entendre un concert d'orgue. Non loin de Notre-Dame, dans le Palais de Justice, se trouve la Sainte-Chapelle, qu'il faut absolument visiter à cause des vitraux splendides.

    Quittons l'île de la Cité et traversons la Seine par un des ponts pour arriver sur la rive gauche dans le Quartier latin. D'abord, nous allons nous promener le long des quais de la Seine, fouiller, parmi les nombreux bouquinistes, des livres d'occasion et les milliers d'illustrations de Paris. On peut dire que c'est la Seine qui donne à la ville sa véritable ambiance et l'on y retourne constamment quand on est à Paris. Mais maintenant, prenons le boulevard Saint-Michel et pénétrons dans le Quartier latin. Au boulevard Saint-Germain, tournons à gauche, puis à droite dans la rue Saint-Jacques que nous allons monter jusqu'à la Sorbonne, la plus vieille partie de l'université de Paris. Si nous montons un peu plus haut, nous arriverons au Panthéon sur la montagne Sainte-Geneviève. (Paris, comme Rome a sept montagnes.) Le Panthéon fut dédié au culte des grands hommes et là reposent les cendres de plusieurs grands écrivains comme Voltaire, Rousseau, Hugo et Zola ainsi que celles des héros français.

Quand on est à Paris, on ne peut pas se passer d'une visite au grand musée du Louvre où, parmi des chefs-d'oeuvre magnifiques, on peut voir la célèbre peinture « la Joconde » de Léonard de Vinci.

Quittons le bâtiment principal et continuons notre promenade vers l'ouest par le jardin des Tuileries et nous pourrons visiter le petit musée du Jeu de Paume consacré aux oeuvres impressionnistes. Ce musée se trouve sur la place de la Concorde. De là, on a le choix: aller vers le nord pour visiter l'église de la Madeleine, l'Opéra et le quartier Montmartre, pour arriver enfin devant la grande église du Sacré-Coeur, ou se promener le long du faubourg Saint-Honoré, quartier du commerce de luxe, des parfumeurs et de la haute couture. Qui ne connaît pas les noms comme Saint Laurent, Givenchy, Cardin, Laroche? On ne doit pas manquer la promenade le long de l'avenue des Champs-Elysées, qui relie la place de la Concorde à l'Arc de Triomphe. Dans cette avenue, on trouve des cafés et des restaurants, des cinémas et plusieurs centres commerciaux avec des boutiques remplies d'objets de luxe. Arrivés enfin à l'Arc de Triomphe, on va vers le sud en suivant l'avenue Kléber pour trouver de nouveau la Seine. On la traverse et voilà: la tour Eiffel, symbole de Paris et de la France. Nous pouvons nous reposer un peu sous la Tour ou dans les jardins du Champ-de-Mars avant de continuer vers l'est pour arriver à l'Hôtel des Invalides, autrefois hôpital pour les soldats blessés, mais aujourd'hui musée de l'Armée où l'on peut suivre l'histoire militaire de la France et retracer, par exemple, les campagnes militaires de Napoléon. Le tombeau de Napoléon 1er se trouve dans l'église de l'Hôtel des Invalides. Presque à côté de l'Hôtel des Invalides, le charmant musée Rodin offre une belle collection de sculptures très connues.

Maintenant, montons le boulevard des Invalides vers le quai d'Orsay et la Seine. Si nous marchons le long de la Seine vers l'est, nous allons retrouver l'île de la Cité et Notre-Dame. Et voilà une visite rapide des principaux monuments de Paris.

Il est possible, même préférable, de faire ces excursions à pied, mais il ne faut jamais oublier qu'à Paris on peut toujours utiliser le métro pour arriver n'importe où, vite et facilement.

* * *

Quand on est déjà à Paris, on a la possibilité de faire des excursions aux grand châteaux royaux qui entourent la capitale; les châteaux que les rois de France bâtirent pour la chasse et pour d'autres divertissements: Versailles, Fontainebleau et Chantilly, parmi d'autres. On peut visiter Versailles et la cathédrale de Chartres en un ou deux jours. La visite de la cathédrale de Chartres et ses vitraux célèbres va durer au moins une heure et demie.

Le château de Versailles fut commencé sous Louis XIII mais ce fut surtout pendant le règne de Louis XIV que le château et son parc furent agrandis pour servir le culte du Roi-Soleil. Au cours de la visite, on verra les appartements du Roi et la Galerie des Glaces, où fut signé, le 28 juin 1919, le traité de Versailles marquant la fin de la première guerre mondiale. Le parc de Versailles est le prototype des jardins à la française: terrasses, parterres, escaliers, bassins, bosquets, statues et vases créent l'harmonie autour du Grand Canal. Dans le parc de Versailles, on peut voir deux autres « petits » palais – le Grand et le Petit Trianon bâtis pour les rendez-vous du roi.

A Chantilly, au nord-est de Paris, se trouve un joli château, une forêt, un beau parc et un champ de courses. En effet, Chantilly est très renommé pour ses grandes écuries où, pendant le XVIIIe siècle, on logeait 240 chevaux, et plus de 400 chiens de chasse. Aujourd'hui, il y a un musée du cheval dans les anciennes écuries. La ville de Chantilly a une école de formation de jockeys, et chaque année s'y donnent plusieurs grandes courses internationales comme le prix de Diane et le prix du Jockey-Club. Le château lui-même est aujourd'hui un musée avec une importante collection d'oeuvres d'art. 55

Fontainebleau, au sud-est de Paris, fut un autre château de chasse des rois de France. Comme les autres châteaux autour de Paris, Fontainebleau est entouré de beaux jardins et parcs.

Pendant une courte visite de Paris et ses environs, on n'aura peut-être pas assez de temps pour voir tous ces châteaux, mais on devrait essayer de visiter au moins Versailles, Chartres et Fontainebleau ou Chantilly et laisser les autres pour une autre visite. Après tout, une seule visite à Paris ne suffit jamais sauf pour vous donner envie d'y revenir. 60

*Notre-Dame*

# STRUCTURE

## Les expressions **il est** et **c'est**

*Serge:* Il est impossible de tondre le gazon avec cette tondeuse!

*Guy:* Tondre la pelouse, c'est facile à faire si tu pousses sur ce bouton-ci!

## OBSERVATION GRAMMATICALE

**Il est** difficile **de** croire son histoire.
Trouver un alibi? **C'est** difficile **à** faire.

Quelle expression utilise-t-on pour introduire une idée – **c'est** ou **il est**?
Quelle expression utilise-t-on quand l'idée dont on va parler a déjà été introduite – **c'est** ou **il est**?
Quelle préposition utilise-t-on avec **il est**? Avec **c'est**?

## Exercices

**A.** Complétez les phrases suivantes par la préposition **à** ou **de (d')** selon le cas.

*Exemple*
Il est impossible _____ aller au théâtre ce soir.
Il est impossible **d'**aller au théâtre ce soir.

1. Qu'est-ce que c'est? C'est une maison _____ louer.
2. Il est important _____ comprendre la situation.
3. Finir ces exercices? C'est très facile _____ faire.
4. Comment avez-vous résolu ce problème? C'est difficile _____ expliquer.
5. Il est difficile _____ apprendre le japonais.
6. Elle aime regarder les gens passer dans un centre commercial. C'est intéressant _____ faire.
7. Il est amusant _____ regarder jouer les enfants.
8. Il est facile _____ compléter ces phrases.

**B.** Complétez les phrases suivantes par **c'est** ou **il est** selon le cas.

*Exemple*
Marielle est amoureuse de Jean. _____ facile à voir.
Marielle est amoureuse de Jean. **C'est** facile à voir.

1. _____ impossible de finir le travail aujourd'hui.
2. Il faut que tu ailles chez le dentiste tous les six mois. _____ important à faire.
3. Tu peux faire tout ce travail en une heure. _____ facile à dire.
4. _____ impossible de croire que Paul puisse acheter sa propre voiture.
5. Chaque soir elle fait les mots croisés dans le journal. De temps en temps, _____ difficile à terminer.
6. _____ poli de remercier quelqu'un d'un cadeau.
7. _____ dangereux de prendre des médicaments sans l'avis du médecin.
8. Quel cadeau veux-tu? _____ impossible à choisir.

**C.** Composez deux phrases en utilisant les mots donnés selon l'exemple.

*Exemple*
impossible de partir maintenant
**Il est** impossible de partir maintenant.
Tu as raison, **c'est** impossible.

1. nécessaire de dire la vérité
2. difficile de vérifier son alibi
3. fantastique de gagner à la loterie
4. agréable de passer un moment avec de vieux amis
5. facile de réparer cette lampe
6. important de faire attention en classe
7. amusant d'aller au cinéma
8. bon de penser aux autres
9. ennuyeux de vivre seulement pour le travail
10. stimulant de discuter des questions importantes

**D.** Remplacez les tirets par **c'est ... à** ou **il est ... de (d')** selon le cas.

*Exemple*
Est-ce que les extraterrestres sont venus sur la Terre? Peut-être, mais _____ impossible _____ prouver.
Est-ce que les extraterrestres sont venus sur la Terre? Peut-être, mais **c'est** impossible **à** prouver.

1. _____ nécessaire _____ réparer la voiture.
2. Parler français, _____ facile _____ faire.
3. Il ne croit pas mon histoire, mais _____ facile _____ prouver.
4. _____ reposant _____ prendre un bain après une longue journée de travail.

5. _____ encourageant _____ avoir une bonne note.
6. Il faut que Nicole termine ses études. _____ important _____ faire.
7. _____ difficile _____ imaginer la vie sur une autre planète.
8. Parler une langue étrangère, _____ utile _____ savoir.
9. Jouer du violoncelle? _____ difficile _____ faire.
10. _____ agréable _____ manger dans un bon restaurant.

**E.** Réponds à ces questions. Utilise **c'est ... à** ou **il est ... de (d')** dans la réponse.

*Exemple*
Que trouves-tu difficile?
**Il est** difficile **de** prononcer un discours devant les autres. *ou*
Etudier la chimie, **c'est** difficile **à** faire.

1. Que trouves-tu difficile?
2. Que trouves-tu intéressant?
3. Que trouves-tu reposant?
4. Que trouves-tu ennuyeux?
5. Est-il possible de croire à l'existence des extraterrestres? Pourquoi?
6. Est-il bien de ne rien faire pour aider ses parents?
7. Quand n'est-il pas bon de dire la vérité?
8. Est-il nécessaire d'être poli avec une personne qui est très impolie?

# *AU BOUT DE LA LANGUE*

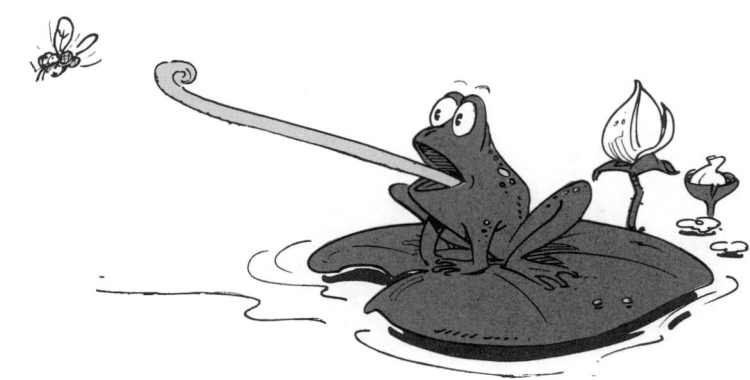

## La mise en relief (*suite*)

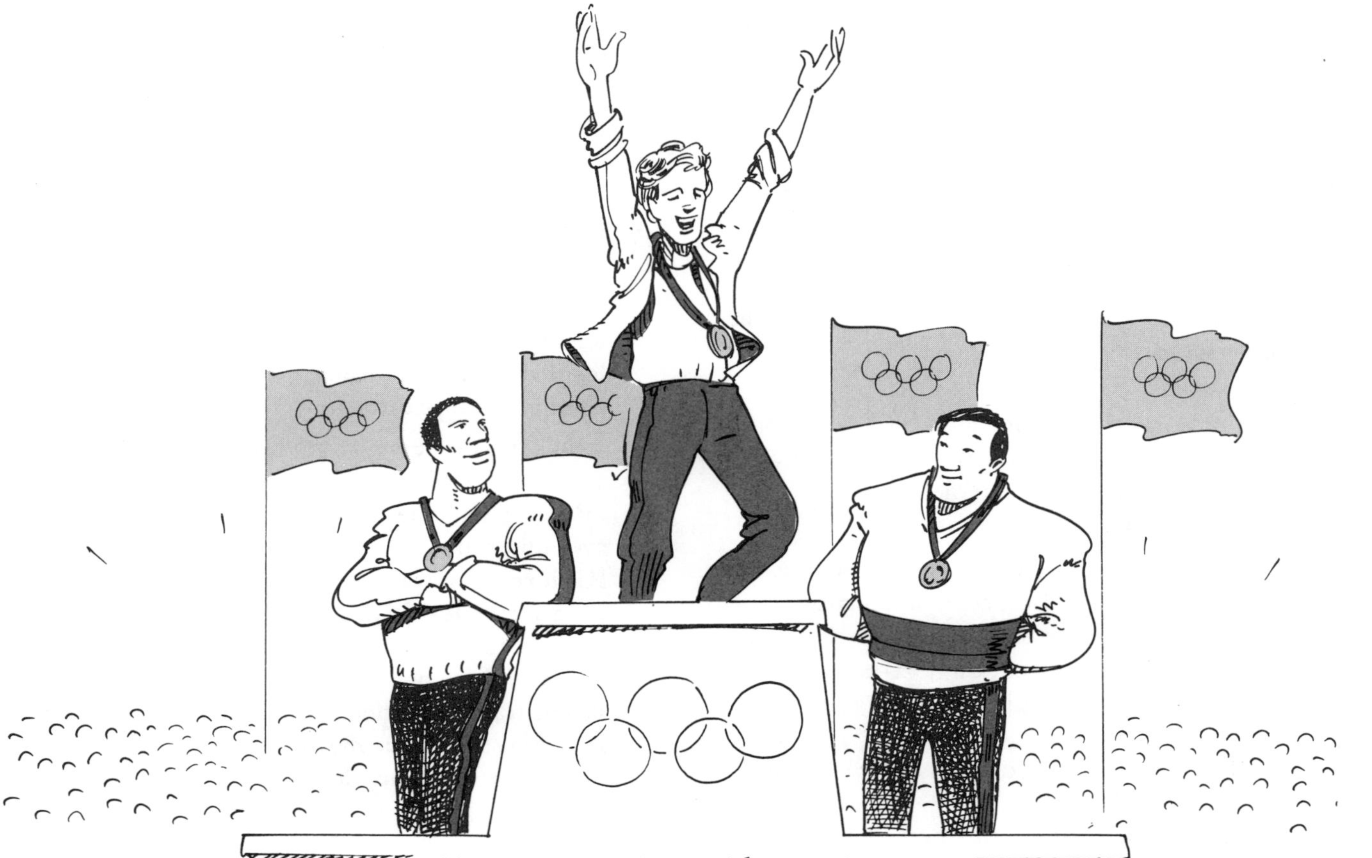

C'est moi qui ai gagné le premier prix.

Le professeur nous a donné ces exercices pour demain.

**C'est le professeur** qui nous a donné ces exercices pour demain.
**C'est à nous** que le professeur a donné ces exercices pour demain.
**C'est (Ce sont) ces exercices** que le professeur nous a donnés pour demain.
**C'est pour demain** que le professeur nous a donné ces exercices.

Il faut se méfier de lui.

**C'est lui** dont il faut se méfier.

Quelle expression emploie-t-on pour mettre en relief les différentes parties des phrases ci-dessus? A quel temps est l'expression **c'est**? A quel temps est l'autre verbe?

Etudiez **le pronom relatif** de chaque phrase ci-dessus.

**Attention!** Dans les phrases suivantes, avec quels mots les verbes en caractères gras s'accordent-ils?

C'est nous qui **sommes** les meilleurs juges.
C'est toi qui **as reçu** la lettre.
Ce sont les voisins qui **font** ce bruit.

## Exercices

**A.** Récrivez plusieurs fois les phrases suivantes en employant **c'est (ce sont)** pour mettre en relief diverses parties de la phrase.

*Exemple*
Des voleurs ont pris mon auto hier.
**Ce sont des voleurs** qui ont pris mon auto hier.
**C'est mon auto** que des voleurs ont prise hier.
**C'est hier** que des voleurs ont pris mon auto.

1. Nous avons vu ce film au cinéma Roxy.
2. Je parle de mes vacances maintenant.
3. Caroline montre des photos à ses camarades.
4. L'héroïne se souvient du bel étranger.
5. La semaine passée, j'ai vu Sandra au centre commercial.
6. Le metteur en scène a choisi Debbie pour le rôle principal.
7. Ils se sont servis de leurs nouvelles bicyclettes pour la première fois ce matin.

**B. Une leçon de ski**

Récrivez le paragraphe suivant en mettant en relief les mots en caractères gras. Employez différentes structures: **c'est (ce sont) … qui/que**, **les pronoms accentués**, ou **la répétition d'un nom** et **d'un pronom**.

Je suis très déçue parce que **mes amis** ont été sans coeur. L'histoire s'est passée **hier**. **Georges** m'avait téléphoné pour m'inviter à faire du ski avec un groupe d'étudiants. On est allé à **Val Rivière**. Je n'avais jamais fait de **ski** avant, alors j'avais loué **des skis, des bâtons et des bottes**. Lorsque mes amis **m'**ont vue, **ils** ont beaucoup ri. J'avais loué **des skis alpins** et non pas des skis de fond. J'ai donc passé toute la journée **dans le chalet** tandis que mes amis se sont amusés **dehors**. Tout le monde s'est moqué de **moi**.

# STRUCTURE

## Quelques expressions indéfinies suivies du subjonctif

Quelque dangereux que paraisse ce chien, il est tout à fait gentil.

---

### OBSERVATION GRAMMATICALE

**Qui que** vous prétendiez être, je me méfie de vous.
**Quoi qu'**il fasse, il réussit toujours.
**Quelque (Si)** riche **qu'**il soit, il veut toujours plus d'argent.
**Quelles que** soient vos raisons, je ne suis pas d'accord.
**Où que** vous alliez, je vous retrouverai.

Suggérez pourquoi on utilise le subjonctif après les expressions **qui que**, **quoi que**, **quelque (si)...que**, **quel(le)(s) que** et **où que**.

Quelle est la différence entre **quelque (si)...que** et **quel(le)(s) que**?

---

## Exercices

**A.** Transformez les phrases suivantes en substituant **qui que** aux mots en caractères gras et en ajoutant **Mariette élèvera des objections.**

*Exemple*
Nous choisirons **M. Henri** comme président.
**Qui que** nous **choisissions** comme président, Mariette élèvera des objections.

1. Elle nomme **le directeur.**
2. Nous aidons **le professeur.**
3. J'accompagne **les enfants** au cinéma.
4. Ils invitent **les Martin** à dîner chez eux.
5. Elle attend **Barbara.**
6. Nous voulons voir **le médecin.**

**B.** Transformez les questions suivantes en utilisant **quoi que** et **nous ne pouvons pas changer nos projets** selon l'exemple.

*Exemple*
Que promets-tu?
**Quoi que** tu **promettes**, nous ne pouvons pas changer nos projets.

1. Que veux-tu?
2. Que peut-elle faire?
3. Que dit-il?
4. Que savent-ils?
5. Que fais-tu?
6. Que prend-elle?

**C.** Transformez les phrases suivantes en utilisant **quelque (si) ... que** et **nous ne les (l') admirons pas** selon l'exemple.

*Exemple*
Cet homme est très amusant.
**Quelque (Si)** amusant **qu'il soit**, nous ne l'admirons pas.

1. Cette femme doit être très riche.
2. Ces gens sont très importants.
3. Cet homme doit être très puissant.
4. Cette étudiante paraît très intelligente.
5. Ce garçon est très fort en mathématiques.
6. Ce poète doit être très célèbre.

**D.** Répondez aux questions en utilisant **quel(le)(s) que** et **je vais faire ce que je veux** en suivant l'exemple.

*Exemple*
Quelle est la raison de son départ?
**Quelle que soit** la raison de son départ, je vais faire ce que je veux.

1. Quels sont ses voeux?
2. Quel est le cours qu'il suggère?
3. Quelle est la décision qu'il a prise?
4. Quels sont les livres qu'il veut que je lise?
5. Quel est son problème?
6. Quelle est la solution qu'il propose?

**E.** Complétez les phrases suivantes par un verbe convenable.

*Exemple*
Où que nous _____, il nous trouve toujours.
Où que nous **soyons**/nous **cachions**, il nous trouve toujours.

1. Où qu'elle _____, son petit frère la suit.
2. Où que nous _____ la balle, le chien peut la trouver.
3. Où que nous _____ dans le monde, nous nous sentons chez nous.
4. Où qu'il _____ ses devoirs, il apporte sa radio et l'écoute pendant qu'il travaille.
5. Où que vous _____ ce soir, téléphonez-nous.
6. Où que tu _____, il te trouvera.

**F.** Répondez aux questions suivantes avec **qui que, quoi que, quelque (si) … que, où que** ou **quel(le) que** et **nous partirons quand même** selon l'exemple.

*Exemple*
Que font ces hommes?
**Quoi qu**'ils **fassent**, nous partirons quand même.

1. Qui est cet homme?
2. Que dit la femme?
3. C'est très intéressant?
4. Où sont-elles?
5. Quelle est son explication?
6. Que veulent-ils faire maintenant?
7. Le repas est délicieux?
8. Quel est le film qu'ils passeront?
9. Qui veulent-ils voir?
10. Où va-t-il?

**G.** Voilà quelques phrases. Crée des situations à partir de ces phrases. Travaille avec un(e) partenaire et utilise ton imagination.

*Exemple*
Quoi que vous disiez, je ne veux pas partir avec vous.
*Situation imaginée:*
Un étranger arrive à la porte et dit que ta grand-mère est malade et que tu dois l'accompagner pour l'aider. Bien qu'il connaisse quelques détails concernant ta grand-mère, tu te méfies de lui.

1. Quoi que tu aies fait, je te pardonne.
2. Où que tu ailles, je t'accompagnerai.
3. Quoi que vous disiez, je suis sûr(e) que je ne vous connais pas.
4. Quelque célèbre que vous prétendiez être, je n'estime pas beaucoup vos talents.

5. Quel que soit le gagnant qu'ils choisissent, il devrait être très doué.
6. Quelles que soient ses raisons, il ne veut pas rester ici.
7. Où que vous voyagiez, envoyez-nous une carte postale.
8. Qui que tu aimes, tu dois en choisir un(e).
9. Quelles que soient les bêtises qu'il a faites, il a beaucoup changé récemment.
10. Quelque fatigué(e) que tu sois, il faut continuer.

*L'Opéra*

# *L*ECTURE

## 5 grands principes d'action

*Jean Blouin*

*Voici, selon l'écrivain Jean Blouin dans le magazine canadien,* L'Actualité, *cinq grands principes à suivre pour trouver et garder un travail dans l'avenir.*

**5 principes d'action**
Etudier « au boutte »[1]
Des maths, des maths, encore des maths
Ne pas être un idiot instruit
Viser[2] le sommet
Se préparer à bouger

ETUDIER AU BOUTTE. Qui s'instruit s'enrichit, disait une publicité gouvernementale aussi critiquée que célèbre. Puritanisme mal placé; les chiffres[3] sont criants: 25 p. cent de chômage chez les jeunes qui ont décroché[4] après les études secondaires, 13 p. cent chez les diplômés des collèges et moins de 7 p. cent chez les diplômés universitaires. Chez ces derniers, en dehors des récessions, le chômage tombe au-dessous de 4 p. cent. De plus, les détenteurs[5] d'un doctorat ou d'une maîtrise[6] sont en meilleure position 5 que les simples bacheliers.[7]

Par contre, un bac[8] peut parfois se révéler moins avantageux qu'un diplôme collégial: un technicien en électronique a de meilleures chances qu'un travailleur social. Mais dans la même spécialité, l'ingénieur passera toujours devant le technicien.

Malgré les efforts des gouvernements sociaux-démocrates pour revaloriser les métiers manuels, 10 l'avenir n'appartient pas aux cols bleus,[9] mais aux « bleus blancs », c'est-à-dire aux techniciens spécialisés. Evitez les formations professionnelles courtes (secondaire) et poussez mordicus[10] jusqu'au collège. Les fonctions subalternes[11] (genre « auxiliaire » ou « assistant ») disparaîtront les premières et votre manque de formation vous rendra inaptes[12] à occuper les nouvelles fonctions. Vous devrez retourner aux études. Comme ces techniciens que Hydro-Québec recycle[13] tous les deux ou trois ans. 15

Il faudra toujours des cols bleus. Mais ceux qui, pour diverses raisons, ne peuvent dépasser le secondaire, suffiront amplement. Enfin, il est préférable de chômer avec un diplôme, qui met au moins à l'abri du chômage chronique.

DES MATHS, DES MATHS, ENCORE DES MATHS. Les mathématiques sont la voie royale de toutes les carrières d'avenir. Elles permettent aussi à un étudiant de garder ouvertes les portes de toutes 20 les facultés universitaires au moment du grand choix: sciences, génie,[14] économie, administration. Mathématiques, informatique,[15] physique, chimie sont aussi une affaire de culture moderne.

Un des principaux problèmes de l'économie québécoise et canadienne, c'est que la nouvelle main-d'oeuvre,[16] surtout féminine, sera incapable d'occuper les emplois disponibles en raison de ses carences[17] graves en mathématiques et en sciences.

« Pour ne pas éprouver de difficultés graves, dit Alfred Cossette, auteur de *La tertiarisation de l'économie québécoise*, les étudiants devraient aussi recevoir une bonne formation en informatique. D'ici l'an 2000, tout sera informatisé. Même les travaux ménagers! »[18]

25

**NE PAS ETRE UN IDIOT INSTRUIT.** Sur les cinq emplois que va occuper dans sa vie le diplômé d'aujourd'hui, quatre ne sont pas encore inventés! Voilà qui devrait disqualifier tous les programmes « pointus », qui spécialisent abusivement et négligent la formation générale. Se spécialiser, ce n'est pas négliger tout le reste.

« Il est fini le temps où on faisait la même chose toute sa vie, dit Warren Almand, ex-ministre, président du Comité de la Chambre des Communes[19] sur les perspectives[20] d'emploi. Dorénavant,[21] le travailleur devra être capable de mobilité interprofessionnelle. Et pour être polyvalent,[22] ou apte au recyclage, il faut avoir une formation de base solide: lecture, rédaction, arithmétique, puis philosophie, économique, biologie, langues secondes. »

L'exemple de l'Allemagne de l'Ouest est probant:[23] enfermés tôt dans une superspécialisation technique, les travailleurs allemands s'adaptent mal aux changements technologiques rapides. D'où une économie qui s'essouffle.

La mobilité interprofessionnelle n'épargnera[24] pas la fonction publique: lors du[25] dernier budget, le ministre des Finances du Québec a suggéré d'expédier[26] les enseignants en disponibilité dans le réseau[27] des Affaires sociales.

Hadj Benyahia, économiste de l'Institut de prospective GAMMA, a d'autres raisons d'insister sur la formation générale: « Il se développe un secteur économique informel où les gens inventent eux-mêmes leur emploi: garde d'enfants, loisirs, administration d'immeubles[28] en copropriété,[29] recyclage. La formation générale permet de voir large. »

**VISER LE SOMMET.** En d'autres mots, l'excellence va primer.[30] On ne s'instruit pas à 30 heures par semaine. On n'est pas compétent à 60 p. cent.

Dans les secteurs où les débouchés seront les plus nombreux, les candidats le seront aussi. Les employeurs auront le choix et se montreront très sélectifs. Après avoir écrémé,[31] ils se rabattront[32] sur l'expérience acquise[33] pendant les études, rémunérée ou pas, indice de débrouillardise et source de maturité. Ce n'est pas tout d'avoir le bon profil, il faut viser le haut de l'échelle.

**SE PREPARER A BOUGER.** L'emploi stable au coin de la rue, c'est fini. Il n'est pas facile de déplacer[34] un mégaprojet ou une population à servir.

La mobilité géographique touchera toutes les professions, mégaprojets ou pas. Manquant de services de toutes sortes, les régions représentent un marché en or, alors que les grands centres sont saturés de spécialistes.

Guy Rouleau l'a compris: cet opticien d'ordonnances[35] de Québec parcourt la Côte-Nord valise à la main, desservant[36] jusqu'aux tribus indiennes à l'est de Sept-Iles. Il pourra bientôt ouvrir un bureau dans cette région.

Une étude indique que les diplômés montréalais souffrent de sédentarité aiguë. Les jeunes des régions, au contraire, travaillent où on les appelle, dans la région voisine, à l'extérieur du Québec, voire[37] du pays.

Ces cinq grandes lignes de conduite bien assimilées, peut-on ensuite faire ce qu'on veut? Bien sûr. Mais toutes les orientations ne se valent pas, en termes d'emploi. Certaines offriront beaucoup de débouchés, d'autres peu.

Extrait des « 500 000 emplois de 1990 »,
*L'Actualité*, septembre 1982

## Lexique

[1]**« au boutte »**: au bout
[2]**viser**: *to aim at, for*
[3]**un chiffre**: un nombre
[4]**décroché (décrocher)**: *ici:* quitté l'école
[5]**un détenteur**: celui qui possède, qui a
[6]**une maîtrise**: *master's degree*
[7]**un bachelier**: celui qui a un baccalauréat
[8]**un bac**: un baccalauréat, *bachelor's degree* (au Canada)
[9]**un col bleu**: un ouvrier
[10]**mordicus**: opiniâtrement, obstinément
[11]**subalternes**: subordonnées
[12]**inaptes**: incapables
[13]**recycle (recycler)**: *retrains*
[14]**le génie**: *engineering*
[15]**l'informatique (f.)**: la science des ordinateurs
[16]**la main-d'oeuvre**: l'ensemble des travailleurs
[17]**une carence**: une insuffisance
[18]**les travaux ménagers (m.)**: le travail qu'on fait à la maison
[19]**la Chambre des Communes**: *House of Commons*
[20]**une perspective**: comment on voit l'avenir
[21]**dorénavant**: à partir de maintenant

[22]**polyvalent**: capable de faire plus d'une chose
[23]**probant**: décisif, convaincant
[24]**épargnera (épargner)**: *will spare*
[25]**lors du**: au moment du
[26]**expédier**: envoyer
[27]**un réseau**: un secteur
[28]**un immeuble**: un bâtiment
[29]**en copropriété**: dont il y a plusieurs propriétaires
[30]**primer**: prédominer
[31]**écrémé (écrémer)**: pris la crème, le meilleur (au sens figuré)
[32]**se rabattront (se rabattre)**: seront obligés d'accepter
[33]**acquise**: obtenue, gagnée
[34]**déplacer**: changer de place
[35]**un opticien d'ordonnances**: *dispensing optician*
[36]**desservant (desservir)**: servant
[37]**voire**: et même

## Compréhension

Répondez aux questions suivantes.

1. a) Que signifie l'expression « qui s'instruit s'enrichit » ?
   b) D'après les statistiques données dans l'article, cette expression est-elle vraie? Donnez des exemples.
2. Dans une même spécialité, qui réussira mieux: un diplômé ou un technicien?
3. a) Que prévoit-on à l'avenir pour les cols bleus?
   b) Quelles sortes de métiers disparaîtront les premières?
   c) Pour ne pas rester au chômage, que devrait-on faire?
4. a) Pourquoi les mathématiques sont-elles importantes?   (trois raisons)
   b) Quel groupe en particulier souffrira à cause de sa formation insuffisante en mathématiques?
   c) Quelle sera l'importance de l'informatique?
5. a) Pourquoi les programmes très spécialisés ne sont-ils pas bons?
   b) Quelles matières constituent une formation de base solide?
   c) Qu'est-ce que l'exemple de l'Allemagne de l'Ouest démontre?
   d) Comment se manifestera ce phénomène dans la fonction publique et dans le « secteur économique informel »?
6. Pourquoi faudra-t-il rechercher l'excellence, même dans les secteurs où les débouchés seront nombreux?
7. a) Devrait-on envisager la possibilité d'un déménagement? Pourquoi?
   b) Où prévoit-on le plus de possibilités?
8. Récrivez, avec vos propres mots, les cinq principes énumérés ci-dessus.

## Vocabulaire

A. Complétez chaque phrase par le mot ou l'expression qui convient de la liste suivante.

expédier / primer / perspective / génie / informatique / déplacer / polyvalent / épargnera / recycle / lors du / Chambre des Communes / viser / écrémé / chiffre / main-d'œuvre / maîtrise / acquise / détenteur / immeuble / bachelier

1. Il faut bien _____ la cible avant de tirer.
2. La fortune de ce millionnaire est évaluée à un _____ énorme.
3. Il est _____ d'un diplôme d'un des meilleurs collèges techniques du pays.
4. Après avoir obtenu son bac, elle veut faire une _____ de géophysique.
5. Maintenant qu'il a son bac, il est _____.
6. Cette compagnie _____ ses employés parce que leurs connaissances sont démodées.
7. Matthieu veut construire des ponts; alors, il étudie le _____ civil.
8. Janice étudie l'_____ pour pouvoir programmer les ordinateurs.
9. Dans cette ville, la _____ se compose surtout de jeunes.
10. Le premier ministre a répondu à des questions à la _____.
11. La _____ économique pour l'année prochaine n'est pas très encourageante.
12. Puisque Georges a étudié les langues et la géographie, il est _____.
13. La météo prévoit que l'orage _____ notre ville.
14. _____ départ, Caroline a dit adieu en pleurant.

15. Comment faut-il _____ ce paquet: par avion ou par le train?
16. L'appartement de Willy se trouve dans un grand _____ très moderne.
17. L'intelligence et la gentillesse devraient _____ sur la beauté.
18. Le fermier a _____ le lait.
19. La peinture que le musée a _____ est très célèbre.
20. André va _____ le fauteuil pour le mettre plus près du feu.

**B.** Trouvez dans le texte le contraire des mots ou des expressions ci-dessous.
1. un col blanc
2. supérieures
3. capables
4. une surabondance
5. jusqu'à présent

# A ton avis

**A.** Vrai ou faux? Explique ta réponse.
1. Même de nos jours, le choix d'une carrière n'est pas vraiment aussi important pour une fille que pour un garçon.
2. Pour des raisons biologiques, les femmes présentent des carences graves en mathématiques. Par contre, elles sont plus douées pour les langues que les hommes.
3. Dans le secteur technique tout se fait en anglais; donc, la connaissance du français est inutile.
4. Il est possible d'avoir des notes trop bonnes aux yeux d'un employeur. Il vaudrait mieux avoir des notes légèrement au-dessus de la moyenne.
5. Il vaudrait mieux chômer pendant six mois que d'aller dans une partie du pays où on ne connaît personne.

**B.** Si tu étais employeur (employeuse) à la recherche d'un jeune cadre, quelles seraient les dix qualités parmi celles de la liste suivante que tu chercherais chez un(e) candidat(e)? Explique tes choix.
1. intelligence
2. agressivité
3. politesse
4. un physique attrayant
5. bon jugement
6. jeunesse
7. courage
8. obstination
9. créativité
10. expérience
11. imagination
12. sens pratique
13. perfectionnisme
14. sens de l'humour
15. honnêteté

# A faire et à discuter

1. A quelles carrières les matières suivantes peuvent-elles mener? Pensez à cinq débouchés possibles pour chaque matière.
   a) la biologie
   b) le français
   c) l'histoire
   d) l'anglais
   e) les mathématiques
2. Discutez en groupe.
   Quels problèmes sociaux seront causés par
   a) la nécessité de changer de métier cinq fois dans sa vie?
   b) la nécessité de déménager pour trouver du travail?
3. Rédigez votre curriculum vitae. (Voir page 158.)

# Formulaire de demande d'emploi

RENSEIGNEMENTS PERSONNELS

1. a) Type de poste recherché

   b) Quel type d'emploi accepteriez-vous?  ☐ Permanent  ☐ Temporaire
      ☐ A plein temps  ☐ A temps partiel

2. a) Nom          Prénom(s)          b) N.A.S.

3. Adresse postale          Code postal

4. Comment peut-on adresser votre correspondance?
   ☐ M^me  ☐ Mad.
   ☐ M.  ☐ M^lle

5. NUMEROS DE TELEPHONE

   | Domicile | | Travail | |
   |---|---|---|---|
   | Ind. rég. | | Ind. rég. | |

6. Avez-vous la citoyenneté canadienne?
   ☐ Oui  ☐ Non

7. Acceptez-vous de déménager?
   ☐ Oui  ☐ Non

7. a) Dans l'affirmative, indiquez les endroits où vous accepteriez de travailler.

8. Traitement annuel minimum acceptable

LANGUES

9. Voulez-vous que votre candidature soit étudiée au regard de postes exigeant la connaissance des deux LANGUES OFFICIELLES?
   ☐ Oui  ☐ Non

10. QUELLE LANGUE OFFICIELLE DESIREZ-VOUS UTILISER

    a) dans la correspondance?   b) à une entrevue?   c) à un examen écrit?   d) à un test de compétence?
    ☐ Anglais  ☐ Français   ☐ Anglais  ☐ Français   ☐ Anglais  ☐ Français   ☐ Anglais  ☐ Français

11. Autres langues dont vous avez une connaissance pratique

ETUDES

12. a) Années d'études élémentaires et secondaires terminées avec succès
    1   2   3   4   5   6   7   8   9   10   11   12   13

    b) Secondaires          Autres (précisez)
       ☐ Générales  ☐ Techniques  ☐ Commerciales

    c) Nom du diplôme obtenu          Année

13. a) Postsecondaires

   ☐ Université   ☐ Collège, Institut technologique, CEGEP, etc.

| b) N^{bre} d'années terminées | c) Nom du diplôme obtenu   Année |
| --- | --- |
| d) Spécialisation | e) Maison d'enseignement |

14. FORMATION–Décrivez toute autre formation reçue dans la mesure où elle se rattache à l'emploi postulé ou au type de poste recherché, y compris les stages d'apprentissage et les cartes de compétence.
Utilisez une feuille distincte.

| 15. a) Titres, affiliations, certificats professionnels, etc. | b) Province d'obtention |
| --- | --- |
| | |
| | |

EMPLOIS–Commencez par votre emploi actuel ou le plus récent. Votre employeur actuel ne sera pas consulté sans votre autorisation.

| 16. a) Nom de l'employeur | c) Durée (mois/année) | |
| --- | --- | --- |
| b) Adresse | De | A |
| | d) Traitement annuel | |

e) Titre du poste et description des fonctions

REFERENCES–Nommez deux personnes qui connaissent votre travail et avec lesquelles nous pourrions communiquer à titre confidentiel.

| 17. a) Nom | b) Titre du poste et nom de l'organisation | c) Adresse et n° de téléphone |
| --- | --- | --- |
| | | |
| | | |

COMPETENCES–Décrivez l'expérience que vous avez acquise, les aptitudes dont vous avez fait preuve ainsi que les réalisations à votre actif, y compris le travail bénévole, les brevets d'invention et les publications ou ajoutez tout autre renseignement pertinent à l'emploi que vous postulez.

Utilisez une feuille distincte ou présentez un curriculum vitae pour préciser vos compétences.

Avec l'autorisation de la Commission de la Fonction publique du Canada

# POT-POURRI

**A.** Votre réaction, s'il vous plaît.

M<sup>me</sup> Lefarge cherche quelqu'un pour garder ses enfants et pour faire un peu de ménage pendant l'été dans son chalet près du lac. La personne choisie va accompagner la famille quand elle partira en vacances. Les entrevues ont lieu aujourd'hui. Qui va-t-elle choisir?

**B.** Il ne faut pas exagérer! Remplacez **tout(e)(s)/ tous** dans les phrases suivantes par **beaucoup de, quelques-un(e)s de, un peu de, la plupart de, la moitié de, une partie de**. Il y a plusieurs possibilités pour chaque phrase.

*Exemple*
Anne a perdu **toutes** ses amies.
Anne a perdu **la moitié de/la plupart de/beaucoup de** ses amies.

1. Jacques travaille **tout** le temps.
2. J'ai fait **tous** mes devoirs.
3. Marie-Claire a préparé **toutes** les questions.
4. Cette équipe a perdu **tous** les matchs.
5. La famille Gendron a passé **tout** l'été dans les Laurentides.
6. Le professeur a corrigé **tous** les examens.
7. Paul a su **toutes** les réponses.
8. Hélène a passé **toute** l'année dernière en France.

**C.** Répondez aux questions suivantes en remplaçant les mots en caractères gras par une expression négative: **ne … que, ne … personne, ne … plus, ne … rien, ne … jamais**. Quelquefois, il y a plusieurs réponses possibles.

*Exemple*
A-t-il mangé **tout ton déjeuner**?
Non, il **n**'en a mangé **que** la moitié.

1. Mangent-ils **tout le temps** dans ce restaurant?
2. Connaît-il **tout le monde** dans cette soirée?
3. Elle téléphone à sa mère **tous les soirs**?
4. Finiras-tu **tout l'exposé** demain?
5. Le chien a-t-il mangé **tout le rôti**?
6. Sort-elle **tous les samedis** avec Robert?
7. Feras-tu **tout ce travail** dans une heure?
8. Connaît-elle **tous les professeurs** de cette école?
9. Avez-vous étudié **toute l'histoire** en classe?
10. Cet enfant passe-t-il quatre heures devant la télé **tous les soirs**?

*Le Louvre: La cour carrée*

**D.** Quelques-unes des phrases suivantes contiennent l'expression **il est**, et les autres, **c'est**. Remplacez l'expression **il est** par **c'est** et **c'est** par **il est** et faites les changements nécessaires selon les exemples.

*Exemples*
Courir deux kilomètres en cinq minutes; c'est difficile à faire.
**Il est** difficile **de** courir deux kilomètres en cinq minutes.

Il est intéressant de regarder les gens passer dans la rue.
Regarder les gens passer dans la rue, **c'est** intéressant **à** faire.

1. Il est impossible de résoudre nos problèmes.
2. Regarder la télé tous les soirs, c'est ennuyeux à faire.
3. Il est dangereux de conduire trop vite.
4. Trop manger, c'est stupide.
5. Il est impossible d'établir la vérité de son histoire.
6. Quitter l'école avant de finir tes études, ce n'est pas sage.
7. Il est bon d'aider ceux qui sont moins chanceux que nous.
8. Perdre son portefeuille, c'est affreux et agaçant.

**E.** Composez des phrases.

*Exemple*
Qui que/ vous/ être/ vous/ devoir/ nous aider.
Qui que vous soyez, vous devez (devriez) nous aider.

1. Quoi que/ Jean-Pierre/ dire/ je/ ne pas/ le croire.
2. Où que/ je/ aller/ il/ me suivre.
3. Quelque malade que/ elle/ se sentir/ elle/ venir/ quand même au travail.
4. Quelle que/ être/ son excuse/ nous/ ne pas/ l'accepter.
5. Qui que/ nous/ inviter/ à la party/ elle/ l'approuver.
6. Quoi que/ il/ faire/ il/ réussir.
7. Où que/ vous/ aller/ ne pas/ m'oublier.
8. Quelque fâché que/ le directeur/ être/ personne ne/ le savoir.
9. Quel que/ être/ le prix/ nous/ le payer.
10. Qui que/ il/ vouloir voir/ je le lui/ amener/ immédiatement.

**F.** Complète ces phrases comme tu veux.
1. Dans quelques années, je…
2. Je peux courir un kilomètre en…
3. Dans trois mois, je…
4. Dans deux semaines, il sera…
5. …en moins/plus de temps que moi.
6. Normalement, je peux m'endormir en…
7. Je peux rentrer de l'école chez moi en…
8. Ma vie sera…dans…ans.

## Sylvia Ostry

La carrière de M<sup>me</sup> Ostry, née à Winnipeg en 1927, prouve qu'une bonne formation en mathématiques et une connaissance détaillée de l'informatique peuvent mener loin. Après l'obtention de son doctorat, M<sup>me</sup> Ostry fut professeur d'université et fonctionnaire: statisticienne en chef de Statistiques Canada. Son poste le plus récent fut celui de chef de la section économie et statistique de l'Organisation de coopération et de développement économique, organisme d'importance mondiale, qui se situe à Paris. De retour au Canada, M<sup>me</sup> Ostry poursuit sa carrière exceptionnelle.

*Sylvia Ostry*

*Versailles: le Grand Trianon*

# VOCABULAIRE ACTIF

**Noms (masculins)**
le baccalauréat
le cadre
le chiffre
le col bleu
le droit
l'échec
l'entretien
le génie
l'immeuble
le sondage

**Noms (féminins)**
l'étendue
l'enquête
l'informatique

**Adverbes**
lors de
voire

**Verbes**
déplacer
épargner
planifier
vanter
viser

# APPENDICE

# Sommaire des structures

## I Les articles

### L'article indéfini

*singulier*

| *masculin* | *féminin* |
|---|---|
| **un** acteur | **une** actrice |
| **un** disque | **une** radio |

*pluriel*

**des** acteurs et **des** actrices
**des** disques et **des** radios

### L'article défini

*singulier*

| *masculin* | *féminin* |
|---|---|
| **le** garage | **la** maison |
| **l'**avion | **l'**auto |

*pluriel*

**les** garages et **les** maisons
**les** avions et **les** autos

### à + l'article défini

à + le = **au**    **au** cinéma
à + la = **à la**    **à la** bibliothèque
à + l' = **à l'**    **à l'**hôpital
à + les = **aux**    **aux** courses

### *de* + l'article défini

de + le = **du**    de + l' = **de l'**
de + la = **de la**    de + les = **des**

*Exemples*
**la possession**
la capitale **du** Canada
la capitale **de la** France
la capitale **de l'**Italie
la capitale **des** Etats-Unis

### L'article partitif

| **du** lait | *some* milk |
|---|---|
| **de la** viande | *some* meat |
| **de l'**eau | *some* water |
| **des** bonbons | *some* candies |

### Le partitif négatif

**Du** café? Non, merci, je ne veux **pas de** café.
**De la** soupe? Non, merci, je ne mange **pas de** soupe.

### Le partitif avec les expressions de quantité

**assez d'**argent
**beaucoup de** projets
**pas d'**argent
**trop de** projets

## II   Les noms

### Genre

En français, tous les noms sont **masculins** ou **féminins.**

| masculin | féminin |
|----------|---------|
| un acteur | une actrice |
| un cousin | une cousine |
| un élève | une élève |

### La formation du pluriel

| singulier | pluriel |
|-----------|---------|
| le garage | les garage**s** |
| la maison | les maison**s** |

### Attention!

| un bras | des bras |
|---------|----------|
| un nez | des nez |
| une voix | des voix |
| un genou | des genou**x** |
| un jeu | des jeu**x** |
| un oeil | des **yeux** |

### Les noms en -*al*

| un cheval | des chev**aux** |
|-----------|-----------------|
| un journal | des journ**aux** |

### Les professions et les métiers (suppression de l'article)

Mon oncle est médecin.
Elle est pharmacienne.
Marc est mécanicien.

## III   Les adjectifs

### Les adjectifs réguliers

*singulier*

| masculin | féminin |
|----------|---------|
| Il est grand. | Elle est grand**e**. |
| Mon père est mince. | Ma mère est mince. |

*pluriel*

| | |
|---|---|
| Ils sont grand**s**. | Elles sont grand**es**. |
| Mes parents sont mince**s**. | |

### La place de l'adjectif

La plupart des adjectifs suivent le nom:
un exercice **facile**
une auto **bleue**
la cuisine **chinoise**

### Les adjectifs qui précèdent le nom en général:
un **beau** garçon
un **bon** repas
une **grande** maison
un **gros** chien
une **jeune** femme
une **jolie** photo
un **mauvais** livre
une **nouvelle** histoire
un **petit** chat
une **vieille** auto

### Attention!

| un bon repas | **de bons** repas |
|--------------|-------------------|
| une jolie photo | **de jolies** photos |

## Les adjectifs irréguliers

| singulier | | pluriel | |
|-----------|-----------|-----------|-----------|
| *masculin* | *féminin* | *masculin* | *féminin* |
| beau/bel | belle | beaux | belles |
| bon | bonne | bons | bonnes |
| canadien | canadienne | canadiens | canadiennes |
| frais | fraîche | frais | fraîches |
| gros | grosse | gros | grosses |
| nouveau/nouvel | nouvelle | nouveaux | nouvelles |
| quel | quelle | quels | quelles |
| sec | sèche | secs | sèches |
| tout | toute | tous | toutes |
| vieux/vieil | vieille | vieux | vieilles |

### Attention!

un beau garçon     un bel enfant     de beaux enfants
un nouveau livre     un nouvel ami     de nouveaux amis
un vieux musée     un vieil arbre     de vieux arbres

## L'adjectif *tout*

Il a perdu **tout** son argent.
Répétez **toute** la phrase.
**Tous** les invités sont arrivés.
**Toutes** ces filles ont réussi à l'examen.

# IV   Les adjectifs et les pronoms démonstratifs

## Les adjectifs démonstratifs

|           | *singulier* |                      | *pluriel*           |
|-----------|-------------|----------------------|---------------------|
| *masculin* | *féminin*   |                      | *masculin et féminin* |
| **ce** garçon | **cette** pomme |                  | **ces** garçons, **ces** pommes et **ces** autobus |
| **cet** autobus | **cette** étudiante |             |                     |

## Les pronoms démonstratifs

| *masculin singulier* |                | *féminin singulier* |                   |
|----------------------|----------------|---------------------|-------------------|
| ce tableau-ci        | ce tableau-là  | cette pomme-ci      | cette pomme-là    |
| **celui-ci**         | **celui-là**   | **celle-ci**        | **celle-là**      |
| *this one*           | *that one*     | *this one*          | *that one*        |

| *masculin pluriel* |                | *féminin pluriel*   |                   |
|--------------------|----------------|---------------------|-------------------|
| ces garçons-ci     | ces garçons-là | ces chaises-ci      | ces chaises-là    |
| **ceux-ci**        | **ceux-là**    | **celles-ci**       | **celles-là**     |
| *these ones*       | *those ones*   | *these ones*        | *those ones*      |

Nous avons deux exercices de mathématiques.
**Celui** que je finis est plus facile que **celui** que je laisse de côté.

M^me Lasserre a trois filles.
**Celles** dont elle s'occupe en ce moment s'appellent Yvonne et Yvette.

# V   Les adjectifs et les pronoms possessifs

## L'adjectif possessif

|  | singulier | | | pluriel |
|--|--|--|--|--|
|  | *masculin* | *féminin* | | *masculin et féminin* |
| *my* | mon ⎫ | ma ⎫ | | *my* | mes ⎫ |
| *your* (tu) | ton ⎪ | ta ⎪ | | *your* (tu) | tes ⎪ |
| *his* | son ⎬ frère | sa ⎬ soeur | | *his* | ses ⎪ |
| *her* | son ⎭ | sa ⎭ | | *her* | ses ⎬ cousins/cousines |
|  |  |  | | *our* | nos ⎪ |
| *our* | notre ⎫ | | | *your* (vous) | vos ⎪ |
| *your* (vous) | votre ⎬ grand-père/grand-mère | | | *their* | leurs ⎭ |
| *their* | leur ⎭ | | |  |  |

### Attention!
Nicole n'est pas ma soeur, c'est **mon** amie.
Voilà ta blouse blanche, mais où est **ton** autre blouse?
Jacques a une auto rouge? Non, **son** auto est jaune.


## Les pronoms possessifs

|  | *masculin* | | *féminin* | |
|--|--|--|--|--|
|  | *singulier* | *pluriel* | *singulier* | *pluriel* |
| *mine* | le mien | les miens | la mienne | les miennes |
| *yours* | le tien | les tiens | la tienne | les tiennes |
| *his/hers* | le sien | les siens | la sienne | les siennes |
| *ours* | le nôtre | les nôtres | la nôtre | les nôtres |
| *yours* | le vôtre | les vôtres | la vôtre | les vôtres |
| *theirs* | le leur | les leurs | la leur | les leurs |

Mon frère s'appelle David et **le tien**? **Le mien** s'appelle Rick.
Et le frère de Marie? **Le sien** s'appelle Pierre.

Mes notes sont bonnes et **les tiennes**? **Les miennes** sont bonnes aussi.
Et celles de Luc? **Les siennes** sont mauvaises.

Nos exercices sont difficiles et **les vôtres**? **Les nôtres** sont difficiles aussi.
Et ceux de ces élèves-là? **Les leurs** sont faciles.

# VI  Les adverbes

## La formation des adverbes

| *adjectif* | | | *adverbe* |
|---|---|---|---|
| **masculin** | **féminin** | + | **-ment** |
| heureux | heureuse | | heureusement |
| lent | lente | | lentement |

**Attention!**

a)  Si l'adjectif se termine déjà par une voyelle, on ajoute simplement **-ment** pour former l'adverbe.

| *adjectif* | | *adverbe* |
|---|---|---|
| **masculin** | + | **-ment** |
| probable | | probablement |
| vrai | | vraiment |
| impoli | | impoliment |

b)  Si l'adjectif se termine par **-ent** ou par **-ant**, on enlève **-nt** et ajoute **-mment.**

| *adjectif* | | | *adverbe* |
|---|---|---|---|
| **masculin** | **-nt** | + | **-mment** |
| récent | | | récemment |
| impatient | | | impatiemment |
| constant | | | constamment |

c)  Pour faciliter la prononciation:

| *adjectif* | | | | | *adverbe* |
|---|---|---|---|---|---|
| **masculin** | **féminin** | + | **accent aigu** | + | **-ment** |
| précis | précise | | | | précisément |

D'autres adverbes communs: **beaucoup, bien, déjà, surtout, tout, trop, vite.**

## L'adverbe *tout*

Il est **tout** content.
Ils sont **tout** surpris.
Elle est **tout** heureuse.
Cette chemise est **tout** usée.

*Mais:*
Elle est **toute** confuse.
Elles sont **toutes** joyeuses.
Elle se sent **toute** honteuse d'avoir triché.

# VII  La comparaison des adjectifs et des adverbes

## Le comparatif

### adjectifs
Ma maison est **plus** grande **que** ta maison.     (supériorité)
Mon auto est **moins** chère **que** ton auto.     (infériorité)
Mon chien est **aussi** beau **que** ton chien.     (égalité)

### Attention! bon/meilleur
Ma note est **bonne**, mais tu as une **meilleure** note.
Le gâteau est **meilleur que** la tarte.

### adverbes
Maurice court **plus** vite **que** Jacques.     (supériorité)
André parle **moins** vite **que** Paul.     (infériorité)
Rolande marche **aussi** vite **que** Serge.     (égalité)

### Attention! bien/mieux
Je chante **bien**, mais tu chantes **mieux que** moi.

### Les comparaisons de quantité
Mireille a lu **plus de** romans que Roger.     (supériorité)
Philippe a fait **moins de** fautes que Marc.     (infériorité)
Gilbert a **autant d'**amis que Paul.     (égalité)

## Le superlatif

### adjectifs
Ferland est **le plus grand** garçon de la classe.
C'est l'histoire **la plus intéressante** du livre.     (supériorité)
Gloria et Francine sont les élèves **les plus diligentes** de la classe.
Voilà la question **la moins difficile** de l'exercice.     (infériorité)

### bon/meilleur
Yves est **le meilleur** élève de la classe.

**adverbes**

Angèle court **le plus vite** de toutes les filles.     (supériorité)
Louis parle **le moins fort** de tous les élèves.     (infériorité)

**bien/mieux**

Antoinette chante **le mieux** de tous les élèves.

**Le superlatif de quantité**

Jacques est riche, Pierre aussi, mais Grégoire a **le plus d'**argent des trois.     (supériorité)
Francine a fait **le moins de** fautes de la classe dans l'exercice.     (infériorité)

# VIII   Les pronoms

| sujets | objets directs | objets indirects | pronoms réfléchis | pronoms accentués |
|--------|----------------|------------------|-------------------|-------------------|
| je (j') | me (m') | me (m') | me (m') | moi |
| tu | te (t') | te (t') | te (t') | toi |
| il | le (l') | lui | se (s') | lui |
| elle | la (l') | lui | se (s') | elle |
| on | | | se (s') | soi |
| nous | nous | nous | nous | nous |
| vous | vous | vous | vous | vous |
| ils | les | leur | se (s') | eux |
| elles | les | leur | se (s') | elles |

## La place et l'accord des pronoms objets

Jean prend **l'auto rouge**? Oui, il **la** prend.
Tu as parlé **à Michel**? Non, je ne **lui** ai pas parlé.
C'est Gilbert qui a ouvert **la fenêtre**? Oui, c'est lui qui **l'**a ouvert**e**.
Tu veux **me** parler? Oui, je veux **te** parler.

## En

**En** remplace **de** + une chose, **de** + un lieu, **de** dans une expression de quantité ou un nom après un nombre.

*Exemples*

Tu as choisi **des cadeaux**? Oui, j'**en** ai choisi.

Michel revient bientôt **de l'hôpital**? Oui, il **en** revient bientôt.

Anita est contente **de sa note**? Oui, elle **en** est contente.

Tu as assez **d'argent**? Oui, j'**en** ai assez.

Anne a acheté trois **disques**? Oui, elle **en** a acheté trois.

## Y

**Y** remplace des prépositions (**à, dans, devant, sur, sous,** etc.) + une chose.

*Exemples*

Tu es allé **à la banque**? Oui, j'**y** suis allé.

Il a mis ses vêtements **sur son lit**? Oui, il **y** a mis ses vêtements.

Tu as bien répondu **à la question**? Oui, j'**y** ai bien répondu.

### La place et l'accord des pronoms compléments d'objet dans les phrases à deux pronoms compléments

phrases normales et impératif négatif

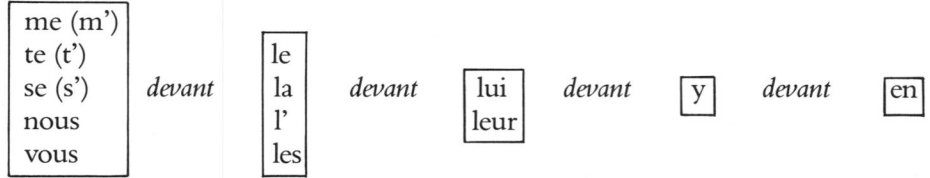

*Exemples*

M. Hébert **t'**a montré **son tapis**? Oui, il **me l'**a montré.

Tu **lui** as envoyé **ces fleurs**? Oui, je **les lui** ai envoyées.

Il **vous** a expliqué **la réponse**? Non, il ne **nous l'**a pas expliquée.

Elle **vous** a donné **sa réponse**? Non, mais elle va **nous la** donner demain.

Tu **te** souviens **de son adresse**? Non, je ne **m'en** souviens pas.

Tu **lui** donnes **cette bague**? Impossible! Ne **la lui** donne pas!

Vous **me** montrez **mon bulletin**? Ne **me le** montrez pas maintenant!

**impératif affirmatif**

Verbe *devant*
| le |
| la |
| les |

*devant*
| moi |
| lui |
| nous |
| leur |

*Exemples*

Vous avez **mes billets**? Donnez-**les-moi**, s'il vous plaît!

Je peux poser **ces questions au professeur**? Mais oui, pose-**les-lui!**

## Les pronoms interrogatifs

|  | *Personne* | *Chose* |
|---|---|---|
| *Sujet* | Qui? | Qu'est-ce qui? |
| *Objet* | Qui? | Que? |
|  | Qui est-ce que? | Qu'est-ce que? |
| *Après une préposition* | A qui? | De quoi? |

*Exemples*

*les sujets*

**Qui** parle au téléphone?

**Qu'est-ce qui** va arriver?

*les objets*

**Qui** veux-tu inviter au concert?

**Qui est-ce que** tu veux inviter au concert?

**Que** fais-tu?

**Qu'est-ce qu'**il va faire?

**Qu'est-ce que** le professeur a dit?

*après une préposition*

**A qui** as-tu parlé?

**De qui est-ce que** tu as peur?

**Avec quoi** as-tu écrit cet exercice?

**De quoi est-ce que** les élèves se moquaient?

## Les pronoms relatifs

**qui** (sujet)
Les élèves **qui** arrivent maintenant sont en retard.
L'argent **qui** est sur la table est à moi.

**qui** (complément d'une préposition)
La femme **à qui** tu parlais est ma mère.

**que** (objet)
Les élèves **que** le professeur regarde sont en retard.
L'argent **que** tu as remarqué sur la table est à moi.
L'histoire **qu'**elle a écrit**e** était très intéressante.

**lequel, laquelle, lesquels, lesquelles** (après une préposition)
Je ne peux pas trouver le sac dans **lequel** j'ai mis mes clés.
Les femmes pour **lesquelles** nous travaillons sont très gentilles.

## Attention!
L'homme **auquel** elle parle est le directeur de l'école.
Les élèves **auxquels** il a montré le film étaient en 11e.
Le restaurant { **duquel** je parle est bon mais très cher.
　　　　　　　{ **dont**
Les filles { **desquelles** je parle sont de bonnes élèves.
　　　　　　 { **dont**

**où** (remplace **dans lequel, sur laquelle,** etc.)
La salle { **où** ils ont leur classe de français est très jolie.
　　　　　{ **dans laquelle**

## dont
De quel professeur ont-ils peur? Voilà le professeur **dont** ils ont peur.
De quel article as-tu besoin? Voilà l'article **dont** j'ai besoin.
Vous avez envie de cette bague? Ah! oui! C'est cette bague **dont** j'ai envie.

**ce qui** (sujet sans antécédent)
Qu'est-ce qui va arriver? Je ne sais pas **ce qui** va arriver.

**ce que** (objet sans antécédent)
Qu'est-ce qu'il y a sous le lit? Dites-moi **ce qu'**il y a sous le lit!
**Ce que** j'aime dans ce livre, ce sont les illustrations.

**ce dont**

De quoi a-t-il peur? Il ne sait pas **ce dont** il a peur.
**Ce dont** il a besoin est un peu de sympathie.

## Les pronoms indéfinis

Je cherche **quelque chose** d'extraordinaire.
Ce magasin n'a **rien** de spécial.
Ce monsieur a l'air d'être **quelqu'un** d'important.
Mais non! Ce n'est **personne** d'intéressant.

As-tu aimé les peintures dans la galerie?
En général, mais **quelques-unes** étaient plutôt bizarres.
Connaissez-vous tous les élèves de cette classe?
J'en connais **quelques-uns**.

## Le pronom *tout*

**Tout** est possible.
Il faut penser à **tout**.
L'amnésique a **tout** oublié.

Où sont vos amis? **Tous** sont partis.

Ils sont **tous** partis.
Qu'est-ce qui est arrivé à ces plantes? **Toutes** ont besoin d'eau.

Elles ont **toutes** besoin d'eau.

Avez-vous reconnu les personnes sur cette photo? Oui, je les ai **toutes** reconnues.

## Les expressions *c'est* et *il est*

l'introduction d'une idée: **Il est** difficile **de** croire son histoire.
pour parler d'une idée déjà introduite: Trouver un alibi? **C'est** difficile **à** faire.

# IX   Les prépositions

## jouer à, jouer de

André joue **au** hockey et **aux** cartes.
Serge joue **du** piano et **de l'**orgue.

## moyens de transport

| | | |
|---|---|---|
| **à** bicyclette | **en** auto | **par le** train |
| **à** cheval | **en** autobus | |
| **à** motocyclette | **en** avion | |
| **à** pied | **en** bateau | |
| | **en** métro | |
| | **en** taxi | |

## + nom géographique

aller/être   **en** France (**pays féminin**)
　　　　　　　 **au** Canada (**pays masculin**)
　　　　　　　 **aux** Etats-Unis (**pays masculin pluriel**)
　　　　　　　 **à** Rimouski (**ville**)

## Les prépositions *en* et *dans*
Notre classe d'histoire commencera **dans** quinze minutes.
On peut finir l'examen **en** une heure et demie.

## Verbes suivis d'un objet direct ou indirect et des prépositions *à* et *de*

## verbe + complément d'objet direct + *de* + l'infinitif

accuser quelqu'un de
avertir quelqu'un de
empêcher quelqu'un de
féliciter quelqu'un de
menacer quelqu'un de
persuader quelqu'un de
prier quelqu'un de
remercier quelqu'un de

**verbe + complément d'objet direct + *à* + l'infinitif**

aider quelqu'un à
condamner quelqu'un à
encourager quelqu'un à
forcer quelqu'un à
inviter quelqu'un à
obliger quelqu'un à
pousser quelqu'un à

**verbe + *à* + complément d'objet indirect + *de* + l'infinitif**

commander à quelqu'un de
conseiller à quelqu'un de
demander à quelqu'un de
défendre à quelqu'un de
dire à quelqu'un de
écrire à quelqu'un de
offrir à quelqu'un de
ordonner à quelqu'un de
permettre à quelqu'un de
promettre à quelqu'un de
proposer à quelqu'un de
refuser à quelqu'un de
suggérer à quelqu'un de
téléphoner à quelqu'un de

**verbe + quelque chose + *à* + quelqu'un**

acheter quelque chose à quelqu'un
apprendre quelque chose à quelqu'un
cacher quelque chose à quelqu'un
dire quelque chose à quelqu'un
enseigner quelque chose à quelqu'un
ôter quelque chose à quelqu'un
pardonner quelque chose à quelqu'un
prendre quelque chose à quelqu'un
refuser quelque chose à quelqu'un
souhaiter quelque chose à quelqu'un
voler quelque chose à quelqu'un

# X  La négation

ne ... pas        ne ... aucun(e) (aucun(e) ... ne)
ne ... jamais     ne ... nul(le) (nul(le) ... ne)
ne ... plus       ne ... ni ... ni
ne ... rien       ne ... personne (ne ... à personne)
                  ne ... que

*Exemples*

**au présent**

Monique **n'**achète **rien**. **Rien n'**est intéressant.

Alain **ne** veut **pas** finir l'exercice.

Ils **ne** voient **personne**.

Qui est dans la cuisine? **Personne n'**est dans la cuisine.

Andrée **n'**écrit **à personne**.

Elle **n'**a **aucune** idée de ce qui va arriver.

**Aucun** film **n'**est disponible ici.

**Aucune** de ses soeurs **ne** vient à son mariage.

Maurice **n'**a **qu'**une faute dans ses devoirs.

Marc **n'**aime **ni** la musique classique **ni** la musique pop.

Pauline et Suzanne sont ici? Non, **ni** Pauline **ni** Suzanne **n'**est ici.

Je **ne** vois **nulle** solution au problème.

Connais-tu un homme sans fautes? **Nul n'**est sans fautes.

**au passé composé et dans les phrases à deux verbes**

Louise **n'**a **pas** acheté de robe. Marie **n'**a acheté **qu'**une robe.

Je **n'**ai **jamais** lu son roman. Je **n'**ai lu **aucun** roman de cet auteur.

Elle **ne** veut **rien** dire. Elle **ne** veut le dire **à personne**.

As-tu vu Bertrand ou Maurice? Non, je **n'**ai vu **ni** l'un **ni** l'autre.

**l'infinitif au négatif**

Il s'est décidé à **ne rien** faire.

L'avocat lui conseille de **ne** parler **à personne**.

**Attention!**

Vous n'avez pas gagné le match? **Mais si**, nous l'avons gagné.

**Si (mais si)** remplace **oui** dans la réponse quand la question est à la forme négative.

## XI    L'interrogatif

Ils parlent français?
Est-ce qu'ils parlent français?
Parlent-ils français?

**Attention!**
Va-**t**-il à l'université?
Achète-**t**-elle une nouvelle auto?
Parle-**t**-il espagnol?

## XII    La concordance des temps

### Le discours direct et indirect à l'indicatif
Marie répond: «Je pars bientôt pour Paris.»
Marie répond qu'elle part bientôt pour Paris.
Marie a répondu qu'elle partait bientôt pour Paris.

Bill dit: «J'arriverai à cinq heures.»
Bill dit qu'il arrivera à cinq heures.
Bill a dit qu'il arriverait à cinq heures.

Yolande dit: «Je suis arrivée hier.»
Yolande dit qu'elle est arrivée hier.
Yolande a dit qu'elle était arrivée hier.

### L'usage des temps et le subjonctif
Je doute qu'il parte aujourd'hui.    (*is leaving*)
Je doute qu'il parte demain.    (*will be leaving*)
Je doute qu'il soit parti hier.    (*left*)

Philippe n'était pas certain que vous soyez arrivés (arriviez) hier. (*were arriving*)
Philippe n'était pas certain que vous arriviez aujourd'hui. (*would arrive*)
Philippe n'était pas certain que vous soyez arrivés avant-hier. (*had arrived*)

## XIII  Quelques particularités des verbes

### *Faire* causatif
Le professeur fait chanter les élèves.
Il **les** fait chanter.

Le professeur fait réciter le poème aux élèves.
Il **le leur** fait réciter.
Il **le** fait réciter **par les élèves**.

M^me Brunet a fait lire Chantal.
Elle **l'**a fait lire.

### *Laisser* + l'infinitif
Le professeur a laissé les élèves partir avant la fin de la classe. (Le professeur a laissé partir les élèves avant la fin de la classe.)
Il **les** a laissé**s** partir.

Les Martin ont laissé louer la maison.
Ils **l'**ont laissé louer.

### Les verbes de perception et l'infinitif (*écouter, entendre, regarder, sentir, voir*)
As-tu écouté chanter le canari? (As-tu écouté le canari chanter?)
Oui, je **l'**ai écouté chanter.

J'ai entendu la violoniste jouer le concerto.
Je **l'**ai entendu**e le** jouer.

J'ai entendu réciter les poèmes.
Je **les** ai entendu réciter.

## Les conditions avec *si*

S'il **sait** la réponse, il la **dit**.

                           il la **dira**.

Si tu **sais** la réponse, **dis**-la.

S'il **avait** assez d'argent, il **ferait** le tour du monde.

Si elle **avait eu** assez d'argent, elle **aurait acheté** la maison.

## La voix passive

*phrase active:*    Le concierge **ferme** les portes du musée tous les jours à 18 heures.

*phrase passive:*  Les portes du musée **sont fermées** par le concierge tous les jours à 18 heures.

*phrase active:*    Le directeur **a écrit** la lettre aux parents.

*phrase passive:*  La lettre aux parents **a été écrite** par le directeur.

*phrase active:*    Tous les élèves **regardaient** cette émission de télé.

*phrase passive:*  Cette émission de télé **était regardée** par tous les élèves.

… et ainsi de suite pour tous les temps.

## L'infinitif composé

Après **avoir mangé**, il s'est endormi.

Après **être rentrée** de la réunion, Angèle s'est couchée immédiatement.

Après **nous être disputés**, nous l'avons regretté.

Elle m'a remercié de l'**avoir aidée**.

# XIV   Les emplois principaux du subjonctif

On utilise le subjonctif après:

1. les expressions et les verbes qui expriment un ordre, la volonté,
   la permission ou la nécessité:
   il faut que
   il est nécessaire que

   je veux que
   je voudrais que
   je préfère que
   il commande (ordonne) que
   il désire que
   elle permet que
   elle défend que
   etc.

2. les expressions et les verbes qui expriment un sentiment ou une émotion:
   j'ai peur que (ne)
   je crains que (ne)
   il s'étonne que
   je m'inquiète que
   il regrette que
   nous sommes contents que
           désolés que
           étonnés que
           fâchés que
           heureux que
           malheureux que
           surpris que
           tristes que

   il est bon que
   il est étonnant que
   il est triste que
   c'est dommage que
   etc.

3. les expressions et les verbes qui expriment le doute, la négation ou l'incertitude:
   je doute que
   je ne crois pas que
   je ne pense pas que
   croyez-vous que?
   pensez-vous que?
   il n'est pas certain que
   il n'est pas sûr que
   il ne dit pas que

**Attention!**

Si l'élément de doute, de négation ou d'incertitude est éliminé on emploie l'indicatif:

je crois que
je pense que
il est certain que        } + l'indicatif
il est sûr que
elle dit que
je ne doute pas que

4. quelques conjonctions:
   afin que
   pour que
   pourvu que
   bien que
   quoique
   avant que (ne)
   de peur que (ne)
   de crainte que (ne)
   jusqu'à ce que
   en attendant que
   à moins que (ne)
   sans que

5. **seul**, **premier**, **dernier**, **unique** et après le superlatif:
   Elle est **la seule** qui puisse comprendre la situation.
   C'est **la plus belle** peinture que j'aie jamais vue.

6. les antécédents indéfinis:
   Je cherche **quelqu'un** qui sache faire ce travail.
   Il **ne** connaît **personne** qui puisse t'aider.
   **Y a-t-il** un restaurant près d'ici qui ne soit pas très cher?
   Il y a **peu** de filles qui veuillent sortir avec lui.

7. quelques expressions indéfinies:
   **Qui que** vous prétendiez être, je me méfie de vous.
   **Quoi qu'**il fasse, il réussit toujours.
   **Quelque (Si)** riche **qu'**il soit, il veut toujours plus d'argent.
   **Quelles que** soient vos raisons, je ne suis pas d'accord.
   **Où que** vous alliez, je vous retrouverai.

   ## Les expressions impersonnelles qui prennent l'indicatif et le subjonctif

   Il est certain que
   Il est clair que
   Il est évident que      } + l'indicatif
   Il est probable que
   Il est sûr que
   Il est vrai que

   Est-il certain que / Il n'est pas certain que
   Est-il clair que / Il n'est pas clair que
   Est-il évident que / Il n'est pas évident que   } + le subjonctif
   Est-il probable que / Il n'est pas probable que
   Est-il sûr que / Il n'est pas sûr que
   Est-il vrai que / Il n'est pas vrai que

# Verbes

## Les verbes réguliers (Regular Verbs)

| Infinitif | **parler** *to speak* | **finir** *to finish* | **répondre** *to answer* |
|---|---|---|---|
| Impératif | parle<br>parlons<br>parlez | finis<br>finissons<br>finissez | réponds<br>répondons<br>répondez |
| Participe présent | parlant | finissant | répondant |
| Présent | je parle<br>tu parles<br>il parle<br>elle parle<br>on parle<br>nous parlons<br>vous parlez<br>ils parlent<br>elles parlent | je finis<br>tu finis<br>il finit<br>elle finit<br>on finit<br>nous finissons<br>vous finissez<br>ils finissent<br>elles finissent | je réponds<br>tu réponds<br>il répond<br>elle répond<br>on répond<br>nous répondons<br>vous répondez<br>ils répondent<br>elles répondent |
| Présent du subjonctif | que je parle<br>que tu parles<br>qu'il parle<br>qu'elle parle<br>que nous parlions<br>que vous parliez<br>qu'ils parlent<br>qu'elles parlent | que je finisse<br>que tu finisses<br>qu'il finisse<br>qu'elle finisse<br>que nous finissions<br>que vous finissiez<br>qu'ils finissent<br>qu'elles finissent | que je réponde<br>que tu répondes<br>qu'il réponde<br>qu'elle réponde<br>que nous répondions<br>que vous répondiez<br>qu'ils répondent<br>qu'elles répondent |
| Imparfait | je parlais<br>tu parlais<br>il parlait<br>elle parlait<br>nous parlions<br>vous parliez<br>ils parlaient<br>elles parlaient | je finissais<br>tu finissais<br>il finissait<br>elle finissait<br>nous finissions<br>vous finissiez<br>ils finissaient<br>elles finissaient | je répondais<br>tu répondais<br>il répondait<br>elle répondait<br>nous répondions<br>vous répondiez<br>ils répondaient<br>elles répondaient |

| Futur | je parlerai | je finirai | je répondrai |
|---|---|---|---|
| | tu parleras | tu finiras | tu répondras |
| | il parlera | il finira | il répondra |
| | elle parlera | elle finira | elle répondra |
| | nous parlerons | nous finirons | nous répondrons |
| | vous parlerez | vous finirez | vous répondrez |
| | ils parleront | ils finiront | ils répondront |
| | elles parleront | elles finiront | elles répondront |
| | | | |
| Conditionnel | je parlerais | je finirais | je répondrais |
| | tu parlerais | tu finirais | tu répondrais |
| | il parlerait | il finirait | il répondrait |
| | elle parlerait | elle finirait | elle répondrait |
| | nous parlerions | nous finirions | nous répondrions |
| | vous parleriez | vous finiriez | vous répondriez |
| | ils parleraient | ils finiraient | ils répondraient |
| | elles parleraient | elles finiraient | elles répondraient |
| | | | |
| Passé composé | j'ai parlé | j'ai fini | j'ai répondu |
| | tu as parlé | tu as fini | tu as répondu |
| | il a parlé | il a fini | il a répondu |
| | elle a parlé | elle a fini | elle a répondu |
| | nous avons parlé | nous avons fini | nous avons répondu |
| | vous avez parlé | vous avez fini | vous avez répondu |
| | ils ont parlé | ils ont fini | ils ont répondu |
| | elles ont parlé | elles ont fini | elles ont répondu |
| | | | |
| Plus–que–parfait | j'avais parlé | j'avais fini | j'avais répondu |
| | tu avais parlé | tu avais fini | tu avais répondu |
| | il avait parlé | il avait fini | il avait répondu |
| | elle avait parlé | elle avait fini | elle avait répondu |
| | nous avions parlé | nous avions fini | nous avions répondu |
| | vous aviez parlé | vous aviez fini | vous aviez répondu |
| | ils avaient parlé | ils avaient fini | ils avaient répondu |
| | elles avaient parlé | elles avaient fini | elles avaient répondu |

| Futur antérieur | j'aurai parlé | j'aurai fini | j'aurai répondu |
| | tu auras parlé | tu auras fini | tu auras répondu |
| | il aura parlé | il aura fini | il aura répondu |
| | elle aura parlé | elle aura fini | elle aura répondu |
| | nous aurons parlé | nous aurons fini | nous aurons répondu |
| | vous aurez parlé | vous aurez fini | vous aurez répondu |
| | ils auront parlé | ils auront fini | ils auront répondu |
| | elles auront parlé | elles auront fini | elles auront répondu |
| | | | |
| Passé du conditionnel | j'aurais parlé | j'aurais fini | j'aurais répondu |
| | tu aurais parlé | tu aurais fini | tu aurais répondu |
| | il aurait parlé | il aurait fini | il aurait répondu |
| | elle aurait parlé | elle aurait fini | elle aurait répondu |
| | nous aurions parlé | nous aurions fini | nous aurions répondu |
| | vous auriez parlé | vous auriez fini | vous auriez répondu |
| | ils auraient parlé | ils auraient fini | ils auraient répondu |
| | elles auraient parlé | elles auraient fini | elles auraient répondu |
| | | | |
| Passé du subjonctif | que j'aie parlé | que j'aie fini | que j'aie répondu |
| | que tu aies parlé | que tu aies fini | que tu aies répondu |
| | qu'il ait parlé | qu'il ait fini | qu'il ait répondu |
| | qu'elle ait parlé | qu'elle ait fini | qu'elle ait répondu |
| | que nous ayons parlé | que nous ayons fini | que nous ayons répondu |
| | que vous ayez parlé | que vous ayez fini | que vous ayez répondu |
| | qu'ils aient parlé | qu'ils aient fini | qu'ils aient répondu |
| | qu'elles aient parlé | qu'elles aient fini | qu'elles aient répondu |
| | | | |
| Passé simple | je parlai | je finis | je répondis |
| | tu parlas | tu finis | tu répondis |
| | il parla | il finit | il répondit |
| | elle parla | elle finit | elle répondit |
| | nous parlâmes | nous finîmes | nous répondîmes |
| | vous parlâtes | vous finîtes | vous répondîtes |
| | ils parlèrent | ils finirent | ils répondirent |
| | elles parlèrent | elles finirent | elles répondirent |

# Les verbes avec changement d'orthographe (Verbs with spelling changes)

**acheter** *to buy* (**peser** *to weigh*)

| | |
|---|---|
| Présent | j'achète, tu achètes, il/elle/on achète, nous achetons, vous achetez, ils/elles achètent |
| Présent du subjonctif | que j'achète, que nous achetions |
| Imparfait | il achetait, nous achetions, ils achetaient |
| Futur | il achètera, nous achèterons, ils achèteront |
| Conditionnel | il achèterait, nous achèterions, ils achèteraient |
| Passé composé | j'ai acheté |
| Passé simple | il acheta, nous achetâmes, ils achetèrent |

**appeler** *to call*

| | |
|---|---|
| Présent | j'appelle, tu appelles, il/elle/on appelle, nous appelons, vous appelez, ils/elles appellent |
| Présent du subjonctif | que j'appelle, que nous appelions |
| Imparfait | il appelait, nous appelions, ils appelaient |
| Futur | il appellera, nous appellerons, ils appelleront |
| Conditionnel | il appellerait, nous appellerions, ils appelleraient |
| Passé composé | j'ai appelé |
| Passé simple | il appela, nous appelâmes, ils appelèrent |

**commencer** *to begin* (and all verbs ending in **–cer**)

| | |
|---|---|
| Présent | je commence, tu commences, il/elle/on commence, nous commençons, vous commencez, ils/elles commencent |
| Présent du subjonctif | que je commence, que nous commencions |
| Imparfait | il commençait, nous commencions, ils commençaient |
| Futur | il commencera, nous commencerons, ils commenceront |
| Conditionnel | il commencerait, nous commencerions, ils commenceraient |
| Passé composé | j'ai commencé |
| Passé simple | il commença, nous commençâmes, ils commencèrent |

**essayer** *to try* (and all verbs ending in **–ayer, –oyer, –uyer**)

| | |
|---|---|
| Présent | j'essaie, tu essaies, il/elle/on essaie, nous essayons, vous essayez, ils/elles essaient |
| Présent du subjonctif | que j'essaie, que nous essayions |
| Imparfait | il essayait, nous essayions, ils essayaient |
| Futur | il essayera/essaiera, nous essayerons/essaierons, ils essayeront/essaieront |
| Conditionnel | il essayerait/essaierait, nous essayerions/essaierions, ils essayeraient/essaieraient |
| Passé composé | j'ai essayé |
| Passé simple | il essaya, nous essayâmes, ils essayèrent |

**jeter** *to throw*

| | |
|---|---|
| Présent | je jette, tu jettes, il/elle/on jette, nous jetons, vous jetez, ils/elles jettent |
| Présent du subjonctif | que je jette, que nous jetions |
| Imparfait | il jetait, nous jetions, ils jetaient |
| Futur | il jettera, nous jetterons, ils jetteront |
| Conditionnel | il jetterait, nous jetterions, ils jetteraient |
| Passé composé | j'ai jeté |
| Passé simple | il jeta, nous jetâmes, ils jetèrent |

**lever** *to raise* (**mener** *to lead,* **geler** *to freeze*)

| | |
|---|---|
| Présent | je lève, tu lèves, il/elle/on lève, nous levons, vous levez, ils/elles lèvent |
| Présent du subjonctif | que je lève, que nous levions |
| Imparfait | il levait, nous levions, ils levaient |
| Futur | il lèvera, nous lèverons, ils lèveront |
| Conditionnel | il lèverait, nous lèverions, ils lèveraient |
| Passé composé | j'ai levé |
| Passé simple | il leva, nous levâmes, ils levèrent |

**manger** *to eat* (and other verbs ending in **-ger**)

| | |
|---|---|
| Présent | je mange, tu manges, il/elle/on mange, nous mangeons, vous mangez, ils/elles mangent |
| Présent du subjonctif | que je mange, que nous mangions |
| Imparfait | il mangeait, nous mangions, ils mangeaient |
| Futur | il mangera, nous mangerons, ils mangeront |
| Conditionnel | il mangerait, nous mangerions, ils mangeraient |
| Passé composé | j'ai mangé |
| Passé simple | il mangea, nous mangeâmes, ils mangèrent |

**préférer** *to prefer* (**espérer** *to hope,* **répéter** *to repeat,* etc.)

| | |
|---|---|
| Présent | je préfère, tu préfères, il/elle/on préfère, nous préférons, vous préférez, ils/elles préfèrent |
| Présent du subjonctif | que je préfère, que nous préférions |
| Imparfait | il préférait, nous préférions, ils préféraient |
| Futur | il préférera, nous préférerons, ils préféreront |
| Conditionnel | il préférerait, nous préférerions, ils préféreraient |
| Passé composé | j'ai préféré |
| Passé simple | il préféra, nous préférâmes, ils préférèrent |

# Les verbes réfléchis (Reflexive Verbs)

| | **se peigner** *to groom oneself, to comb one's hair* | **s'habiller** *to get dressed* |
|---|---|---|
| Infinitif | | |
| Impératif affirmatif | peigne–toi | habille-toi |
| | peignons–nous | habillons-nous |
| | peignez–vous | habillez-vous |
| Impératif négatif | ne te peigne pas | ne t'habille pas |
| | ne nous peignons pas | ne nous habillons pas |
| | ne vous peignez pas | ne vous habillez pas |
| Participe présent | se peignant | s'habillant |
| Présent | je me peigne | je m'habille |
| | tu te peignes | tu t'habilles |
| | il se peigne | il s'habille |
| | elle se peigne | elle s'habille |
| | on se peigne | on s'habille |
| | nous nous peignons | nous nous habillons |
| | vous vous peignez | vous vous habillez |
| | ils se peignent | ils s'habillent |
| | elles se peignent | elles s'habillent |
| Présent du subjonctif | que je me peigne | que je m'habille |
| | que tu te peignes | que tu t'habilles |
| | qu'il se peigne | qu'il s'habille |
| | qu'elle se peigne | qu'elle s'habille |
| | que nous nous peignions | que nous nous habillions |
| | que vous vous peigniez | que vous vous habilliez |
| | qu'ils se peignent | qu'ils s'habillent |
| | qu'elles se peignent | qu'elles s'habillent |
| Imparfait | je me peignais | je m'habillais |
| | tu te peignais | tu t'habillais |
| | il se peignait | il s'habillait |
| | elle se peignait | elle s'habillait |
| | nous nous peignions | nous nous habillions |
| | vous vous peigniez | vous vous habilliez |
| | ils se peignaient | ils s'habillaient |
| | elles se peignaient | elles s'habillaient |

|  |  |  |
|---|---|---|
| Futur | je me peignerai | je m'habillerai |
|  | tu te peigneras | tu t'habilleras |
|  | il se peignera | il s'habillera |
|  | elle se peignera | elle s'habillera |
|  | nous nous peignerons | nous nous habillerons |
|  | vous vous peignerez | vous vous habillerez |
|  | ils se peigneront | ils s'habilleront |
|  | elles se peigneront | elles s'habilleront |
| Conditionnel | je me peignerais | je m'habillerais |
|  | tu te peignerais | tu t'habillerais |
|  | il se peignerait | il s'habillerait |
|  | elle se peignerait | elle s'habillerait |
|  | nous nous peignerions | nous nous habillerions |
|  | vous vous peigneriez | vous vous habilleriez |
|  | ils se peigneraient | ils s'habilleraient |
|  | elles se peigneraient | elles s'habilleraient |
| Passé composé | je me suis peigné(e) | je me suis habillé(e) |
|  | tu t'es peigné(e) | tu t'es habillé(e) |
|  | il s'est peigné | il s'est habillé |
|  | elle s'est peignée | elle s'est habillée |
|  | nous nous sommes peigné(e)s | nous nous sommes habillé(e)s |
|  | vous vous êtes peigné(e)(s)(es) | vous vous êtes habillé(e)(s)(es) |
|  | ils se sont peignés | ils se sont habillés |
|  | elles se sont peignées | elles se sont habillées |
| Passé simple | je me peignai | je m'habillai |
|  | tu te peignas | tu t'habillas |
|  | il se peigna | il s'habilla |
|  | elle se peigna | elle s'habilla |
|  | nous nous peignâmes | nous nous habillâmes |
|  | vous vous peignâtes | vous vous habillâtes |
|  | ils se peignèrent | ils s'habillèrent |
|  | elles se peignèrent | elles s'habillèrent |

# Les verbes irréguliers (Irregular Verbs)

Les numéros dans cette liste correspondent aux numéros des conjugaisons des verbes de la table suivante. Les verbes qui ont le même numéro font partie de la même famille de verbes et se conjuguent de la même façon. Les verbes précédés d'un astérisque (*) se conjuguent avec *être* aux temps composés. Les verbes qui pourront être conjugués avec *être* et *avoir* aux temps composés sont précédés d'un tiret (-) et d'un astérisque (*).

   Dans les tables de conjugaisons, seulement les formes irrégulières sont données. On forme le conditionnel toujours en ajoutant les terminaisons régulières au radical du futur.

The numbers in this list correspond to the numbers of the verb conjugations in the following table. The verbs that have the same number are part of the same group of verbs and are conjugated in the same way. Verbs preceded by an asterisk (*) are conjugated with *être* in compound tenses. The verbs that are conjugated with both *avoir* and *être* in compound tenses are preceded by both a dash (-) and an asterisk (*).

   In the conjugation tables, only irregular forms are given. The conditional is always formed by adding regular endings to the future stem.

| | | | | |
|---|---|---|---|---|
| admettre | 19 | | découvrir | 22 |
| *aller | 1 | | décrire | 13 |
| *s'en aller | 1 | | détruire | 6 |
| apercevoir | 28 | | *devenir | 36 |
| *apparaître | 7 | | devoir | 11 |
| appartenir | 36 | | dire | 12 |
| apprendre | 27 | | —*disparaître | 7 |
| *s'asseoir | 2 | | dormir | 23 |
| atteindre | 9 | | écrire | 13 |
| avoir | 3 | | élire | 18 |
| battre | 4 | | *s'endormir | 23 |
| *se battre | 4 | | envoyer | 14 |
| boire | 5 | | éteindre | 9 |
| combattre | 4 | | être | 15 |
| comprendre | 27 | | faire | 16 |
| conduire | 6 | | falloir | 17 |
| connaître | 7 | | interrompre | 31 |
| construire | 6 | | haïr | 7 |
| contenir | 36 | | joindre | 9 |
| convenir | 36 | | lire | 18 |
| courir | 8 | | maintenir | 36 |
| couvrir | 22 | | mentir | 23 |
| craindre | 9 | | mettre | 19 |
| croire | 10 | | | |

| | | | | |
|---|---|---|---|---|
| *mourir | 20 | | retenir | 36 |
| *naître | 21 | | *revenir | 36 |
| obtenir | 36 | | revoir | 38 |
| offrir | 22 | | rire | 30 |
| ouvrir | 22 | | rompre | 31 |
| paraître | 7 | | savoir | 32 |
| parcourir | 8 | | secourir | 8 |
| *partir | 23 | | sentir | 23 |
| *parvenir | 36 | | *se sentir | 23 |
| peindre | 9 | | servir | 23 |
| permettre | 19 | | *se servir de | 23 |
| plaindre | 9 | | —*sortir | 23 |
| *se plaindre | 9 | | souffrir | 22 |
| plaire | 24 | | soumettre | 19 |
| pleuvoir | 25 | | sourire | 30 |
| poursuivre | 34 | | *se souvenir de | 36 |
| pouvoir | 26 | | suffire | 33 |
| prendre | 27 | | suivre | 34 |
| prévoir | 38 | | surprendre | 27 |
| produire | 6 | | survivre | 37 |
| promettre | 19 | | *se taire | 24 |
| recevoir | 28 | | tenir | 36 |
| reconnaître | 7 | | traduire | 6 |
| recouvrir | 22 | | transmettre | 19 |
| *redevenir | 36 | | valoir | 35 |
| rejoindre | 9 | | *venir | 36 |
| remettre | 19 | | vivre | 37 |
| reprendre | 27 | | voir | 38 |
| résoudre | 29 | | vouloir | 39 |

## [1] *aller *to go*

| | |
|---|---|
| Présent | je vais, tu vas, il/elle/on va, nous allons, vous allez, ils/elles vont |
| Présent du subjonctif | que j'aille, que nous allions |
| Futur | il ira, nous irons, ils iront |
| Impératif | va, allons, allez |

## [2] *s'asseoir *to sit down*

(An alternate conjugation for this verb is:
je m'assois, nous nous assoyons, il s'assoira, etc.)

| | |
|---|---|
| Participe passé | assis |
| Présent | je m'assieds, tu t'assieds, il/elle/on s'assied, nous nous asseyons, vous vous asseyez, ils/elles s'asseyent |
| Présent du subjonctif | que je m'asseye, que nous nous asseyions |
| Futur | il s'assiéra, nous nous assiérons, ils s'assiéront |
| Impératif | assieds-toi, asseyons-nous, asseyez-vous |
| Passé simple | il s'assit, nous nous assîmes, ils s'assirent |

## [3]avoir *to have*

| | |
|---|---|
| Participe présent | ayant |
| Participe passé | eu |
| Présent | j'ai, tu as, il/elle/on a, nous avons, vous avez, ils/elles ont |
| Présent du subjonctif | que j'aie, que tu aies, qu'il ait, que nous ayons, que vous ayez, qu'ils aient |
| Futur | il aura, nous aurons, ils auront |
| Impératif | aie, ayons, ayez |
| Passé simple | il eut, nous eûmes, ils eurent |

## [4]battre *to hit*

| | |
|---|---|
| Présent | je bats, tu bats, il/elle/on bat, nous battons, vous battez, ils/elles battent |
| Présent du subjonctif | que je batte, que nous battions |

## [5]boire *to drink*

| | |
|---|---|
| Participe passé | bu |
| Présent | je bois, tu bois, il/elle/on boit, nous buvons, vous buvez, ils/elles boivent |
| Présent du subjonctif | que je boive, que nous buvions |
| Passé simple | il but, nous bûmes, ils burent |

### [6] **conduire** *to drive*

| | |
|---|---|
| Participe passé | conduit |
| Présent | je conduis, tu conduis, il/elle/on conduit, nous conduisons, vous conduisez, ils/elles conduisent |
| Passé simple | il conduisit, nous conduisîmes, ils conduisirent |

### [7] **connaître** *to know*

| | |
|---|---|
| Participe passé | connu |
| Présent | je connais, tu connais, il/elle/on connaît, nous connaissons, vous connaissez, ils/elles connaissent |
| Passé simple | il connut, nous connûmes, ils connurent |

### [8] **courir** *to run*

| | |
|---|---|
| Participe passé | couru |
| Présent | je cours, tu cours, il/elle/on court, nous courons, vous courez, ils/elles courent |
| Futur | il courra, nous courrons, ils courront |
| Passé simple | il courut, nous courûmes, ils coururent |

### [9] **craindre** *to fear*

| | |
|---|---|
| Participe passé | craint |
| Présent | je crains, tu crains, il/elle/on craint, nous craignons, vous craignez, ils/elles craignent |
| Passé simple | il craignit, nous craignîmes, ils craignirent |

### [10] **croire** *to believe*

| | |
|---|---|
| Participe passé | cru |
| Présent | je crois, tu crois, il/elle/on croit, nous croyons, vous croyez, ils/elles croient |
| Présent du subjonctif | que je croie, que nous croyions |
| Passé simple | il crut, nous crûmes, ils crurent |

### [11] **devoir** *to owe, to have to*

| | |
|---|---|
| Participe passé | dû |
| Présent | je dois, tu dois, il/elle/on doit, nous devons, vous devez, ils/elles doivent |
| Présent du subjonctif | que je doive, que nous devions |
| Futur | il devra, nous devrons, ils devront |
| Passé simple | il dut, nous dûmes, ils durent |

<sup></sup>

**¹²dire** *to say, to speak, to tell*

| | |
|---|---|
| Participe passé | dit |
| Présent | je dis, tu dis, il/elle/on dit, nous disons, vous dites, ils/elles disent |
| Passé simple | il dit, nous dîmes, ils dirent |

**¹³écrire** *to write*

| | |
|---|---|
| Participe passé | écrit |
| Présent | j'écris, tu écris, il/elle/on écrit, nous écrivons, vous écrivez, ils/elles écrivent |
| Passé simple | il écrivit, nous écrivîmes, ils écrivirent |

**¹⁴envoyer** *to send*

| | |
|---|---|
| Présent | j'envoie, tu envoies, il/elle/on envoie, nous envoyons, vous envoyez, ils/elles envoient |
| Présent du subjonctif | que j'envoie, que nous envoyions |
| Futur | il enverra, nous enverrons, ils enverront |

**¹⁵être** *to be*

| | |
|---|---|
| Participe présent | étant |
| Participe passé | été |
| Présent | je suis, tu es, il/elle/on est, nous sommes, vous êtes, ils sont |
| Présent du subjonctif | que je sois, que tu sois, qu'il soit, que nous soyons, que vous soyez, qu'ils soient |
| Imparfait | il était, nous étions, ils étaient |
| Futur | il sera, nous serons, ils seront |
| Impératif | sois, soyons, soyez |
| Passé simple | il fut, nous fûmes, ils furent |

**¹⁶faire** *to do, to make*

| | |
|---|---|
| Participe passé | fait |
| Présent | je fais, tu fais, il/elle/on fait, nous faisons, vous faites, ils/elles font |
| Présent du subjonctif | que je fasse, que nous fassions |
| Futur | il fera, nous ferons, ils feront |
| Passé simple | il fit, nous fîmes, ils firent |

**¹⁷falloir** *to be necessary*

| | |
|---|---|
| Participe passé | fallu |
| Présent | il faut |
| Présent du subjonctif | qu'il faille |
| Futur | il faudra |
| Passé simple | il fallut |

<sup>18</sup>**lire** *to read*

| | |
|---|---|
| Participe passé | lu |
| Présent | je lis, tu lis, il/elle/on lit, nous lisons, vous lisez, ils/elles lisent |
| Passé simple | il lut, nous lûmes, ils lurent |

<sup>19</sup>**mettre,** *to put*

| | |
|---|---|
| Participe passé | mis |
| Présent | je mets, tu mets, il/elle/on met, nous mettons, vous mettez, ils/elles mettent |
| Passé simple | il mit, nous mîmes, ils mirent |

<sup>20</sup>*****mourir** *to die*

| | |
|---|---|
| Participe passé | mort |
| Présent | je meurs, tu meurs, il/elle/on meurt, nous mourons, vous mourez, ils/elles meurent |
| Présent du subjonctif | que je meure, que nous mourions |
| Futur | il mourra, nous mourrons, ils mourront |
| Passé simple | il mourut, nous mourûmes, ils moururent |

<sup>21</sup>*****naître** *to be born*

| | |
|---|---|
| Participe passé | né |
| Présent | je nais, tu nais, il/elle/on naît, nous naissons, vous naissez, ils/elles naissent |
| Passé simple | il naquit, nous naquîmes, ils naquirent |

<sup>22</sup>**ouvrir** *to open*

| | |
|---|---|
| Participe passé | ouvert |
| Présent | j'ouvre, tu ouvres, il/elle/on ouvre, nous ouvrons, vous ouvrez, ils/elles ouvrent |
| Passé simple | il ouvrit, nous ouvrîmes, ils ouvrirent |

<sup>23</sup>*****partir** *to leave, to go away*

| | |
|---|---|
| Présent | je pars, tu pars, il/elle/on part, nous partons, vous partez, ils/elles partent |
| Passé simple | il partit, nous partîmes, ils partirent |

<sup>24</sup>**plaire** *to be pleasing, to please*

| | |
|---|---|
| Participe passé | plu |
| Présent | je plais, tu plais, il/elle/on plaît, nous plaisons, vous plaisez, ils/elles plaisent |
| Passé simple | il plut, nous plûmes, ils plurent |

**<sup>25</sup>pleuvoir** *to rain*

|  |  |
|---|---|
| Participe présent | pleuvant |
| Participe passé | plu |
| Présent | il pleut |
| Présent du subjonctif | qu'il pleuve |
| Futur | il pleuvra |
| Passé simple | il plut |

**<sup>26</sup>pouvoir** *to be able to*

|  |  |
|---|---|
| Participe passé | pu |
| Présent | je peux, tu peux, il/elle/on peut, nous pouvons, vous pouvez, ils/elles peuvent |
| Présent du subjonctif | que je puisse, que nous puissions |
| Futur | il pourra, nous pourrons, ils pourront |
| Passé simple | il put, nous pûmes, ils purent |

**<sup>27</sup>prendre** *to take*

|  |  |
|---|---|
| Participe passé | pris |
| Présent | je prends, tu prends, il/elle/on prend, nous prenons, vous prenez, ils/elles prennent |
| Présent du subjonctif | que je prenne, que nous prenions |
| Passé simple | il prit, nous prîmes, ils prirent |

**<sup>28</sup>recevoir** *to receive*

|  |  |
|---|---|
| Participe passé | reçu |
| Présent | je reçois, tu reçois, il/elle/on reçoit, nous recevons, vous recevez, ils/elles reçoivent |
| Présent du subjonctif | que je reçoive, que nous recevions |
| Futur | il recevra, nous recevrons, ils recevront |
| Passé simple | il reçut, nous reçûmes, ils reçurent |

**<sup>29</sup>résoudre** *to resolve, to solve*

|  |  |
|---|---|
| Participe passé | résolu |
| Présent | je résous, tu résous, il/elle/on résout, nous résolvons, vous résolvez, ils/elles résolvent |
| Passé simple | il résolut, nous résolûmes, ils résolurent |

**<sup>30</sup>rire** *to laugh*

|  |  |
|---|---|
| Participe passé | ri |
| Présent | je ris, tu ris, il/elle/on rit, nous rions, vous riez, ils/elles rient |
| Passé simple | il rit, nous rîmes, ils rirent |

**[31]rompre** *to break*

| | |
|---|---|
| Participe passé | rompu |
| Présent | je romps, tu romps, il/elle/on rompt, nous rompons, vous rompez, ils/elles rompent |
| Passé simple | il rompit, nous rompîmes, ils rompirent |

**[32]savoir** *to know*

| | |
|---|---|
| Participe présent | sachant |
| Participe passé | su |
| Présent | je sais, tu sais, il/elle/on sait, nous savons, vous savez, ils/elles savent |
| Présent du subjonctif | que je sache, que nous sachions |
| Futur | il saura, nous saurons, ils sauront |
| Impératif | sache, sachons, sachez |
| Passé simple | il sut, nous sûmes, ils surent |

**[33]suffire** *to be sufficient*

| | |
|---|---|
| Participe passé | suffi |
| Présent | je suffis, tu suffis, il/elle/on suffit, nous suffisons, vous suffisez, ils/elles suffisent |
| Passé simple | il suffit, nous suffîmes, ils suffirent |

**[34]suivre** *to follow*

| | |
|---|---|
| Participe passé | suivi |
| Présent | je suis, tu suis, il/elle/on suit, nous suivons, vous suivez, ils/elles suivent |
| Passé simple | il suivit, nous suivîmes, ils suivirent |

**[35]valoir** *to be worth*

| | |
|---|---|
| Participe passé | valu |
| Présent | je vaux, tu vaux, il/elle/on vaut, nous valons, vous valez, ils/elles valent |
| Présent du subjonctif | que je vaille, que nous valions |
| Futur | il vaudra, nous vaudrons, ils vaudront |
| Passé simple | il valut, nous valûmes, ils valurent |

**[36]\*venir** *to come*

| | |
|---|---|
| Participe passé | venu |
| Présent | je viens, tu viens, il/elle/on vient, nous venons, vous venez, ils/elles viennent |
| Présent du subjonctif | que je vienne, que nous venions |
| Futur | il viendra, nous viendrons, ils viendront |
| Passé simple | il vint, nous vînmes, ils vinrent |

[37] **vivre** *to live*

|  |  |
|---|---|
| Participe passé | vécu |
| Présent | je vis, tu vis, il/elle/on vit, nous vivons, vous vivez, ils/elles vivent |
| Passé simple | il vécut, nous vécûmes, ils vécurent |

[38] **voir** *to see*

|  |  |
|---|---|
| Participe passé | vu |
| Présent | je vois, tu vois, il/elle/on voit, nous voyons, vous voyez, ils/elles voient |
| Présent du subjonctif | que je voie, que nous voyions |
| Futur | il verra, nous verrons, ils verront |
| Passé simple | il vit, nous vîmes, ils virent |

[39] **vouloir** *to want*

|  |  |
|---|---|
| Participe passé | voulu |
| Présent | je veux, tu veux, il/elle/on veut, nous voulons, vous voulez, ils/elles veulent |
| Présent du subjonctif | que je veuille, que nous voulions |
| Futur | il voudra, nous voudrons, ils voudront |
| Impératif | veuille, veuillons, veuillez |
| Passé simple | il voulut, nous voulûmes, ils voulurent |

# Chiffres (Numbers)

| | | | | | |
|---|---|---|---|---|---|
| 0 | zéro | 23 | vingt-trois | 74 | soixante-quatorze |
| 1 | un, une | 24 | vingt-quatre | 75 | soixante-quinze |
| 2 | deux | 25 | vingt-cinq | 76 | soixante-seize |
| 3 | trois | 26 | vingt-six | 77 | soixante-dix-sept |
| 4 | quatre | 27 | vingt-sept | 78 | soixante-dix-huit |
| 5 | cinq | 28 | vingt-huit | 79 | soixante-dix-neuf |
| 6 | six | 29 | vingt-neuf | 80 | quatre-vingts |
| 7 | sept | 30 | trente | 81 | quatre-vingt-un |
| 8 | huit | 31 | trente et un | 82 | quatre-vingt-deux |
| 9 | neuf | 32 | trente-deux | 90 | quatre-vingt-dix |
| 10 | dix | 40 | quarante | 91 | quatre-vingt-onze |
| 11 | onze | 41 | quarante et un | 92 | quatre-vingt-douze |
| 12 | douze | 42 | quarante-deux | 100 | cent |
| 13 | treize | 50 | cinquante | 101 | cent un |
| 14 | quatorze | 51 | cinquante et un | 102 | cent deux |
| 15 | quinze | 52 | cinquante-deux | 200 | deux cents |
| 16 | seize | 60 | soixante | 201 | deux cent un |
| 17 | dix-sept | 61 | soixante et un | 202 | deux cent deux |
| 18 | dix-huit | 62 | soixante-deux | 1 000 | mille |
| 19 | dix-neuf | 70 | soixante-dix | 2 000 | deux mille |
| 20 | vingt | 71 | soixante et onze | 2 100 | deux mille cent |
| 21 | vingt et un | 72 | soixante-douze | 1 000 000 | un million |
| 22 | vingt-deux | 73 | soixante-treize | 1 000 000 000 | un milliard |

## Jours de la semaine (Days of the week)

lundi  mardi  mercredi  jeudi  vendredi  samedi  dimanche

## Mois de l'année (Months of the year)

janvier  février  mars  avril  mai  juin  juillet  août  septembre  octobre  novembre  décembre

C'est aujourd'hui le mardi dix-sept juillet mil neuf cent (dix-neuf cent) quatre-vingt-quatre.
Today is Tuesday, July 17, 1984.

## L'heure (Time)

| | |
|---|---|
| Il est une heure. | It is one o'clock. |
| Il est deux heures. | It is two o'clock. |
| Il est trois heures. | It is three o'clock. |
| Il est quatre heures. | It is four o'clock. |
| Il est cinq heures. | It is five o'clock. |
| Il est six heures. | It is six o'clock. |
| Il est sept heures. | It is seven o'clock. |
| Il est huit heures. | It is eight o'clock. |
| Il est neuf heures. | It is nine o'clock. |
| Il est dix heures. | It is ten o'clock. |
| Il est onze heures. | It is eleven o'clock. |
| Il est midi. | It is noon. |
| Il est minuit. | It is midnight. |
| | |
| Il est une heure cinq. | It is five minutes past one. |
| Il est deux heures et quart. | It is a quarter past two. |
| Il est trois heures et demie. | It is half past three. |
| Il est quatre heures moins vingt-cinq. | It is twenty-five minutes to four. |
| Il est midi moins (le) quart. | It is a quarter to twelve. |
| Il est midi et demi. | It is half past twelve. |
| Il est quatre heures moins cinq. | It is five minutes to four. |

# Provinces du Canada

| Province | Capitale | Province | Capitale |
|---|---|---|---|
| La Colombie Britannique | Victoria | Le Nouveau-Brunswick | Frédéricton |
| L'Alberta | Edmonton | La Nouvelle-Ecosse | Halifax |
| La Saskatchewan | Régina | L'Ile du Prince-Edouard | Charlottetown |
| Le Manitoba | Winnipeg | Terre-Neuve | Saint-Jean |
| L'Ontario | Toronto | Le Yukon | Whitehorse |
| Le Québec | Québec | Les Territoires du Nord-Ouest | Yellowknife |

# VOCABULAIRE

Le numéro indique l'unité dans laquelle le mot ou l'expression paraît pour la première fois. Les lettres LS indiquent que le mot ou l'expression paraît dans la section *Lectures supplémentaires*. La lettre A après le numéro de l'unité indique que le mot fait partie du vocabulaire actif. L'astérisque placé après le numéro de l'unité indique que le mot faisait partie du vocabulaire actif de *A vos places!, Attention!, Partez!,* ou de *A toute vitesse!* L'astérisque placé devant le mot indique que ce mot commence par un h aspiré.

The number after each entry indicates the unit in which the word or expression appears for the first time. The letters LS indicate that the word or expression appears in the section *Lectures supplémentaires*. The letter A after the unit number indicates that the word is an active vocabulary word. An asterisk after the unit number indicates that the word was an active vocabulary word in *A vos places!, Attention!, Partez!,* or *A toute vitesse!* An asterisk before a word indicates that the word begins with an *h aspiré*.

**à** to, at   1
**abandonner** to abandon   LS
**abeille** *f.* bee   1
**abêtir** to stupefy   3
**abondance** *f.* abundance; wealth   4
**abonnement** *m.* subscription   2
*s'***abonner (à)** to subscribe (to), to take out a subscription (to)   2
**aboutir (à)** to lead (to), to come (to), to end (in, at)   4
**aboyer** to bark   3
**abréger** to shorten, to cut short   2
**abri** *m.* shelter   4
   **mettre à l'___ de** to shelter from, to protect from   4
**abrutir** to exhaust; to daze, to stupefy   4
**absolu, -e** absolute   2
**absolument** absolutely   2

**abstrait, -e** abstract   2
**abusivement** wrongly; excessively   4
**Abyssinie** *f.* Abyssinia   1
**accepter** to accept   1
**accès** *m.* access; fit; attack, bout   2
**accompagner** to accompany   1
**accomplir** to accomplish, to carry out, to perform   4
**accord** *m.* agreement   1
   **d'___** O.K., (all) right   3
*s'***accorder** to agree   1
**accroître** to increase, to heighten   2
**accueil** *m.* reception, welcome   LS
**accueillant, -e** friendly, hospitable   4
**accueillir** to welcome, to greet; to receive   2
**accumuler** to accumulate, to build up (a stock of)   3
**acharné, -e** fierce, relentless, determined   2
**acharnement** *m.* fierceness, fury, relentlessness, determination   3
*s'***acharner** to go at fiercely and unrelentingly   2
**achat** *m.* purchase   LS
**acheter** to buy   1*
**achever** to finish, to complete   2A
*s'***achever** to end, to come to an end, to draw to a close   3
**acquérir** to acquire, to gain   2
**acteur** *m.*, **actrice** *f.* actor, actress   1
**actif** *m.* assets, credit(s)   4
   **à son ___** in his favour, to his credit   4
**activement** actively   2
**activité** *f.* activity   1
**actualité** *f.* current events, news   4
**actuel, actuelle** present   2
**actuellement** now, at the present time   1*
**adapter (à)** to adapt (to)   1
*s'***adapter (à)** to adjust (to), to adapt (to)   4
**addition** *f.* bill (restaurant, etc.)   LS
**admettre** to admit   1
**admirablement** admirably,

wonderfully   1
**admirer** to admire   4
**adorer** to adore, to love, to like   1*
**adresse** *f.* address   3
**adresser** to address   4
*s'***adresser (à)** to address oneself (to)   4
**adversaire** *m.&f.* adversary, opponent, antagonist, rival, competitor   2
**adversité** *f.* adversity   3
**aérien, aérienne** air, aerial   LS
**aéroport** *m.* airport   1
**affaire** *f.* affair, business, job, matter   1
**affaler** to collapse, to fall   2
**affinité** *f.* affinity   LS
**affirmer** to maintain, to assert   LS
**affreux, affreuse** horrible, ghastly, dreadful, awful   4
**afin de** to, in order to   1*
   **___ que** so that, in order that   1
**africain, -e** African   LS
**Afrique** *f.* Africa   LS
**agaçant, -e** irritating, aggravating, annoying   4
**âgé, -e** old, elderly   1
   **___ de neuf ans** nine years old   1
   **personnes ___ es** the elderly, old people   1
**agent de police** *m.* policeman   1
**aggraver** to make worse, to aggravate   4
*s'***aggraver** to get worse   4
**agir** to act   LS
   **il s'agit de** it is a question of   3
**agiter** to trouble, to agitate   LS
*s'***agiter** to fidget, to get restless   LS
**agneau** *m.*, **agnelle** *f.* lamb   2
**agrandir** to enlarge, to extend, to expand   4
**agréable** agreeable, pleasant   1
**agréablement** pleasantly, agreeably   2
**agressivité** *f.* aggressiveness   4
**ahuri, -e** stunned; stupefied   LS
**ahurissement** *m.* stupefaction, bewilderment   LS
**aide** *f.* help, assistance   1*

**aider**  to help  1
**aigle** *m.*  eagle  3
**aigrir**  to embitter  3
**aigu, aiguë**  high, high-pitched  1;
 acute  2
**aiguille** *f.*  needle  3
**aiguiller (vers)**  to direct, to
 orientate, to steer (towards)  4
**aimable**  nice, kind  4
**aimer**  to like, to love  1
 **___ bien**  to like  1
 **se faire ___ à la passion**  to be
 loved passionately  2
**s'aimer**  to be in love with each
 other, to love each other  3
**aîné, -e**  older, elder; oldest,
 eldest  1
**ainsi**  thus, so, in this or that
 manner  1*
 **___ que**  (just) as  2
**air** *m.*  appearance, look  2*
 **avoir l'___ (de)**  to seem, to
 appear, to look  2*
**ais** *m.*  plank, board  2
**aise** *f.*  ease, comfort  1
 **être à l'___**  to feel at ease  1*
**ajouter**  to add  1*
**alarmant, -e**  alarming  3
**alarme** *f.*  alarm  1
**alchimie** *f.*  alchemy  1
**alcool** *m.*  alcohol  3
**aliment** *m.*  food, nourishment  3
**alimentaire**  that which pertains to
 food  3
**Allemagne** *f.*  Germany  4
 **___ de l'Ouest**  West
 Germany  4
**Allemand** *m.*, **Allemande** *f.*
 German man, German woman  LS*
**aller**  to go  1*
 **___ aux vues**  to go to the movies,
 to see a film (Fr. Can.)  LS
 **___ bien**  to be well, to be in good
 health  1
 **Cela lui va mieux.**  That suits
 him/her better.  3
 **se laisser ___**  to let oneself go  3
**s'en aller**  to go away  1A
**allergique**  allergic  2
**allô**  hello  2

**allumer**  to light  2*
**allumette** *f.*  match  3
**alors**  then, therefore, so, at that
 time  1*
 **___ que**  even though; while,
 when  2
 **mais ___**  well then  1
**alouette** *f.*  lark, meadowlark
 **miroir aux ___s**  decoy, lure,
 mirror used to attract and trap
 birds  3
**amateur (de)** *m.*  lover (of), fan
 (of)  2
**ambiance** *f.*  atmosphere  4
**ambiguïté** *f.*  ambiguity  2
**amélioration** *f.*  improvement,
 betterment  3
**améliorer**  to improve, to make
 better  4*
**aménager**  to lay out; to put in
 order  2
**amener**  to bring (along)  1
**amer, amère**  bitter  LS
**Américain** *m.*, **Américaine** *f.*
 American man, American woman  LS*
**Amérique du Sud** *f.*  South
 America  LS
**ami** *m.*, **amie** *f.*  friend  1
**amitié** *f.*  friendship  2
**amnésique** *m.&f.*  amnesiac  4
**amour** *m.*  love  2*
 **___ -passion**  passionate love  2
**amoureux, amoureuse**  in love  2
**amoureux** *m.*, **amoureuse** *f.*
 lover  3
**amplement**  fully, amply  4
**amputer**  to amputate  1
**amusant, -e**  amusing  2*
**amuser**  to amuse, to entertain  2
**s'amuser**  to enjoy oneself, to have a
 good time  1*
**an** *m.*  year  1
 **âgé de neuf ___s**  nine years
 old  1
 **avoir cinquante ___s**  to be fifty
 years old  1*
 **il y a sept ___s**  seven years ago  4
 **nouvel ___**  New Year  2
**analogue (à)**  similar (to)  1
**analyser**  to analyze  3

**analytique**  analytic(al)  2
**ancêtre** *m.&f.*  ancestor  4
**ancien, ancienne**  ancient;
 former  1
**anéantir**  to wipe out, to annihilate  2
**ange** *m.*  angel  1
**anglais, -e**  English  3*
**anglais** *m.*  English (language)  1*
**Angleterre** *f.*  England  1
**angoisse** *f.*  anguish, distress  2A
**animer**  to bring life to, to liven
 up  3; to direct  4
**année** *f.*  year  1*
**anniversaire** *m.*  birthday,
 anniversary  1
**annonce** *f.*  announcement;
 advertisement  2*
**annoncer**  to announce  1
**annonceur** *m.*  announcer  2
**annuel, annuelle**  annual, yearly  4
**anonyme**  anonymous  4
**anorexie** *f.*  anorexia  3
**anticiper**  to anticipate  2
**apercevoir**  to notice, to see  2A
**apoplexie** *f.*  apoplexy, stroke  2
**apparaître**  to appear, to seem  1
**appareil** *m.*  (tele)phone;
 appliance  2
 **___ ménager**  home appliance,
 household appliance  4
 **___ photographique**  camera  LS
 **Qui est à l'___?**  Who's
 speaking?  2
**apparence** *f.*  appearance  3
**appartement** *m.*  apartment  1
**appartenir (à)**  to belong (to)  1
**appel** *m.*  call; appeal  1
 **faire ___ à**  to call on, to resort
 to  1
**appeler**  to call, to telephone, to
 summon  1*
**s'appeler**  to be called, to be
 named  1*
**applaudir**  to applaud, to clap  1*
**appliquer**  to apply  3
**apporter**  to bring  1
**apprécier**  to appreciate  2
**apprendre (à)**  to learn (to)  1*
**apprentissage** *m.*  apprentice-
 ship  4

**apprivoiser** to tame LS

**approcher** to bring near, to put near, to come near, to draw near 4*

**s'approcher (de)** to approach, to come near 4*

**approuver** to agree with, to approve of 4

**appuyer** to support, to back (up) 3

**après** after 1

  **d'___** according to 1

  **peu ___** shortly after 2

**après-midi** *m. & f. inv.* afternoon 1*

**apte (à)** capable (of) 4

**arachide** *f.* peanut 1

  **beurre d'___** peanut butter (Fr. Can.) 1

**arbre** *m.* tree 2*

**arc** *m.* arc; bow 2; arch 4

**arc-en-ciel** *m.* (*pl.* **arcs-en-ciel**) rainbow 1

**architecte** *m.* architect 3*

**argent** *m.* money; allowance 1*

  **___ de poche** pocket money 2

  **remuer (de) l'___ à la pelle** to handle (to have) a great deal of money 3

**arithmétique** *f.* arithmetic 4

**arme** *f.* weapon 1

  **faire des ___s** to fence 2

**armée** *f.* army 2

**armer (de)** to arm (with) 2

**s'arracher** to pull out (one's teeth, etc.) 2

**arranger** to arrange 3

**arrêt** *m.* stop 2; halt 3

  **sans ___** non-stop 3

**arrêter** to stop 2

**s'arrêter** to stop (oneself), to come to a halt 2*

**arrière-pays** *m. inv.* hinterland 3

**arrivée** *f.* arrival 2

**arriver (à)** to arrive; to happen, to occur; to succeed (in) 1

  **Qu'est-ce qui est arrivé?** What happened? 1

**art** *m.* art, skill 3

**articuler** to pronounce clearly LS

**artificiel, artificielle** artificial 1

**artisanat** *m.* cottage industry, arts and crafts 3

**artiste** *m.&f.* artist 1

**artistique** artistic LS

**aspect** *m.* look, appearance 3

**aspirer (à)** to aspire (to) 1

**asseoir** to set something down; to sit someone down LS

**s'asseoir** to sit down LS

**assez** enough 1*; rather, fairly 1

  **___ de** enough 1*

**assiéger** to besiege, to lay siege to 2

**assiette** *f.* plate 3

**assimiler** to assimilate, to absorb, to take in 4

**assister (à)** to attend, to be present (at) 2

**associer** to associate 1

**assoiffé, -e (de)** thirsting (for, after) 3

**assombri, -e** darkened, sombre, obscured 1

**assurance** *f.* insurance 4

  **___s sociales** health care insurance 4

**assurer** to assure 2

**astérisque** *m.* asterisk 1

**astéroïde** *m.* asteroid LS

**atelier** *m.* workshop, studio, workroom 3

**athlète** *m.&f.* athlete 2

**atmosphère** *f.* atmosphere 4

**attacher** to attach 2

**attaque** *f.* attack 2

**attarder** to make late, to keep (someone) late LS

**s'attarder** to linger (behind), to dawdle LS

**atteindre** to hit 2A; to reach, to attain 4

  **être atteint(e) de** to be suffering from 1

**attendre** to wait for 1*; to expect 2*

  **___ que** to wait for, to wait until 2

**Attention!** Watch (out)!, Careful! 1

  **faire ___** to pay attention 1*

**attentif, attentive** attentive, watchful 2

**attentivement** attentively, carefully 2

**atterrir** to land 4

**attirer** to attract 3

**attrayant, -e** attractive, appealing 3

**attroupement** *m.* gathering, crowd, mob LS

**aucun, -e** any 1*

  **___ de … ne …** none of … 3

  **___ ne …** no one …, not a single one … 3

  **___ … ne …** no …, not a single … 3

  **ne … ___** no, not any 1; not a single one, none 3

  **ne … ___ …** no, not one 3

**audace** *f.* daring, boldness, audacity 2

**auparavant** before, previously 2*

**auprès (de)** near, by, close by 2

**aussi** also 1; so 2

  **… que** as … as 1*

**aussitôt** straight away, immediately 1

**austère** austere, severe 1

**autant** as much, as many 1

  **___ de … que** as much … as 1

  **tout ___ que** (just) as much as 2

**auteur** *m.* author 2

**authentique** authentic, genuine LS

**auto** *f.* car 1

**autobiographie** *f.* autobiography 2

**autobiographique** autobiographic(al) 1

**autobus** *m.* bus 1

**autochtone** native LS

**autorisation** *f.* permission, authorization 4

**autoriser** to authorize LS

**autour (de)** around 1

**autre** *m.&f.* another person, somebody else 1

  **d'___s** others 1

  **les ___s** the others 1

**autre** other, another  1*
  **___ que** other than  2
  **de temps à ___** from time to time, now and again  2
**autrefois** formerly  3
**Autriche** *f.* Austria  2
**auxiliaire** auxiliary  4
**avance** *f.* advance
  **à l'___** in advance, beforehand  4
  **d'___** in advance  2
**avancer** to move forward, to bring forward, to advance  2
*s'***avancer** to move forward, to advance  2
**avant (de)** before  1*; in front  3
  **2000 ans ___ Jésus Christ** 2000 B.C.  1
  **___-hier** the day before yesterday  1
  **___ que** before  1
  **___ tout** above all, first and foremost  3
**avantage** *m.* advantage  2
**avantageux, avantageuse** worthwhile, profitable  4
**avec** with  1
**avenir** *m.* future  1*
**aventure** *f.* adventure  1*
*s'***aventurer** to venture  2
**avertir** to warn  1*
**aveugle** blind  1*
**aveugle** *m.&f.* blind man, blind woman  1
**aveuglement** *m.* blindness  1
**avion** *m.* plane  1
**avis** *m.* opinion  1
  **à ton ___** in your opinion  1
  **changer d'___** to change one's mind  2
**avocat** *m.*, **avocate** *f.* lawyer  1
**avoir** to have  1*
  **___ l'air (de)** to seem, to appear, to look  2*
  **___ beau + l'infinitif** to do something in vain  3
  **___ besoin de** to need  1*
  **___ cinquante ans** to be fifty years old  1*
  **___ confiance en** to have confidence in  1

  **___ l'embarras du choix** to have too great a choice  2
  **___ des ennuis** to be troubled, to have worries  LS
  **___ envie de** to want to, to feel like  3*
  **___ faim** to be hungry  2*
  **___ hâte (de)** to be anxious (to), to be in a hurry (to)  LS
  **___ horreur de** to loathe, to detest  3
  **___ de l'importance** to be important, to be of importance  3
  **___ l'impression que** to have a feeling that, to get the impression that  3
  **___ lieu** to take place  1
  **___ mal à** to hurt  2
  **___ mal à comprendre** to have difficulty understanding  1
  **___ mal aux dents** to have a toothache  2
  **___ la parole** to have the floor (right to speak)  3A
  **___ peur (de)** to be afraid (of)  2*
  **___ peur que** to be afraid that  1
  **___ raison** to be right  1*
  **___ rapport à quelque chose** to bear some relation to something, to have something to do with something  4
  **___ les reins solides** to be on a sound (financial) footing  3
  **___ tendance à** to have a tendency to  LS
  **___ tort** to be wrong  LS*
  **___ son voyage** to have had it up to here (Fr. Can.)  LS
**avouer** to admit, to confess  3*

**babiole** *f.* trinket, knick-knack  2
**bac** *m.* (abrév. de **baccalauréat**) high school diploma (France)  4A
  **___ A** high school diploma in classical languages and literature  4A
**bachelier** *m.*, **bachelière** *f.* person who has passed the *baccalauréat* (France); one who holds a bachelor's

degree (Canada)  4
**bague** *f.* ring  2*
**baie** *f.* bay, gulf  1*
*se* **baigner** to have a bath; to go swimming  1
**bain** *m.* bath  2
  **salle de ___s** bathroom  2
**bal** *m.* dance, ball  2
**balle** *f.* ball  4
**balnéaire** bathing
  **station ___** sea-side resort  3
**bande** *f.* tape  2
**bander** to bandage  1
  **les yeux bandés** blindfolded  1
**bannière** *f.* banner  1
**banque** *f.* bank  1
**barbe** *f.* beard  1*
**Barbe-Bleue** *m.* Bluebeard  1
**barbier** *m.* (men's) hairdresser (Fr. Can.)  LS
**bas** *m.* stocking  LS
  **les ___ de nylon** nylon stockings, nylons  LS
**bas, basse** low  1*
  **là-___** over there, under there, down there  1*
  **mettre ___** to give birth (animal)  2
**base** *f.* base
  **de ___** basic, fundamental  4
**baser** to base  LS
**basket-ball** *m.* basketball  2
**basse** *f.* bass (music)  1
**bassin** *m.* ornamental lake, pond; basin  4
**bataille** *f.* battle, fight  2
**bâtiment** *m.* building  2
**bâtir** to build  3*
**bâton** *m.* stick  2*; (ski) pole  4
**battement** *m.* beat, beating  1
**battre** to beat  2*
*se* **battre** to fight  1*
**beau, bel, belle, beaux, belles** beautiful, handsome  1
  **avoir ___ + l'infinitif** to do something in vain  3
  **Belle au bois dormant** Sleeping Beauty  2
  **la belle province** Quebec  LS
  **faire ___** to be nice (weather)  1*

**beaucoup**   very much, a lot   1*
___ **de**   a lot of   1*
**beauté** *f.*   beauty   1
**bébé** *m.*   baby   1
**beigne** *m.*   fritter; doughnut (Fr. Can.)   2*
**bénédiction** *f.*   benediction, blessing   2
**bénévole**   voluntary, unpaid   4
**bercer**   to rock   1
**besoin** *m.*   need   2
**avoir** ___ **de**   to need   1*
**bête**   stupid, silly   4
**bête** *f.*   animal   1*
___ **noire**   person or thing feared, disliked or avoided   1
**bêtise** *f.*   nonsense   1
**dire des** ___ **s**   to talk nonsense   1*
**beurre** *m.*   butter   1
___ **d'arachide**   peanut butter (Fr. Can.)   1
**bibliothèque** *f.*   library   1
**bicycle** *m.*   bicycle (Fr. Can.)   LS
**bicyclette** *f.*   bicycle   2
**bien**   well   1; really, quite   3
**aimer** ___   to like   1
**aller** ___   to be well, to be in good health   1
___ **de**   a great deal of   2
___ **des**   a good many, many a   3A
___ **entendu**   of course   4
___ **froid**   iced, well chilled (Fr. Can.)   LS
___ **que**   although, though   1
___ **sûr**   of course   2
**vouloir** ___   to want to, to be willing to   3
**bien** *m.*   good   3
**dire du** ___ **de**   to speak well of   3
**bientôt**   soon   1
**A** ___!   See you soon!, 'Bye for now!   2
**bienveillance** *f.*   benevolence, kindness   2
**bière** *f.*   beer   3
**bifteak** *m.* **(bifteck)**   steak   2
**bijou** *m.* (*pl.* **bijoux**)   jewel, gem; (*pl.*) jewellery   LS
**billet** *m.*   ticket   1

**biographie** *f.*   biography   1
**biologie** *f.*   biology   4
**biologique**   biological   4
**bison** *m.*   buffalo   3*
**blanc, blanche** *m. & adj.*   white   1
**bleus** ___ **s**   specialized technicians   4
**Blanche-Neige** *f.*   Snow White   1
**blanchir**   to turn white   3
**blé** *m.*   wheat   LS*
**blesser**   to wound, to hurt, to injure   1*
**blessure** *f.*   injury, wound   2A
**bleu, -e** *m. & adj.*   blue   1, 3*
___ **s blancs**   specialized technicians   4
**col** ___   blue-collar worker   1, 4A
**bleuet** *m.*   blueberry   3
**bleuetière** *f.*   blueberry grove   3
*se* **blottir**   to snuggle, to huddle up   2
**blouse** *f.*   blouse, smock   LS
**boire**   to drink   1
___ **un verre**   to have a drink   1
**bois** *m.*   wood   3; (*m. pl.*) wood-wind instruments   1A
**Belle au** ___ **dormant**   Sleeping Beauty   2
___ **gravé**   woodcut   LS
**boisson** *f.*   drink   LS
**boîte** *f.*   box   1
___ **noire**   flight recorder, black box   1
___ **téléphonique**   telephone booth (Fr. Can.)   LS
**bombiner**   to buzz (verb invented by Rimbaud)   1
**bon, bonne**   good   1*
**bonbon** *m.*   candy   1
**bonheur** *m.*   happiness   1*
**par** ___   fortunately, luckily   LS
**bord** *m.*   edge, bank   4
**bosquet** *m.*   copse, grove   4
**botanique**   botanical   3
**botte** *f.*   boot   1*
**bouche** *f.*   mouth   1
**bouché, -e**   having no future   4
**boue** *f.*   mud   1*
**bouger**   to move   4
**bougie** *f.*   candle   2

**bouleau** *m.* (*pl.* **bouleaux**)   (silver) birch   2
**bouquiniste** *m.&f.*   secondhand bookseller   4
**bourse** *f.*   purse (Fr. Can.)   LS
**bout** *m.*   end, tip   1*
**au** ___ **du fil**   on the other end of the line   LS
**au** ___ **de la langue**   on the tip of the tongue   1
**jusqu'au** ___ **des ongles**   to one's fingertips   LS
**bouteille** *f.*   bottle   2
**bouton** *m.*   button   4
**boutte** *m.*   end (Fr. Can.)   4
**au** ___   to the end (Fr. Can.)   4
**boxeur** *m.*   boxer   2
**bras** *m.*   arm   4
**brassière** *f.*   baby's undershirt; bra (Fr. Can.)   LS
**braver**   to defy, to stand up to   1
**brebis** *f.*   ewe, sheep   2A
**Bretagne** *f.*   Brittany   1
**breton, bretonne**   Breton   1
**breton** *m.*   Breton (language)   1
**breuvage** *m.*   drink, beverage (Fr. Can.)   LS
**brevet** *m.*   diploma, certificate   2; patent   4
___ **d'invention**   letters patent, patent   4
**bricolage** *m.*   tinkering about, do-it-yourself   1*
**faire du** ___   to tinker about, to do-it-yourself   1
**briller**   to shine   3*
**brin** *m.*   blade
**un** ___   a touch, a bit   LS
**britannique**   British   LS
**les** ___ **s**   the British (people)   LS
**Britton** *m.&f.*   Briton   1
**bronzer**   to tan; to get a tan   3
*se* **brosser**   to brush (one's teeth, etc.)   2*
**brouillard** *m.*   fog, mist, haze   1
**bruit** *m.*   noise   1*
**faire du** ___   to make a noise   2
**brûlement** *m.*   burn, burning sensation (Fr. Can.)   LS

___s d'estomac   heartburn (Fr. Can.) LS
**brûler**   to burn   1*
**brûlure** *f.*   burn, burning sensation LS
___s à l'estomac   heartburn LS
**brun, -e** *m.&adj.*   brown   1
___ **foncé**   dark brown   1
**brusquement**   brusquely; suddenly 1
**bruyant, -e**   noisy, boisterous   2
**bureau** *m.* (*pl.* **bureaux**)   office; desk   1
**but** *m.*   goal, objective, aim   1*
**buveur** *m.*, **buveuse** *f.*   drinker   2

**ça**   that   2
**cabine** *f.*   cabin   LS
___ **téléphonique**   telephone booth   LS
**cacher**   to hide   1
*se* **cacher**   to hide   1*
**cachette** *f.*   berry-filled pastry, turnover (Fr. Can.)   4
**cadeau** *m.* (*pl.* **cadeaux**)   present, gift   1
**cadre** *m.*   executive   4A
**café** *m.*   coffee   1; café, pub   4
**cafétéria** *f.*   cafeteria   1
**cahier** *m.*   notebook   1
**caissier** *m.*, **caissière** *f.*   cashier; teller, bank clerk   LS
**calculer**   to calculate   4
**calmement**   calmly   1
**camarade** *m.&f.*   companion, friend 4
**camerounais, -e**   Cameroonian   LS
**camion** *m.*   truck   3
**camionneur** *m.*   truck driver   2
**campagne** *f.*   country   2*; campaign (military)   4
à la ___   in the country   2
**campeur** *m.*, **campeuse** *f.*   camper   1
**Canadien** *m.*, **Canadienne** *f.*   Canadian man, Canadian woman   3*
**canari** *m.*   canary   3
**cancéreux, cancéreuse**   cancerous   3
**candidat** *m.*, **candidate** *f.*   applicant, candidate   4
**candidature** *f.*   application   3

**poser sa** ___   to apply, to submit one's application   3A
**canoë** *m.*   canoe   1
**capacité** *f.*   capacity, ability   4
**capitaine** *m.*   captain   2
**capitale** *f.*   capital   4
**captiver**   to captivate   3
**car**   for, because   1
**caractère** *m.*   letter, type   1; character, personality   2*
**en** ___**s gras**   in bold type   1
**caractériser**   to characterize, to be characteristic of   LS
**carafe** *f.*   decanter, carafe   2
**cardiaque**   cardiac   3
**carence** *f.*   deficiency, incompetence, inadequacy   4
**caressant, -e**   tender, affectionate   3
**caresser**   to caress   2
**carotte** *f.*   carrot   1
**carré** *m.*   square   2
**carrière** *f.*   career   1*
**carte** *f.*   card; map   1*
___ **postale**   postcard   1
___ **des vins**   wine list   LS
**cas** *m.*   case   3*
**en tout** ___   at any rate, in any case   3*
**casser**   to break   4
*se* **casser**   to break
___ **le nez**   to find no one in   4
**casserole** *f.*   saucepan   LS
**catégorie** *f.*   category   4
**cathédrale** *f.*   cathedral   4
**cause** *f.*   cause
**à** ___ **de**   because of   1
**causer**   to cause, to bring about   2
**ce, cet, cette, ces**   this, that, these   1*
**à** ___ **moment-là**   (at) that point, (at) that time   2
___ **dont**   that, of which   1
___ **...-là**   that   1
___ **que**   that which, what   1
___ **que j'ai pu courir**   how I had to run round, did I ever have to run round   LS
___ **qui**   what, that which   1
___ **à quoi**   (that) to which   LS
**ceci**   this   1

**céder**   to give up   1*
**cela**   that   1
**célèbre**   famous   1
**célébrer**   to celebrate   1
**célébrité** *f.*   fame, celebrity   LS
**cellule** *f.*   cell   3
**celtique**   Celtic   1
**celui** *m.*, **celle** *f.* (*pl.* **ceux, celles**)   the one   1
___**-ci**   this one   1
___ **de**   that of   1
**cendre** *f.*   ash, ashes   4
**centaine** *f.*   about a hundred   3*
**cependant**   however   1
**céramique** *f.*   ceramics, pottery   3
**céramiste** *m.&f.*   ceramist   3
**céréales** *f. pl.*   cereal   2
**cérébral, -e**   cerebral   2
**cerise** *f.*   cherry   LS
**certain, -e**   certain, sure   1; (*pl.*) some   2
**certainement**   certainly   1*
**certificat** *m.*   certificate   2
**cesse** *f.*   ceasing   1
**sans** ___   constantly   3
**cesser**   to stop, to cease   1
**chacun, -e**   each, each one, everyone   1
___ **à son goût**   to each his own   2*
**chagrin** *m.*   grief, sorrow   2*
**chaise** *f.*   chair   3
**chaleur** *f.*   heat   4*
**Il fait une** ___ **écrasante.**   It is unbearably hot. The heat is overpowering.   4
**chambre** *f.*   bedroom   1; room   2
___ **des Communes**   House of Commons   4
___ **à coucher**   bedroom   1
**champ** *m.*   field   3*
**chance** *f.*   luck, chance   1
**une** ___ **sur trois**   one chance in three   1
**chanceux, chanceuse**   lucky   1
**chandail** *m.*   sweater   1
**chandelle** *f.*   candle   3*
**changement** *m.*   change   1

**changer** to change 1

**___ d'avis** to change one's mind 2

*se* **changer (en)** to change or turn (into) 2

**chanson** *f.* song 1

**chanter** to sing 1*

**chanteur** *m.*, **chanteuse** *f.* singer 3*

**chapeau** *m.* (*pl.* **chapeaux**) hat 1

**chapelle** *f.* chapel 4

**chaperon** *m.* hood 1

**Petit ___ Rouge** Little Red Riding Hood 1

**chapitre** *m.* chapter 4

**chaque** each, every 1

**charger (quelqu'un de faire)** to load, to fill 1; to put (someone) in charge (of something) 2; to give (someone the job of doing) LS

**charges** *f. pl.* costs, service charges, expenses LS

**___ renversées** reversed charges (Fr. Can.) LS

**charmant, -e** charming 2

**charme** *m.* charm 3

**chartreuse** *f.* chartreuse (liqueur); Carthusian monastery 1

**chartreux** *m.* Carthusian monk 1

**chasse** *f.* hunt, hunting 2

**faire la ___ à** to hunt down or track down 2

**chasser** to hunt, to chase 1*

**chasseur** *m.* hunter LS

**chat** *m.*, **chatte** *f.* cat 2

**château** *m.* (*pl.* **châteaux**) castle 2

**châtelain** *m.*, **châtelaine** *f.* lord/ lady of the manor 2

**chaton** *m.* kitten 3

**chaud, -e** warm 2

**chaud** *m.* heat, warmth 1

**chaudron** *m.* saucepan (Fr. Can.) LS

**chauffage** *m.* heating 2

**chaume** *m.* thatch 1

**toit de ___** thatched roof 1

**chaumière** *f.* thatched cottage 1A

**chaussette** *f.* sock; slipper (Fr. Can.) LS

**chef** *m.* head, chief, leader 2; chef LS

**___ de cuisine** chef 1

**chef-d'oeuvre** *m.* (*pl.* **chefs-d'oeuvre**) masterpiece 4

**chemin** *m.* path, way, road 2*

**à mi-___** halfway, midway 3

**chemise** *f.* shirt 1

**chemisier** *m.* blouse LS

**cher, chère** expensive 2*

**revenir ___** to be expensive 4

**cher** *m.*, **chère** *f.* dear, dearest 1*

**chercher** to look for, to try to find 1

**___ à** to try to, to attempt to 4

**chéri** *m.*, **chérie** *f.* darling 3*

**cheval** *m.* (*pl.* **chevaux**) horse 1

**à ___** on horseback 1*

**faire du ___** to ride a horse 2

**monter à ___** to ride a horse 1

**chevalier** *m.* knight 1

**cheveux** *m. pl.* hair 1

**chèvre** *f.* goat 1

**chez** among, at, at (to) the home of 1

**___ moi** at my house 1

**chien** *m.* dog 1

**chiffre** *m.* figure, number in figures 3, 4A

**chimie** *f.* chemistry 1

**chinois, -e** Chinese 2*

**chiot** *m.* puppy 4

**chlorophylle** *f.* chlorophyll LS

**choc** *m.* shock LS

**chocolat** *m.* chocolate 1

**choeur** *m.* choir; chorus 3

**choisir** to choose 1*

**choix** *m.* choice 1*

**avoir l'embarras du ___** to have too great a choice 2

**choléra** *m.* cholera (intestinal disease) 2

**cholestérol** *m.* cholesterol 3

**chômage** *m.* unemployment 4

**chômer** to be unemployed 4

**chose** *f.* thing 1

**chromé, -e** chrome 3

**chronique** chronic 4

**cible** *f.* target 4

**cidre** *m.* cider 1

**ciel** *m.* (*pl.* **cieux**) sky 1

**cil** *m.* eyelash 3

**cinéma** *m.* cinema, show 1

**cinquième** fifth 1

**cipâte** *f.* six-layered pie (Fr. Can.) 4

**circonstance** *f.* circumstance 2

**circulation** *f.* traffic 3

**circuler** to circulate, to move around or about 1

**citadelle** *f.* citadel 2

**citadin** *m.*, **citadine** *f.* city dweller 4

**citation** *f.* quotation LS

**cité** *f.* city; town 3

**citer** to cite, to quote 3

**citoyenneté** *f.* citizenship 4

**citron** *m.* lemon LS

**civilisation** *f.* civilization 3

**clair, -e** clear 2

**clairon** *m.* bugle 1

**clarinette** *f.* clarinet 1

**clarté** *f.* brightness 4

**classe** *f.* class; (*pl.*) school 1

**salle de ___** classroom 1

**classeur** *m.* filing cabinet 4

**classique** classic, classical 4

**clef** *f.* wrench 1*; key 1

**client** *m.*, **cliente** *f.* client, customer 4

**climat** *m.* climate 3*

**cloche** *f.* bell 3

**cocher** *m.* coach driver, coachman LS

**coefficient** *m.* relative importance given to a particular element when calculating an average 4

**coeur** *m.* heart 2

**au ___** in the heart 2

**pincement au ___** lump in one's throat LS

**coiffe** *f.* headdress 1

*se* **coiffer** to do one's hair 2

**coiffeur** *m.*, **coiffeuse** *f.* hairdresser 2

**chez le ___** to/at the hairdresser's 2

**coin** *m.* corner 2*

**___ de rue** street corner 2

**col** *m.* collar 1

__ **bleu** blue-collar worker 1, 4A
**colère** *f.* anger 1
**collectif, collective** collective 4
**collège** *m.* college 4
**collégial, -e** (*m.pl.* **collégiaux**) collegiate, collegial 4
**collègue** *m.&f.* colleague 4
**colline** *f.* hill 3*
**colonialisme** *m.* colonialism LS
**colonialiste** colonialist LS
**colonie** *f.* colony 1
__ **de vacances** summer camp 1*
**colonne** *f.* column 1
**coloration** *f.* colouring, colour, shade 1
**colorer** to colour LS
**combattant** *m.*, **combattante** *f.* combatant 4
**combattre** to fight, to combat 1
**combien (de)** how much, how many 1
**combinaison** *f.* combination 1
**combiner** to combine 1
**comble** *m.* height, peak LS
**comédie** *f.* comedy 2
**comique** funny, comical 2
**comité** *m.* committee, board 3
**commandement** *m.* command 4
**commander** to order 1
**comme** like, as 1*
**tout __** just like, in the same way that 3
**commencer (à)** to begin, to commence 1
__ **par** to start or begin by 1
**comment** how; What?, Pardon? 1
**commentaire** *m.* commentary 2
**commerce** *m.* trade, commerce 1
**commettre** to commit 1*
__ **une imprudence** to do something foolish or impudent LS
**commission** *f.* errand; (*pl.*) shopping LS
**faire des __s** to do some shopping; to run errands (Fr. Can.) LS

**commun, -e** common 1
**Chambre des __es** the House of Commons 4
**communiquer** to communicate 2
**compagnie** *f.* company 3
**comparaison** *f.* comparison 1
**comparer** to compare 2
**compétence** *f.* competence, abilities 4
**compétent, -e** competent, capable 4
**complémentaire** complementary 1
**complet, complète** complete, total 2
**complet** *m.* suit 1*
**complètement** completely LS
**compléter** to complete 1
**complexe** complicated, complex 2
**complimenter** to congratulate, to compliment 3
**compliquer** to complicate LS
**comporter** to be composed of, to consist of, to comprise 1
*se* **comporter** to behave LS
**composer** to write, to compose 1
*se* **composer de** to be composed of, to consist of 4
**compositeur** *m.*, **compositrice** *f.* composer 1
**compréhension** *f.* understanding 1
**comprendre** to understand 1*; to be made up of, to comprise 2
**avoir mal à __** to have difficulty understanding 1
**compris, -e** included, inclusive 4
**y __** including 4
**compte** *m.* count; account
**se rendre __ de** to realize 1*
**se rendre __ que** to realize that, to be aware that 1
**compter** to count 1*; to rank LS
**comptoir** *m.* counter LS
**concerner** to concern 4
**concevoir** to conceive, to devise, to think up 3
**concierge** *m.* superintendent, caretaker 3
**concis, -e** concise 4
**conclure** to conclude 4

**concorde** *f.* concord 4
**concours** *m.* competition 2
**concret, concrète** concrete 4
**condamner** to condemn 3
**conduire** to drive 1
**permis de __** driver's licence 4
**conduite** *f.* behaviour; conduct 4
**confiance** *f.* confidence, trust 1
**avoir __ en** to have confidence in 1
**confidentiel, confidentielle** confidential, private 4
**à titre __** in a confidential manner 4
**confiture** *f.* jam 3
**confondre** to mix up 1
*se* **confondre** to merge 1
**confortablement** comfortably 4
**confronter** to confront 4
**confus, -e** confused 4
**congé** *m.* holiday; leave; absence 3
**prendre __ (de quelqu'un)** to take one's leave (of someone) 3
**connaissance** *f.* knowledge 2
**faire la __ de quelqu'un** to meet someone, to make someone's acquaintance 2
**connaissant, -e** knowledgeable 2
**connaître** to know, to be acquainted with 1*
**conquérir** to conquer, to win, to gain 3
*se* **consacrer (à)** to devote oneself (to) 1
**conseil** *m.* advice 2
**conseiller** to advise 4*
**conseiller** *m.*, **conseillère** *f.* counsellor, adviser 4
**conséquence** *f.* consequence 2
**conséquent, -e** logical, consistent 3
**par __** consequently 3
**conserver** to keep, to retain 3
**considérer** to consider 1
**consister** to consist 1
**consolider** to strengthen, to reinforce 2
**constamment** constantly 1
**constituer** to constitute 3
**construire** to build 2*

**consulter** to consult 3
**conte** *m.* tale, story 1
**___ de fée** fairy tale 1
**contenir** to contain 3
*se* **contenir** to contain oneself, to control one's emotions LS
**content, -e** happy, content 1
**continuer** to continue 1
**contradictoire** contradictory, conflicting 1
**contrainte** *f.* constraint, restraint 3
**contraire** *m.* opposite 1
**au ___** on the contrary 1
**contraste** *m.* contrast 1
**contre** against
**le ___** "cons", (arguments) against 1
**par ___** on the other hand 2
**contretemps** *m.* difficulty, hitch 3
**contrôle** *m.* control 2
**contrôler** to control 4
**convaincant, -e** convincing 4
**convenable** suitable 2
**convenir** to fit 1*
**convoitise** *f.* desire LS
**coopération** *f.* cooperation 4
**copain** *m.,* **copine** *f.* friend, chum, buddy 1*
**copier** to copy 1
**copropriété** *f.* co-ownership, joint ownership 4
**coquillage** *m.* shellfish 1
**cor** *m.* horn (music) 1A
**corde** *f.* string 1
**instrument à ___s** stringed instrument 1A
**corps** *m.* body LS*
**correct, -e** correct, right 2; proper, honest (Fr. Can.) LS
**correspondre** to correspond 1
**corriger** to correct 1
**côte** *f.* rib; side LS; shore, sea-coast 1*
**___ d'Azur** the Riviera 3
**se tenir les ___s (de rire)** to split one's sides (with laughter) LS
**côté** *m.* side 1
**à ___ de** by, near, beside 1
**de ___** sideways, to/on one side 2

**du ___ de** in the direction of LS
**coucher** to put to bed 1
**chambre à ___** bedroom 1
*se* **coucher** to go to bed 1*; to lie down LS
**coudre** to sew 3
**couler** to run, to flow, to pour down LS
**couleur** *f.* colour 1
**coup** *m.* hit, blow 1
**___ de fusil** (rifle) gunshot 2
**___ de pistolet** pistol shot 2
**du ___** suddenly LS
**en ___ de vent** very quickly, like a hurricane or whirlwind 2
**tirer un ___ de revolver** to fire a shot 1
**tout à ___** suddenly 1*
**tout d'un ___** all at once, at once, suddenly 2
**couper** to cut 2
**___ quelqu'un net** to cut someone off short (Fr. Can.) LS
**couplet** *m.* verse, little piece, tirade 3
**cour** *f.* court, yard, courtyard 2*
**courageusement** bravely, courageously 2
**courageux, courageuse** courageous LS*
**couramment** fluently; commonly 4
**courant, -e** standard, everyday 2
**en monnaie ___e** in standard currency 2
**courbatu, -e** stiff and aching all over 3
**courber** to bend LS
*se* **courber** to bend (down), to bow down LS
**courir** to run 1*
**ce que j'ai pu ___** how I had to run round, did I ever have to run round LS
**couronner** to crown 2
**courrier** *m.* courier; mail, post LS
**cours** *m.* course 1
**au ___ de** in the course of, during 2
**suivre un ___** to take a course 4

**course** *f.* race 3*
**courses** *f. pl.* shopping, errand LS
**faire des ___** to do some shopping LS
**court, -e** short, brief 1*
**courtisan** *m.* courtier 2
**cousin** *m.,* **cousine** *f.* cousin 2
**coutume** *f.* custom, practice 2
**coutumier, coutumière** customary, usual 2
**couvert** *m.* place setting, (*pl.*) cutlery LS
**cracher** to spit 1
**craindre** to fear 1*
**crainte** *f.* fear
**de ___ de** for fear of 1
**de ___ que** for fear of, for fear that 1
**saisi de ___** seized, gripped by fear 2
**cravate** *f.* tie 4
**création** *f.* creation 2
**créativité** *f.* creativeness, creativity 4
**crédit** *m.* credit 4
**créer** to create 3
**crème** *f.* cream 2
**___ glacée** ice cream (Fr. Can.) 2
**crevette** *f.* shrimp 1
**criant, -e** glaring, striking 4
**crier** to cry, to shout 2
**criminel** *m.,* **criminelle** *f.* criminal 1
**crise** *f.* crisis 2
**critiquer** to criticize 4
**croire (à)** to believe (in) 1*
*se* **croire** to think one is 2
**croisé, -e** crossed 4
**mots ___s** crosswords, crossword puzzle(s) 4
**cruauté** *f.* cruelty 3
**cruel, cruelle** cruel, ferocious 1*
**crustacé(s)** *m.* shellfish, seafood 1
**cueillette** *f.* picking, gathering 3
**cueillir** to pick, to gather 3
**cuire** to cook 2
**cuit à point** medium (meat) 2
**cuisine** *f.* kitchen 1; cooking LS
**chef de ___** chef 1

**faire la ___** to cook  1*

**cuisinière** *f.* kitchen range or stove  LS

**cuisse** *f.* thigh  2*

**cuivre** *m. pl.* brass (music)  1A

**culte** *m.* cult, worship  4

**cultiver** to cultivate, to grow  2

**culturel, culturelle** cultural  4

**curieux, curieuse** strange, curious, funny  2

**curiosité** *f.* curiosity  LS


**d'abord** first, at first, to begin with  1

**dactylo** *f.* (abrév. de **dactylographe**) typist  2

**d'ailleurs** moreover, besides  3

**dame** *f.* lady  2

**damné, -e** damned  3

**dangereux, dangereuse** dangerous  2

**dans** in  1

**danse** *f.* dance, dancing  1

**___ folklorique** folk dance  1

**danser** to dance  1

**danseur** *m.*, **danseuse** *f.* dancer  3

**dater (de)** to date (back to), to date (from)  2

**d'avance** in advance  2

**davantage** more  1*

**de** from, of, out of  1

**débat** *m.* debate  1

**débattre** to debate, to discuss  3

**déblayer** to clear away, to remove, to shovel  3

**débordé, -e** snowed under, over-run  4

**débouché** *m.* opening, prospect  4

**débrouillardise** *f.* resourcefulness  4

**début** *m.* beginning, start  1*

**au ___** at the beginning  3

**débutant** *m.*, **débutante** *f.* novice, beginner  LS

**déceler** to discover, to detect  2

**déchirer** to tear  2*

**décidément** indeed, certainly  4

**décider** to decide  1

**décisif, décisive** decisive  4

**décision** *f.* decision  1

**prendre une ___** to make a decision  1

**déclamatoire** pompous, bombastic  3

**déclaration** *f.* statement, declaration, revelation  3

**déconfiture** *f.* defeat, collapse, failure, (financial) ruin  3

**déconseiller** to advise against  3

**décontracter** to relax  4

**décorateur** *m.*, **décoratrice** *f.* (interior) decorator  1

**décorer** to decorate  1

**décorum** *m.* etiquette; decorum  3

**décourageant, -e** discouraging  3

**découragement** *m.* discouragement  3

**décourager** to discourage  4

**découverte** *f.* discovery  4

**découvrir** to discover  2*

**décrire** to describe  1

**décrocher** to drop out, to opt out; to unhook  4

**déçu, -e** disappointed  1*

**dédier (à)** to dedicate (to)  4

**défaite** *f.* defeat, failure  3

**défendre** to forbid  1

*se* **défendre** to defend oneself; to resist; to deny  3

**défense** *f.* defense  LS

**prendre la ___ de** to stand up for (someone), to defend (someone)  LS

**définir** to define  3

**définition** *f.* definition  3

**dégoûtant, -e** disgusting, distasteful  2*

**déguiser** to disguise  2

**dehors** outside  2

**en ___ (de)** outside (of)  4

**déjà** already  1*

**déjeuner** *m.* lunch  1; breakfast (Fr. Can.)  LS

**petit ___** breakfast  LS

**delà** beyond

**au ___ de** beyond  1

**délicat, -e** delicate  LS

**délicatement** delicately, with precision  LS

**délicieux, délicieuse** delicious  3*

**demain** tomorrow  1*

**demande** *f.* request  4

**demander** to require, to need, to ask (for)  1*

**démarche** *f.* procedure, steps, research  4

**déménagement** *m.* move  4

**déménager** to move (to another location)  1*

**demeurer** to remain  1

**demi** *m.*, **demie** *f.* half  1

**un ___** half-pint (beer)  LS

**riant à ___** half laughing  LS

**demi-heure** *f.* half an hour  1

**demi-tasse** *f.* a small cup of (or for) after-dinner black coffee  2

**démodé, -e** old-fashioned, out-of-date  4

**démontrer** to demonstrate  4

**démoralisant, -e** demoralizing  3

**dent** *f.* tooth  2

**avoir mal aux ___s** to have a toothache  2

**___s de sagesse** wisdom teeth  2

**dentelle** *f.* lace  1

**en ___** made of lace  1

**dentiste** *m.* dentist  2

**chez le ___** to/at the dentist's office  2

**départ** *m.* departure  4*

**dépasser** to pass, to go past  4

*se* **dépêcher** to hurry, to make haste  1*

**dépenser** to spend (money)  3*

**déplacer** to move, to displace, to transfer, to shift  4A

*se* **déplacer** to move (around)  3

**déployer** to open out, to spread out  LS

**rire à gorge déployée** to roar with laughter  LS

**déprimant, -e** depressing  3A

**déprimé, -e** depressed  3

**depuis** since, for, from  1

**déranger** to disturb  1

**dernier, dernière** last  1*

**dernier** *m.*, **dernière** *f.* last (one)  1

**derrière** behind  3

**dès** from ... on, as of  1

**___ lors** from that moment, from then on  1

___ **ce moment** from that (this) time 1

**désagréable** disagreeable, unpleasant 1

**désagrément** *m.* annoyance, trouble 2

**désarroi** *m.* (feeling of) helplessness, disarray, confusion 3

**désastre** *m.* disaster 1

**désastreux, désastreuse** disastrous; terrible LS

**désavantage** *m.* disadvantage 2

**descendre** to descend, to come down 1

**désigner** to point out, to indicate 2; to designate, to name, to call LS

**désir** *m.* wish, desire 2

**désirer** to want 1*

**désobéissant, -e** disobedient 4

**désolé, -e** sorry, distressed 1

**désordre** *m.* disorder; confusion 3

**désormais** in the future, henceforth, from now on 2*

**desservir** to serve 4

**dessin** *m.* design, sketch 2

**dessiner** to draw; to lay out, to trace 2

**dessous** below 1
  **au-___** below 1
  **ci-___** below 1

**dessus** on, upon, over, above 1
  **ci-___** above 1
  **là-___** about that, on that point; up there 1

**destin** *m.* fate, destiny 3A

**détail** *m.* detail 2

**détaillé, -e** detailed 4

**détenteur** *m.*, **détentrice** *f.* possessor, holder 4

**déterminer** to determine 3

**détester** to detest, to hate 1*

**détruire** to destroy 1*

**dette** *f.* debt 2

**deuxième** second 1

**deuxièmement** secondly 3

**devant** in front of, before 1

**devant** *m.* front, grill (car) 3

**développement** *m.* development 1

**développer** to develop 1

*se* **développer** to develop 4

**devenir** to become 1*

**deviner** to guess 2

**devinette** *f.* riddle 1

**devoir** to have to, must 1*

**devoirs** *m. pl.* homework 1*; (*sing.*) duty 3*

*se* **dévouer à** to devote oneself to 2

**dextérité** *f.* skill, dexterity 2

**diable** *m.* devil 3

**dictée** *f.* dictation 1

**Dieu** *m.* God 1

**différence** *f.* difference 1

**différent, -e** different 1

**difficile** difficult 1*

**difficilement** with difficulty 2

**difficulté** *f.* difficulty 1
  **avoir de la ___ à** to have difficulty with 1

**digne** dignified 4

**dignité** *f.* dignity LS

**dilemme** *m.* dilemma 2

**diminuer (de)** to reduce (by), to decrease (by) 2

**dinde** *f.* turkey (hen) 1

**dindon** *m.* turkey (cock) 3

**dîner** to have dinner, to dine 1

**dîner** *m.* dinner 2

**diplôme** *m.* diploma 2

**diplômé** *m.*, **diplômée** *f.* holder of a diploma 4

**dire** to say, to tell 1
  **à vrai ___** to tell you the truth, in actual fact 3
  **c'est-à- ___** that is (to say) 1
  **___ des bêtises** to talk nonsense 1*
  **___ du bien de** to speak well of 3
  **Dites-lui bonjour de ma part.** Give him my regards. 1
  **vouloir ___** to mean, to imply 2

**directeur** *m.*, **directrice** *f.* director; principal 1*

**directive** *f.* instruction, order 1

**diriger** to direct, to control 4

*se* **diriger vers** to head for, to make one's way towards LS*

**discothèque** *f.* disco 3

**discours** *m.* speech 2
  **prononcer un ___** to make or deliver a speech 4

**discret, discrète** discreet 3

**discrètement** discreetly, quietly LS

**discuter (de)** to discuss 1

**disparaître** to disappear 1*

**dispersé, -e** scattered, disorganized LS

**disponibilité** *f.* availability 4

**disponible** available 2*

*se* **disputer** to quarrel 1

**disqualifier** to disqualify 4

**disque** *m.* record 1*

**dissertation** *f.* essay, dissertation LS

**distinct, -e** distinct, separate 1

**distraction** *f.* entertainment, amusement 3

**divers, diverse** various 3

**divertissement** *m.* recreation, relaxation, distraction, amusement 4

**divin, -e** divine, heavenly 1

**dix-huitième** eighteenth 2

**dix-neuvième** nineteenth 2

**dix-septième** seventeenth 2

**dizaine** *f.* ten, about ten, ten or so 1

**doctorat** *m.* doctorate 4

**documentation** *f.* documentation, information; research 4

**doigt** *m.* finger 2*
  **au ___** on the finger 2
  **montrer du ___** to point to LS

**domaine** *m.* field, domain 4

**domestiquer** to domesticate, to tame LS

**domicile** *m.* place of residence, home, domicile 4

**dominer** to dominate LS

**dommage** *m.* harm, injury
  **C'est ___ que** It's a shame that, It's a pity that 1

**donc** therefore, so, thus 1

**donner** to give 1
  **___ à manger à quelqu'un** to give somebody something to eat, to feed someone 2

**il m'est donné de** the occasion arose for me to 1

**dont** whose, of which, of whom, from whom 1

**ce ___** that, of which 1

**doré, -e** golden 4

**dorénavant** from now on, henceforth 4

**dormir** to sleep 1*

**dos** *m.* back 2

**dossier** *m.* file, dossier 4

**doublé, -e** lined LS

**doucement** gently, quietly, softly 2*

**douceur** *f.* softness; mildness; sweetness 2

**douché, -e** showered LS

**douche** *f.* shower 2*

**doué, -e** talented, gifted 2*

**douleur** *f.* grief, distress 1; pain 2

**___ morale** mental pain, anguish 2

**doute** *m.* doubt, uncertainty 1

**sans ___** probably 1A

**douter** to doubt 1*

**douteux, douteuse** doubtful; dubious 2

**doux, douce** mild 3*

**liqueur douce** soft drink (Fr. Can.) LS

**dramatique** dramatic 2

**dramatisation** *f.* dramatization 1

**drame** *m.* drama, tragedy 1

**dresser** to put up, to erect; to draw up, to make out (a list) 1

**dresseur** *m.*, **dresseuse** *f.* trainer 4

**droit** *m.* right 1; law 4A

**droite** *f.* right, right-hand side 2

**à ___** on the right 2

**drôle** funny 2

**dû, due (à)** due (to) 3

**dur, -e** hard 2*

**durable** lasting, long-lasting 3

**durant** during, for 2

**durée** *f.* duration, length 1

**durement** harshly, severely, fiercely 3

**durer** to last 4

**eau** *f.* (*pl.* **eaux**) water 1

**écarté, -e** isolated; lost (Fr. Can.) LS

**ecclésiastique** *m.* ecclesiastic, clergyman or priest 1

**échange** *m.* exchange 2*

**en ___ de** in exchange for, in return for 2

**échapper** to escape 1*

*s'***échapper** to escape 1

**échec** *m.* failure 4A

**échelle** *f.* range 1; ladder 4*

**échelon** *m.* step, grade 1

**échouer (à)** to fail 3*

**éclaircir** to lighten 3

**éclatant, -e** loud, ringing 1

**éclater** to burst 1*

**___ en larmes** to burst into tears 1

**école** *f.* school 1*

**___ secondaire** secondary school, high school 4

**écolier** *m.*, **écolière** *f.* schoolboy, schoolgirl 3

**économie** *f.* economy, economics 4

**économique** economic 4

**sciences ___s** economics 4

**économiste** *m.&f.* economist 4

**écorcher** to scratch, to graze 2

**écouter** to listen to 1*

**écran** *m.* screen 2*

**écrasant, -e** overwhelming, overpowering 4

**Il fait une chaleur ___e.** It is unbearably hot. The heat is overpowering. 4

**écrémer** to cream off the best from 4

**écrire** to write 1

**écriture** *f.* (hand)writing 1

**écrivain** *m.* writer 1*

**écureuil** *m.* squirrel 3

**écurie** *f.* stable 4

**édifice** *m.* edifice, building 1

**éditeur** *m.*, **éditrice** *f.* publisher; editor LS

**édition** *f.* edition; publishing LS

**___ de poche** paperback edition 2

**maison d'___** publishing house LS

**éducation** *f.* education, training 1

**faire l'___ de** to educate, to instruct 1

**effarement** *m.* alarm, trepidation 2

**effarer** to alarm 2

**effectuer** to carry out, to perform LS

**effet** *m.* effect 2

**en ___** indeed, in reality, in fact 3

**effeuillé, -e** bare of leaves 2

**efficace** effective 2*

**efficacité** *f.* effectiveness, efficiency 4

**effigie** *f.* effigy 2

**à l'___ de** bearing the effigy of 2

**égal, -e** equal 3

**Ça m'est ___.** I don't mind. I don't care. 3*

**également** equally, also, too 1

**égaliser** to equalize, to make equal 3

**église** *f.* church 1*

**égrener** to ask one by one 4

**élection** *f.* election 4

**électricien** *m.*, **électricienne** *f.* electrician 2

**électricité** *f.* electricity 2

**électronique** *f.* electronics 4

**élément** *m.* element, component 1

**élémentaire** elementary 4

**élevage** *m.* breeding, rearing 2

**élève** *m.&f.* pupil 1

**élever** to go up, to be put up, to erect 2; to bring up, to raise 4*

**éliminer** to eliminate 1

**éloigné, -e** distant, far-off, remote 4

*s'***éloigner (de)** to go away (from), to withdraw (from) 2

**embarras** *m.* difficulty, fuss, distress 1

**avoir l'___ du choix** to have too great a choice 2

**embaucher** to hire 4

**embonpoint** *m.* stoutness 3

**embrasser** to embrace, to kiss 3*

**s'embrasser** to kiss (each other) 1
**émigrer** to emigrate 1
**éminent, -e** eminent, distinguished 4
**émission** *f.* program (TV, radio) 2*
___ **de télé** TV show 2
**emmener** to take 1A
**émotion** *f.* emotion 1
**empêcher** to prevent 1*
**emphatique** bombastic, pompous, grandiloquent 3
**emploi** *m.* job, employment; use, usage 1
**employé** *m.*, **employée** *f.* employee 2
**employer** to use 1
**employeur** *m.*, **employeuse** *f.* employer 4
**emporter** to carry off 1; to win LS
**emprunter (à)** to borrow (from) 1
**en** in, at, of, about, by, from, it (place, thing) 1
**énarque** *m.&f.* student or former student of the Ecole Nationale d'Administration 4
**enchantement** *m.* enchantment; delight LS
**enchanter** to enchant, to bewitch 2
**enclos** *m.* paddock, pen 2
**encombrer** to clutter (up), to encumber, to obstruct 4
**encore** still, yet 1; again; more 2
___ **loin** still a long way off 2
**pas** ___ not yet 1
**encourageant, -e** encouraging 4
**endormi, -e** sluggish, numb; asleep 2
**endormir** to put (send) to sleep 1
**s'endormir** to fall asleep 1*
**endosser** to put on 2
**endroit** *m.* place, spot 1*
**enfance** *f.* childhood 1
**enfant** *m.&f.* child 1*
**garder un** ___ to baby-sit 1
**enfantin, -e** childish 3
**enfer** *m.* hell 4

**enfermer** to lock up, to shut up 4
**enfiler** to slip on, to put on 2
**enfin** at last, finally 1*
**enflé, -e** swollen 4
**enfouir** to bury in, to bury under 4
**engagé, -e (dans)** engaged (in), involved (in) LS
**enlever** to remove, to take off 1
**ennemi** *m.*, **ennemie** *f.* enemy 2
**ennui** *m.* trouble, worry LS*
**avoir des** ___**s** to be troubled, to have worries LS
**ennuyer** to bore LS
**s'ennuyer** to be bored LS*
**ennuyeux, ennuyeuse** boring 4
**énoncer** to express, to set forth 2
**énorme** enormous, huge 1*
**enquête** *f.* inquiry, inquest, investigation 3, study 4A
**enragé, -e** furious 2
**s'enrhumer** to catch (a) cold 1*
**enrichir** to enrich 4
**s'enrichir** to be enriched; to get or grow rich 4
**enseignant** *m.*, **enseignante** *f.* teacher 4
**enseignement** *m.* education 4
**enseigner** to teach 1
**ensemble** together 1*
**ensemble** *m.* whole, set 1*
**dans l'**___ on the whole, by and large 4
**ensoleillé, -e** sunny, brightened up LS
**ensuite** next, then 1*
**s'ensuivre** to follow, to ensue LS
**entendre** to hear, to listen to 1*
**s'entendre** to get along, to agree 3A
**enterrer** to bury 4
**enthousiasme** *m.* enthusiasm 2
**entier, entière** entire, whole LS
**entièrement** entirely 4
**entourer** to surround 4
**s'entourer de** to surround or shroud oneself with 2
**entracte** *m.* intermission LS
**entre** between, in 1
**entreprise** *f.* undertaking, venture, enterprise 4

**entrer** to enter 1
**entretien** *m.* discussion, conversation, meeting, interview 4A
**entrevue** *f.* interview 4
**énumération** *f.* enumeration, listing 2
**énumérer** to enumerate, to list 4
**envahir** to invade, to overrun 1
**envers** towards 1
**envie** *f.* envy, wish, desire 3
**avoir** ___ **de** to want to, to feel like 3*
**environ** about, nearly 4
**environs** *m. pl.* surroundings 2
**envisager** to consider, to contemplate, to envisage 4
**envoyé** *m.*, **envoyée** *f.* messenger 2
**envoyer** to send 1
**épais, épaisse** thick, heavy 1
**épargner** to spare 4A
**épars, -e** scattered LS
**épaule** *f.* shoulder LS*
**hausser les** ___**s** to shrug one's shoulders LS*
**épicerie** *f.* grocery store 4*
**épinard** *m.* spinach 2
**épisode** *m.* episode 1
**époque** *f.* time 1; era, epoch 2
**à cette** ___-**là** in that era, at that time 2
**à l'**___ **de** in the era of, at the time of 1
**épouser** to marry 3*
**époux** *m.*, **épouse** *f.* husband, wife, spouse 3
**épreuve** *f.* ordeal, trial, hardship 3
**à l'**___ to the test 1
**éprouver** to meet with, to experience, to feel 1*
**équipe** *f.* team 1*
**équivalent** *m.* equivalent LS
**érable** *m.* maple, maple tree 2
**errer** to wander, to roam 3*
**escalier** *m.* staircase, stairs 2*
**esclavage** *m.* slavery, bondage 4
**esclave** *m.&f.* slave LS
**escompter** to expect, to count on 2

**espace** *m.* space 2*

**espagnol** *m.* Spanish (language) 2

**espérance** *f.* hope, expectation(s) 1
___ **de vie** life expectancy 1

**espérer** to hope 1

**espoir** *m.* hope 4*

**esprit** *m.* spirit, mind, character, intellect 1*

**Esquimau** *m.*, **Esquimaude** *f.* (*pl.* **Esquimaux**) Eskimo 2

**essayer** to try 1

**essence** *f.* essential oil (plant); essence 2; gas LS

**essentiel** *m.* the main thing LS

**essouffler** to make breathless 4

*s'***essouffler** to exhaust oneself 4

**estimer** to estimate 1; to value 4

**estomac** *m.* stomach LS
**brûlements d'___** heartburn (Fr. Can.) LS
**brûlures à l'___** heartburn LS

**et** and 1

**étable** *f.* stable 2

**établir** to establish 1

*s'***établir** to develop; to settle 1

**établissement** *m.* establishment 4

**étage** *m.* floor, storey 2
**à deux ___s** two-storied (house, etc.) 2

**étape** *f.* stage 1

**état** *m.* state 2

**Etats-Unis** *m. pl.* United States LS

**été** *m.* summer 1*

**éteindre** to put out, to extinguish 1*

**étendre** to stretch out 4

**étendue** *f.* extent, scope, range 4A

**éternel, éternelle** eternal 4

**éthiopien, éthiopienne** Ethiopian 2

**étonnant, -e** surprising 1*

**étonner** to surprise, to amaze, to astonish 1

*s'***étonner** to be amazed, to wonder, to marvel 1*

**étrange** strange, foreign 1*

**étrangement** strangely LS

**étranger, étrangère** foreign 4*

**étranger** *m.* foreign country LS
**à l'___** abroad LS

**étranger** *m.*, **étrangère** *f.* stranger 4

**être** *m.* being, person 2

**être** to be 1
**Ça m'est égal.** I don't mind. I don't care. 3*
**c'est-à-dire** that is (to say) 1
**C'est dommage que** It's a shame that, It's a pity that 1*
**en ___ à** to be at, to have reached LS
**en ___ la preuve** to prove it 3
**___ à + l'infinitif** to be busy doing something 3
**___ à l'aise** to feel at ease 1*
**___ atteint, -e de** to be suffering from 1
**___ en train de** to be in the process of 2
**___ habitué à quelque chose** to be used to something 3
**___ lié(e) avec quelqu'un** to be bound to someone by friendship 3
**___ question de** to be about 1
**___ sur le point de** to be (just) about to, to be on the point of 1
**Il n'en est pas question!** There's no question of it! 3
**pour ce qui est de** as for LS

**étrenne** *f.* New Year's gift 2

**étroit, -e** narrow, limited, tight; close 3*

**étude** *f.* study 3; office; inquiry 4

**étudiant** *m.*, **étudiante** *f.* student 1*

**étudier** to study 1*

**européen, européenne** European 2

**évaluer (à)** to assess (at), to value (at), to evaluate (at) 4

**Evangile** *m.* New Testament 1

**éveiller** to awaken, to waken, to arouse; to kindle 3

**événement** *m.* event 1

**évidemment** obviously 3

**évident, -e** obvious, evident 2

**éviter** to avoid 2

**évoluer** to evolve, to develop, to advance 4

**évoquer** to recall, to call up, to evoke 1

**exactement** exactly 3

**exagérer** to exaggerate 4

**exaltation** *f.* intense excitement 1

**examen** *m.* exam 2*
**réussir à l'___** to pass the exam 1*

**examiner** to examine 2

**exaucer** to grant, to answer 2

**exceptionnel, exceptionnelle** exceptional 4

**exceptionnellement** exceptionally, in this particular instance 4

**exclusivement** exclusively LS

**exécuter** to execute, to carry out 4

**exemple** *m.* example 1

**exercer** to exercise, to exert 2; to practise 3

**exercice** *m.* exercise 1

**exigeant, -e** demanding 3*

**exigence** *f.* demand, requirement 3

**exiger** to demand, to require 1

**exister** to exist 2

**exotique** exotic 1

**expédier** to send 4

**expérience** *f.* experience 1
**faire l'___ de quelque chose** to experience something 1

**explétif** *m.* expletive (used to fill out a sentence for rhythm, etc.) 1

**explication** *f.* explanation 1

**expliquer** to explain 1

**exposé** *m.* talk 1
**faire un ___** to give a talk 1

**exposition** *f.* display 1*; exposition 4

**express** *m.* fast train 4

**exprimer** to express 1

**extérieur** *m.* exterior 4
**à l'___ de** outside of 4

**exterminer** to exterminate, to wipe out 2

**extrait** *m.* excerpt, selection 3

**extraordinaire** extraordinary 1

**extraterrestre** *m.* extra-
terrestrial 4*

**extrêmement** extremely 2

**fabrication** *f.* making 3

**fabriquer** to make, to
manufacture 1

**face** *f.* face, front, façade 1

____ **à** faced with, in the face of 1

**fâché, -e** angry 1

*se* **fâcher** to become angry 1*

**facile** easy 1

**facilement** easily 2

**façon** *f.* way, manner 1

**de la même** ____ in the same way,
manner 1

**de quelle** ____ how, in what
way 3

**facteur** *m.* factor, element 4

**facture** *f.* bill, invoice 2

**faculté** *f.* faculty 2

**faible** weak 1*

**faiblesse** *f.* weakness 3

**faim** *f.* hunger 1

**avoir** ____ to be hungry 2*

**faire** to do, to make 1*

____ **appel à** to call on, to resort
to 1

____ **des armes** to fence 2

____ **attention** to pay
attention 1*

____ **beau** to be nice (weather) 1*

____ **du bricolage** to tinker about,
to do-it-yourself 1

____ **du bruit** to make a noise 2

____ **du camping** to go
camping 1

**Il fait une chaleur écrasante.** It
is unbearably hot. The heat is
overpowering. 4

____ **la chasse à** to hunt down or
track down 2

____**du cheval** to ride a horse 2

____ **des commissions** to do some
shopping, to run errands (Fr.
Can.) LS

____ **la connaissance de quelqu'un**
to meet someone, to make
someone's acquaintance 2

____ **des courses** to do some
shopping LS

____ **la cuisine** to cook 1*

____ **l'éducation de** to educate, to
instruct 1

____ **un effort (pour)** to make a
great effort (to) 1

____ **l'expérience de quelque
chose** to experience
something 1

____ **un exposé** to give a talk 1

____ **une faute** to make a
mistake 1

____ **froid** to be cold
(weather) 1*

____ **du jogging** to jog 2

____ **la liste de** to make out a list
of, to list 1

____ **du mal (à)** to harm, to do
harm (to) 2

____ **marcher quelqu'un** to pull
someone's leg; to lead someone
up the garden path 3

____ **le ménage** to do (the)
housework 1

____ **mention de** to mention, to
make mention of 2

____ **de son mieux** to do one's
best, the best one can LS

____ **mine de** to look as if, to act as
if LS

____ **naufrage** to be wrecked LS

____ **partie de** to be part of, to
belong to 1*

____ **un pique-nique** to go on a
picnic, to have a picnic 3*

____ **plaisir à quelqu'un** to please
somebody 3

____ **le premier pas** to make the
first move 3

____ **preuve (de)** to show, to
prove 4

____ **remarquer à** to point out to,
to draw attention to 1

____ **une réponse** to give an
answer 1

____ **des rêves** to dream, to have
dreams 2

____ **semblant de** to pretend
to LS

____ **du ski** to ski 1

____ **du ski de fond** to
cross-country ski 1

____ **(du) soleil** to be sunny 1*

____ **du sport** to be active in
sports LS

____ **un tour** to go for a short walk
or stroll LS

____ **le tour du monde** to go
round the world 1

____ **trembler de peur** to make
someone shiver or tremble with
fear 3

____ **la vaisselle** to do the
dishes 1*

*se* ____ **une idée (de)** to get some
idea, to have an idea (of) 4

*se* ____ **violence** to force
oneself 3

**fait** *m.* fact 4

**falloir** to be necessary, must, to
have to 1*

**fameux, fameuse** famous 2

**familial, -e** pertaining to family,
domestic 3

**familier, familière** familiar 2

**famille** *f.* family 1

**fané, -e** wilted LS

**fantastique** fantastic 4

**farine** *f.* flour 3

**fatigué, -e** tired 1*

**faubourg** *m.* suburb 4

**faute** *f.* fault, error 1*

**faire une** ____ to make a
mistake 1

**fauteuil** *m.* armchair 4*

**faux, fausse** false 1

**favorablement** favourably 2

**favori, favorite** favourite 2

**fédération** *f.* federation 3

**fée** *f.* fairy 2

**conte de** ____ fairy tale 1

**feindre** to pretend LS

**féliciter** to congratulate 1

**féminin, -e** feminine 3

**féminisme** *m.* feminism 3

**femme** *f.* woman, wife 1

____ **de ménage** domestic help,
cleaning lady 2

**fenêtre** *f.* window 1

**féodal, -e** feudal 3
**fer** *m.* iron 2
  **tourner le ___ dans la plaie** to twist the knife in the wound 2
**fermer** to close 1
**fermier** *m.*, **fermière** *f.* farmer 4
**fest-noz** *m.* an evening celebration in Brittany 1
**fête** *f.* feast, holiday, celebration 1
**feu** *m.* fire, light 1
  **___ de camp** campfire 1
  **en ___** on fire 1
  **prendre ___** to catch fire 1
**feuille** *f.* sheet, page 1; leaf 2
**fichu** *m.* (head) scarf LS
**fidèle** faithful, loyal 3*
**fier, fière** proud 1*
**fièrement** proudly LS
**figuré, -e** figurative 4
**figurer** to represent, to show 3
*se* **figurer** to imagine 3A
**fil** *m.* thread; wire; string 3A
  **au bout du ___** on the other end of the line LS
  **mince (maigre) comme un ___** as thin as a rake 3
**fille** *f.* girl 1; daughter 2
  **nom de jeune ___** maiden name 3
**fillette** *f.* little girl 3
**film** *m.* film (cinema) 3; film (camera) (Fr. Can.) LS
  **passer un ___** to show a film or a movie 4
**fils** *m.* son 1*
**fin, -e** fine 1
**fin** *f.* end 1*
  **mettre ___ à** to put an end to, to end 2
**finalement** finally 4
**financier, financière** financial 3
**finir** to finish 1*
**flamant** *m.* flamingo 3
**fléchir** to give ground, to yield 2
**fleur** *f.* flower 1
**fleurir** to flourish, to prosper, to thrive 1
**fleuriste** *m.&f.* florist 3A
**fleuve** *m.* river 2
  **(le) long du ___** (all) along the river 2

**Floride** *f.* Florida 1
**flûte** *f.* flute 1
**foetus** *m.* foetus, fetus 1
**fois** *f.* time 1*
  **à la ___** at once, at the same time 1
**folklorique** folk 1
  **danse ___** folk dance 1
**foncé, -e** dark 1
  **brun ___** dark brown 1
**foncer** to make darker 1
**fonction** *f.* function 2
**fonctionnaire** *m.&f.* civil servant 4
**fonctionner** to function, to work 1*
**fond** *m.* bottom, back, far end; core, root, background LS
  **faire du ski de ___** to cross-country ski 1
**fondamental, -e** fundamental LS
**fondation** *f.* foundation 3
**fonder** to found, to establish, to create 3
**football** *m.* football (Fr. Can.); soccer (France) 1
**force** *f.* strength, force 2
  **à ___ de** by means of 2
**forcément** inevitably 1
**forcer** to force 2
*se* **forcer** to make an effort, to force oneself 2
**forêt** *f.* forest 1*
**formalité** *f.* formality LS
**formation** *f.* training 4
**forme** *f.* form 1*
  **en ___** in shape 3
**former** to form 1
*se* **former** to form, to develop 1
**formulaire** *m.* form 4
**formule** *f.* form 1; formula 3
**formuler** to formulate, to express 4
**fort, -e** strong 1*
**fort** loudly 1; exceedingly 2*; hard, forcibly 3*
**forteresse** *f.* fortress, stronghold 1
**fortifier** to strengthen, to fortify 2
**fou, folle** crazy 2
  **___ de rage** to be mad with rage, to be in a furious rage 2

**rendre ___** to drive one mad, crazy 2
**fouet** *m.* whip LS
**fouiller** to search, to go through, to rummage 3
**fouinard** *m.&f.* Nosey Parker, snooper 4
**foulard** *m.* (head) scarf; (long) scarf LS
**foule** *f.* crowd; mob 4*
**fourmi** *f.* ant 3
**fournir** to supply, to provide 1, 3A
**français, -e** French 1
  **à la ___e** in the French fashion 4
**Français** *m.*, **Française** *f.* French man, French woman 2
**français** *m.* French (language) 1
**francophone** *m.&f., & adj.* French speaker; French speaking LS
**frappé, -e** iced, well chilled LS
**frapper** to knock, to hit 1*, to slap LS
**___ à la joue** to slap in the face LS
**___ de mort** to strike dead 2
**frémir** to quiver, to tremble, to shiver LS
**fréquenter** to frequent 3
**frère** *m.* brother 1
**frigo** *m.* fridge, refrigerator 1
**frisson** *m.* shiver 1
**frit, -e** fried LS
  **patates ___es** French fries (Fr. Can.) LS
  **pommes ___es** French fries LS
**frites** *f. pl.* chips, fries 3
**froid, -e** cold 3*
  **bien ___** iced, well chilled (Fr. Can.) LS
  **faire ___** to be cold (weather) 1*
**froid** *m.* cold, coolness 1
**froidement** coldly; coolly LS
**froidure** *f.* coldness 2*
**fromage** *m.* cheese 1
**frondaison** *f.* foliage 2
**front** *m.* forehead 1*
**frotter** to rub 2A
**froufrou** *m.* lingerie (Fr. Can.); rustle LS
**fruit** *m.* fruit; profit

**\_\_\_s de mer** seafood 1*
**fuite** *f.* flight 2
   **prendre la \_\_\_** to take flight, to take to one's heels 2
**fumée** *f.* smoke 1
**fumer** to smoke 2*
**furieux, furieuse** furious 1*
**fusée** *f.* rocket, spaceship 2*
**fusil** *m.* rifle, gun 2*
   **coup de \_\_\_** (rifle) gunshot 2

**gagnant** *m.*, **gagnante** *f.* winner 4
**gagner** to win, to earn 1*
   **\_\_\_ à la loterie** to win the lottery 2
   **\_\_\_ la vie** to earn a living 1
**gai, -e** cheerful, gay, happy 2
**galerie** *f.* gallery 2
**galette** *f.* pancake 1
**gallois, -e** Welsh 1
**galop** *m.* gallop 2
   **au \_\_\_** at a gallop 2
**galoper** to gallop, to run 3
**gant** *m.* glove 1*
**garçon** *m.* boy 1
**garçonnet** *m.* small boy 3
**garde** *f.* watch, care, custody, guard 1
   **En \_\_\_!** On guard! (fencing term) 1
**garder** to look after, to mind; to keep 1
   **\_\_\_ un enfant** to baby-sit 1
**gardian** *m.* herdsman (in the Camargue) 3
**gardien** *m.*, **gardienne** *f.* guard, protector; babysitter 1
**gare** *f.* railway station 1*
**gâté, -e** spoiled 3*
**gâteau** *m.* (*pl.* **gâteaux**) cake 1
**gâter** to ruin, to spoil LS
*se* **gâter** to take a turn for the worse LS
**gauche** left 2
   **à \_\_\_** on the left, to the left, on the left-hand side 3
**gazeux, gazeuse** fizzy, carbonated LS
**gazoline** *f.* gas (Fr. Can.) LS

**gazon** *m.* lawn; grass 4
**geler** to freeze 2
**gênant, -e** irritating LS
**général, -e** general 4
**général** *m.* (*pl.* **généraux**) general 1
**généralement** generally 4
**génération** *f.* generation 4
**génie** *m.* genius 2; engineering 4A
**genre** *m.* type, kind 2
**gens** *m.&f. pl.* people 1*
**gentil, gentille** kind, nice 1
**gentilhomme** *m.* (*pl.* **gentils-hommes**) gentleman 2
**gentillesse** *f.* amiability, kindness 4
**géographie** *f.* geography 2*
**géographique** geographic(al) 4
**géométrie** *f.* geometry 1
**géophysique** *f.* geophysics 4
**gérant** *m.* manager 2
**gérer** to manage, to administer, to control 4
**germanique** Germanic 3
**geste** *m.* gesture LS
**gifler** to slap LS
**gigot** *m.* leg of mutton, lamb 2
**gilet** *m.* vest; undershirt (Fr. Can.) LS
   **\_\_\_ de sauvetage** life jacket 1
**glace** *f.* ice cream 2; ice 3; mirror 4
   **cube de \_\_\_** ice cube (Fr. Can.) LS
**glaçon** *m.* ice cube LS
**glande** *f.* gland 4
**gloire** *f.* glory 2
**glorieux, glorieuse** glorious 2
**golfe** *m.* gulf, bay 1
**gonfler** to swell, to puff out 4
**gorge** *f.* throat LS
   **rire à \_\_\_ déployée** to roar with laughter LS
**gorgée** *f.* mouthful 2
**gorger (de)** to fill, to stuff (with) 3
*se* **gorger (de)** to gorge oneself (with), to stuff oneself (with) 3
**goût** *m.* (sense of) taste 1; liking (for), taste 2

   **chacun à son \_\_\_** to each his own 2*
**goûter** to taste, to try 3
**gouvernement** *m.* government 2
**gouvernemental, -e** governmental, pro-government 4
**gouverneur** *m.* governor 3
**grâce** *f.* grace
   **\_\_\_ à** thanks to 1
**grammatical, -e** grammatical 1
**grand, -e** big, great 1
   **en \_\_\_e partie** largely, in large part, mainly, for the most part 4
**grandeur** *f.* size, greatness 1
**grandir** to grow (up) 2*
**grand-mère** *f.* grandmother 4
**grange** *f.* barn 2
**gras, grasse** fatty; fat; greasy; thick 1
   **en caractères \_\_\_** in bold type 1
**gratte-ciel** *m. inv.* skyscraper 1
**grave** deep, low-pitched; serious, grave 1
**gravé, -e** engraved, carved LS
   **bois \_\_\_** woodcut LS
**gravement** gravely, seriously, solemnly LS
**gravité** *f.* gravity, seriousness 1
**grec, grecque** Greek 1
**grillé, -e** toasted 3
   **pain \_\_\_** toast 3
**grippe** *f.* flu, influenza 1
**gros, grosse** big, large 2
**grossir** to gain weight, to get fat 3*
**groupe** *m.* group 1*
**grouper** to group 1
**guêpe** *f.* wasp 1
**guêpe-guerrière** *f.* wasp warrior 1
**guerre** *f.* war 1
   **première \_\_\_ mondiale** World War 1 4
**guerrier, guerrière** *m.&f.*, & *adj.* warrior; warlike 1
**guitare** *f.* guitar 1*
**gymnase** *m.* gymnasium 3

**habile** clever, skilful 2A
**habiller** to dress 1
*s'***habiller** to get dressed 1*

**habitant** *m.*, **habitante** *f.*
inhabitant   3
**habiter**   to live   2
**habitude** *f.*   habit
d'___   usually   1
**habituel, habituelle**   habitual   2
**habituellement**   usually,
generally   2
**habituer ... à**   to accustom (someone)
to (something)
**être habitué à quelque chose**   to
be used to something   3
*__haine__ *f.*   hatred   2*
*__haineux, haineuse__   malevolent,
malicious   2
*__handicapé__ *m.*, **handicapée** *f.*
handicapped person   1
**harmonie** *f.*   harmony   1
___ **imitative**   onomatopoeia   1
*__hasard__ *m.*   chance, luck   2*
*__hâte__ *f.*   haste   2A; impatience   LS
**avoir ___ (de)**   to be anxious (to),
to be in a hurry (to)   LS
**sans ___**   unhurriedly   2
*__se hâter__   to hurry, to hasten   2A
*__hausser__   to raise, to lift, to
heighten   LS
___ **les épaules**   to shrug one's
shoulders   LS*
*__haut, -e__   high   1*
**à ___e voix**   aloud, out loud   1
*__haut__   loudly   3*
*__haut__ *m.*   height, top, summit   4*
*__hautbois__ *m.*   oboe   1A
**hélice** *f.*   helix, spiral   2
**herbe** *f.*   grass   1
**héritage** *m.*   inheritance   2
*__héron__ *m.*   heron   3
*__héros__ *m.*, **hëroïne** *f.*   hero,
heroine   4
**heure** *f.*   hour   1
**à l'___**   on time   3
**de bonne ___**   early   1
**vingt-quatre ___s sur vingt-
quatre**   round the clock, twenty-
four hours a day   2
**heureux, heureuse**   happy   1*
**hier**   yesterday   1*
**avant-___**   the day before
yesterday   1

**hirondelle** *f.*   swallow   3
**histoire** *f.*   story   1; history   2
**historique**   historical   2
**hiver** *m.*   winter   2*
**homme** *m.*   man   1*
___ **du monde**   cosmopolitan   LS
**honnête**   honest   3
**honnêteté** *f.*   honesty, fairness   4
*__honteux, honteuse__   ashamed   4
**hôpital** *m.* (*pl.* **hôpitaux**)
hospital   1
**horreur** *f.*   horror, dread   3
**avoir ___ de**   to loathe, to
detest   3
*__hors (de)__   outside (of), out (of)   3
**hôte** *m.*, **hôtesse** *f.*   host, hostess   3
**hôtel** *m.*   hotel   2
**maître d'___**   head waiter   LS
**humain, -e**   human   3
**humain** *m.*   human   1
**humanité** *f.*   humanity, man-
kind   LS
**humilité** *f.*   humility, humble-
ness   LS
**hurluberlu** *m.*   scatter-brain   LS
**hymne** *m.*   hymn, anthem   3

**ici**   here   1
**idéal, -e**   ideal   1
**idéaliser**   to idealize   LS
**idée** *f.*   idea   1, 3*
**rien qu'à l'___ de**   just at the idea
of, the very idea of   LS
**se faire une ___ (de)**   to get some
idea, to have an idea (of)   4
**idem**   the same, the same as that
previously mentioned   2
**identifier**   to identify   2
**île** *f.*   island   4*
**illustrer**   to illustrate   3
**il y a**   there is, there are   1
___ **sept ans**   seven years ago   4
**Qu'y a-t-il?**   What is it? What's
the matter?   3
**image** *f.*   picture   2; image   LS
**imaginaire**   imaginary   LS
**imaginatif, imaginative**
imaginative   1
**imaginer**   to imagine   2

**s'imaginer**   to think, to fancy
oneself, to suppose   2*
**imitatif, imitative**   imitative   1
**harmonie imitative**   onomatopoeia   1
**imiter**   to imitate   1
**immédiat, -e**   immediate   2
**immédiatement**   immediately   1
**immeuble** *m.*   building; apartment
building   2, 4A
**immigrer**   to immigrate   LS
**immortalité** *f.*   immortality   2
**immortel, immortelle**   im-
mortal   1
**impersonnel, impersonnelle**
impersonal   2
**impétueux, impétueuse**
impetuous, fiery   LS
**impoli, -e**   impolite   4
**importer**   to matter   3
**n'importe lequel de**   any (one)
of   2
**n'importe quoi**   no matter
what   3*
**imposer**   to impose, to force one's
ideas on someone   2
**s'imposer**   to be essential; to set
oneself a task   3
___ **de faire**   to make it a rule to
do   3
**impôt** *m.*   tax, taxes, taxation   3
**impressionniste**   impressionist(ic)   4
**imprimer (dans)**   to imprint (in,
on), to stamp (on), to print   1A
**inanimé, -e**   inanimate   4
**inapte**   incapable   4
**inattendu, -e**   unexpected   LS*
**inaugurer**   to unveil, to inaugurate,
to open   4
**incertitude** *f.*   uncertainty   1
**inclus, -e**   included   2
**incoercible**   irrepressible,
uncontrollable   3
**incommensurablement**   incom-
mensurably   LS
**incompatibilité** *f.*   incom-
patibility   3
**incompréhension** *f.*   lack of
understanding   LS
**inconnu, -e**   unknown   3

**inconnu** *m.*, **inconnue** *f.* stranger (Fr. Can.) LS

**incroyable** unbelievable, incredible 4

**indélicat, -e** indelicate, tactless, boorish 3

**indépendant, -e** independent LS

**indéterminé, -e** unspecified, indeterminate 2

**index** *m.* forefinger, index finger LS

**indice** *m.* indication, sign 4

**indien, indienne** Indian 1

**indigène** *m.&f., adj.* native, indigenous, local LS

**indiquer** to indicate, to show, to point out 1

**indiscret, indiscrète** indiscreet, inquisitive LS

**individu** *m.* individual 2

**industrie** *f.* industry 3

**inendurable** insufferable, unbearable 3

**infini, -e** infinite 1

**infini** *m.* (the) infinite 1
  **à l'___** without limit, endlessly 1

**infirmité** *f.* weakness, failing 3

**information** *f.* piece of news, news 1; information 4

**informatique** pertaining to computers 4

**informatique** *f.* computer science, data processing 4A

**informatiser** to computerize 4

**informel, informelle** informal 4

**informer** to inform 2

*s'***informer** to find out; to inform oneself 2

**ingénieur** *m.* engineer 4

**ingénieux, ingénieuse** clever 1

**ingrat, -e** ungrateful 3

**innombrable** innumerable, countless 3

**inquiet, inquiète** worried, anxious 2

*s'***inquiéter** to worry 1*

**inquiétude** *f.* anxiety 1

**insecte** *m.* insect 2
  **___s nuisibles** pests 2

**insensible** insensitive 2

**insistance** *f.* insistence 3

**insister** to insist 2

**insouciance** *f.* lack of concern, happy-go-lucky attitude LS

**inspirer** to inspire 2

**installer** to get settled, to settle 2; to set up 4

*s'***installer** to install oneself; to set oneself up; to settle in LS

**institut** *m.* institute 4

**instituteur** *m.*, **institutrice** *f.* primary school teacher 1*

**instruction** *f.* education; teaching 1

**instruire** to teach 1A

*s'***instruire** to become educated, to educate oneself 4

**insuffisance** *f.* insufficiency, shortage, inadequacy 4

**insuline** *f.* insulin 1

**insulter** to insult 2

**insurmontable** insurmountable 3

**intellectuel, intellectuelle** intellectual 4

**intensif, intensive** intensive 1

**intensité** *f.* intensity 1

**intéressant, -e** interesting 1

**intéresser** to interest 3

*s'***intéresser (à)** to take an interest (in) 3*

**intérêt** *m.* interest LS*

**intérieur, -e** inner, interior 1

**interprofessionnel, inter-professionnelle** inter-professional 4

**interroger** to question 1

**interurbain** *m.* the long-distance telephone service LS

**intime** private, intimate 1

**intituler** to call, to entitle 1

**intriguer** to intrigue, to puzzle 1

**introduire** to introduce 1

**inutile** useless 1

**invalide** *m.&f.* invalid 4

**inventer** to invent 1

**invité** *m.*, **invitée** *f.* guest 1

**inviter** to invite 1

**invulnérable** invulnerable 2

**ironique** ironic 3

**irréductible** insurmountable 3

**irrégulier, irrégulière** irregular 1

**isolé, -e** isolated 1

**issu, -e de** stemming from, descended from, born of LS

**Italie** *f.* Italy 2

**italien** *m.* Italian (language) 2

**ivresse** *f.* drunkenness, intoxication; exhilaration 1

**ivrogne** *m.&f.* drunkard LS

**jamais** never 1; ever 2
  **ne ... ___** never 1*

**jambe** *f.* leg 1

**japonais, -e** Japanese 2

**japonais** *m.* Japanese (language) 4

**japper** to yap, to yelp, to bark 4

**jardin** *m.* garden 2

**jarre** *f.* jar (earthenware) 3

**jasmin** *m.* jasmine 3

**jaune** *m.&adj.* yellow 1

**jeter** to throw, to fling, to hurl 1*; to utter, to let out (sound) 3

*se* **jeter** to throw oneself LS

**jeune** young 1
  **nom de ___ fille** maiden name 3

**jeunes** *m. pl.* young people 1

**jeunesse** *f.* youth 4

**joie** *f.* joy 2

**joindre** to join 2

**joli, -e** pretty 1

**joue** *f.* cheek LS
  **frapper à la ___** to slap in the face LS

**jouer** to play 1*
  **___ à ( + sport)** to play (a sport) 4*
  **___ de ( + instrument)** to play (an instrument) 1*
  **___ un rôle** to play a part 2

**jouet** *m.* toy 2

**joueur** *m.*, **joueuse** *f.* player 1

**jour** *m.* day 1
  **de nos ___s** nowadays 1
  **par ___** per day, a day 1
  **tous les huit ___s** every week 4
  **tous les ___s** every day 2

**journal** *m.* (*pl.* **journaux**) newspaper; diary, journal 1

**journalisme** *m.* journalism LS
**journée** *f.* day 1*
  **toute la ___** all day, the entire
  day 2
**joyeux, joyeuse** merry, cheerful 2
**juge** *m.* judge 4
**jugement** *m.* judgment 4
**juger** to judge, to consider, to
  decide, to weigh (a decision) 2
**juif, juive** Jewish LS
**Juif** *m.*, **Juive** *f.* Jewish person 3
**jupe** *f.* skirt 4
**jurer** to swear, to vow 3
**juridique** legal, juridical 4
**jus** *m.* juice 1
**jusqu'à** until, up to 1*
  **jusqu'au bout des ongles** to
  one's fingertips LS
**juste** just LS
**justement** precisely, exactly 3;
  rightly, justly, justifiably LS
**justifier** to justify 3

**là** there 1
  **ce ...-là** that 1
  **___-bas** over there, under there,
  down there 1*
  **___-dessus** about that, on that
  point; up there 1
  **à ce moment-___** (at) that point,
  (at) that time 2
**labeur** *m.* toil, labour 2
**lac** *m.* lake 3*
**laisser** to leave, to let, to allow 1*
  **se ___ aller** to let oneself go 3
  **___ tout tomber** to drop it, to
  give it up LS
**lait** *m.* milk 1
**lampe** *f.* lamp, light 4
**lampée** *f.* gulp 2
**lance** *f.* spear, lance 1
**lancer** to fling, to hurl, to give
  out LS*
**langage** *m.* language 4
**langouste** *f.* crawfish, crayfish 1
**langue** *f.* language 1*; tongue 2
  **au bout de la ___** on the tip of
  the tongue 1
**large** broad, wide, large 4*
  **voir ___** to think big 4

**larme** *f.* tear 1*
  **éclater en ___s** to burst into
  tears 1
**laver** to wash 2
  **machine à ___** washing
  machine 2
**laveuse** *f.* washing machine
  LS
**leçon** *f.* lesson 1
**lecteur** *m.*, **lectrice** *f.* reader 1
**lecture** *f.* reading 1
**légende** *f.* legend 1
**léger, légère** light 2
**légèrement** lightly, slightly 4
**légume** *m.* vegetable 2
**lendemain** *m.* the following
  day 2*
**lentement** slowly 1
**lequel, laquelle, lesquels, lesquelles**
  who, whom, which (one) 1
  **n'importe ___ de** any (one) of 2
**lettre** *f.* letter 1
  **les ___s** literature 4
**lever** to raise, to lift LS
*se* **lever** to get up, to rise 1*
**lèvre** *f.* lip 1*
  **rouge à ___s** lipstick 3
**lexique** *m.* vocabulary 1
**liaison** *f.* relationship,
  friendship LS
**libérer** to free, to liberate, to
  release LS
**liberté** *f.* freedom, liberty LS
**librairie** *f.* bookstore 3
**libre** free 2
**lien** *m.* connection, relationship,
  tie 3
  **le ___ étroit (entre)** the close
  relationship (between), the close
  connection (between) 3
**lier** to link, to connect, to fasten, to
  tie, to unite 3
  **être lié(e) avec quelqu'un** to be
  bound to someone by
  friendship 3
**lieu** *m.* place, spot 1
  **au ___ de** instead of 1
  **avoir ___** to take place 1
  **en tous ___x** everywhere 2

**lieue** *f.* league (a measure of
  distance) 2
**ligne** *f.* line 1
**limite** *f.* limit 1
**limiter** to limit 4
**linguistique** linguistic 2
**liqueur** *f.* liqueur; drink (Fr.
  Can.) LS
  **___ douce** soft drink (Fr.
  Can.) LS
**liquide** *m.* liquid 2
**lire** to read 1
**liste** *f.* list 1
  **___ des vins** wine list (Fr.
  Can.) LS
  **faire la ___ de** to make out a list
  of, to list 1
**lit** *m.* bed 1*
  **au ___** in bed 1
**littéraire** literary 2
**littérature** *f.* literature 1
**littoral, -e** coastal, littoral 3
**Lituanie** *f.* Lithuania LS
**livre** *f.* pound 2
**livre** *m.* book 1
**loger** to accommodate 4*
**logique** *f.* logic LS
**loi** *f.* law, rule 4*
**loin** far 2
  **au ___** in the distance, far off 2
  **encore ___** still a long way off 2
**lointain, -e** faraway, distant,
  remote 1
**loisir** *m.* leisure, spare time 4
**long, longue** long 1*
  **un ___ue distance** a long-distance
  phone call (Fr. Can.) LS
**long** *m.* length 2
  **(le) ___ du fleuve** (all) along the
  river 2
**longtemps** (for) a long time 2
**longueur** *f.* length LS
**lors (de)** at the time (of) 1, 4A
  **dès ___** from that moment, from
  then on 1
**lorsque** when 1*
**loterie** *f.* lottery 2
  **gagner à la ___** to win the
  lottery 2
**louer** to rent 2*

**loup** *m.* wolf 2

**loyer** *m.* rent 2

**luire** to gleam, to glow, to shine 3A

**lumière** *f.* light 1*

**lutter** to struggle, to fight 3

**luxe** *m.* wealth, luxury 2

**de** ___ luxury 3

**lycée** *m.* secondary school, high school (France) 4

**lycéen** *m.*, **lycéenne** *f.* high school student 4

**lyrisme** *m.* lyricism 3

**magasin** *m.* store 2

___ **à rayons** department store (Fr. Can.) LS

**magie** *f.* magic 1

**magnifique** magnificent 4

**maigre** thin, skinny; scanty, meagre 2*

**maigrir** to grow thinner, to get thinner, to lose weight 1*

**régime pour** ___ slimming diet 1

**main** *f.* hand 2

**(fait, -e) à la** ___ handmade 3

**maint, -e** a great many 2

**maintenant** now 1

**mairie** *f.* town hall, city hall 4

**mais** but 1

___ **alors** well then 1

**maison** *f.* house 1

___ **d'édition** publishing house LS

**maître** *m.*, **maîtresse** *f.* teacher 1*; master, mistress 3

___ **d'hôtel** head waiter LS

**maîtrise** *f.* master's degree 4

**majestueux, majestueuse** majestic 1

**mal** badly, not properly 2

**mal** *m.* (*pl.* **maux**) difficulty, trouble; pain, ache 1

**avoir** ___ **à** to hurt 2

**avoir** ___ **à comprendre** to have difficulty understanding 1

**avoir** ___ **aux dents** to have a toothache 2

**faire du** ___ **(à)** to harm, to do harm (to) 2

**malade** *m.&f. & adj.* sick; sick person 3

**maladie** *f.* sickness, disease 1

**malentendu** *m.* misunderstanding LS

**malgré** in spite of, despite 1*

**malheur** *m.* misfortune 2

**malheureusement** unfortunately 1

**malheureux, malheureuse** unfortunate, unhappy 1*

**malsain, -e** unhealthy 3A

**maman** *f.* mother, mum, mom 1

**manger** to eat 1

**donner à** ___ **à quelqu'un** to give somebody something to eat, to feed someone 2

**manière** *f.* manner, way 1*

**à sa** ___ in one's own way 1

**de** ___ **très précise** in a very precise manner 3

**manifestation** *f.* expression, outward sign, demonstration; revelation 3

**manifestement** manifestly, obviously 4

*se* **manifester** to make oneself known, to appear 2

**manoeuvrer** to manoeuvre, to operate, to work 3

**manque (de)** *m.* lack (of), shortage (of), need (of) 4

**manquer** to miss 1; to lack 3*; to be missing 4

___ **de** almost, just about LS

**manteau** *m.* (*pl.* **manteaux**) coat 1

**manuel, manuelle** manual 4

**manuscrit** *m.* manuscript LS

**maquillage** *m.* make-up 3*

**marchand** *m.*, **marchande** *f.* merchant, shopkeeper, tradesman LS

**marchandise** *f.* goods, merchandise 2

**marché** *m.* market 1*

**bon** ___ cheap, inexpensive 2*

**marcher** to walk 1; to work, to operate 2

**faire** ___ **quelqu'un** to pull someone's leg; to lead someone up the garden path 3

**mari** *m.* husband 1*

**mariage** *m.* marriage 2*

**marier** to marry 2

*se* **marier** to marry, to get married 3*

**marin** *m.* sailor 1

**marionnette** *f.* puppet 3

**marque** *f.* mark, sign 1

**marquer** to mark 2; to indicate 2*

**masculin, -e** masculine 3

**masquer** to hide, to conceal, to disguise LS

**match** *m.* game 1*

**matelas** *m.* mattress 2

**mathématiques** *f. pl.* mathematics 2*

**maths** *f. pl.* math 1

**matière** *f.* subject*; material, matter 1

**matin** *m.* morning 1*

**du** ___ in the morning 1

**maturité** *f.* maturity 4

**mauvais, -e** wrong; bad 1*

**mécanicien** *m.*, **mécanicienne** *f.* mechanic 2

**mécanisé, -e** mechanized 4

**méchant, -e** bad, naughty 1

**médecin** *m.* doctor 1*

**médecine** *f.* medicine 1

**média** *m. pl.* mass media 2

**médical, -e** medical 3

**médicament** *m.* medicine, drug 1

**médiéval, -e** medieval 1

**Méditerranée** *f.* the Mediterranean (Sea) 1

**médium** medium (meat) (Fr. Can.) LS

**méfait** *m.* wrongdoing; misdeed 3

*se* **méfier de** to mistrust, to distrust, to beware of, to be on one's guard against 4

**mégalithe** *m.* megalith, a huge stone 1

**mégaprojet** *m.* megaproject 4

**meilleur, -e** better, best 1*

**mélanger** to mix  1
*se* **mélanger** to mix  1
**mêlé, -e (de)** mingled (with)  2
**membre** *m.* member  2
**même** same, very same; even, also  1
  **de ___** the same, likewise  1
  **il en est de ___ pour** it is the same for  LS
  **de la ___ façon** in the same way, manner  1
  **en ___ temps** at the same time  2
**mémoire** *f.* memory, memoire, recollection  2
**menacer (de)** to threaten (to)  1*
**ménage** *m.* housekeeping  1*; married couple, household  3
  **faire le ___** to do (the) housework  1*
  **femme de ___** domestic help, cleaning lady  2
**ménager, ménagère** household, domestic  4
  **appareil ___** home appliance, household appliance  4
**mener (à)** to lead (to), to take  1*
**mentionner** to mention  2
**mentir** to lie  1*
**mépris** *m.* disdain  LS
**mépriser** to despise, to look down on  LS
**mer** *f.* sea, ocean  1*
  **fruits de ___** seafood  1*
**mère** *f.* mother  1
**mérite** *m.* merit, worth, quality  4
**mériter** to deserve  3*
**merveilleux, merveilleuse** marvelous, terrific  2
**mésaventure** *f.* misadventure, misfortune  3
**mesure** *f.* measurement  2
  **fait(e) sur ___** made-to-measure  LS
  **dans la ___ où** in as much as, in so far as  4
**mesurer** to measure  2*
**métal** *m.* metal  2
**méthode** *f.* method  4
**métier** *m.* trade, business, craft, profession  2*

**mètre** *m.* metre  1
**métro** *m.* subway  4
**mettre** to put on, to wear; to put, to place; to take  1*
  **___ à l'abri de** to shelter from, to protect from  4
  **___ à la poste** to mail, to post  3
  **___ bas** to give birth (animal)  2
  **___ en relief** to bring out, to accentuate  1
  **___ en vogue** to make fashionable  3
  **___ fin à** to put an end to, to end  2
  **___ vingt jours de voyage** to take twenty days to travel  1
*se* **mettre (à)** to begin, to start  2*
  **___ à la place de quelqu'un** to put oneself in someone's shoes  3
**meublé, -e** furnished  2
**meuble** *m.* piece of furniture  3*
**Mexique** *m.* Mexico  2
**midi** *m.* noon  1
**mieux** better, best  1*
  **Cela lui va ___.** That suits him/her better.  3
  **faire de son ___** to do one's best, the best one can  LS
**milieu** *m.* middle  2*
  **au ___ de** in the middle of  4*
**militaire** military  4
**milliard** *m.* thousand million, billion  4
**millier** *m.* around 1000  1*
  **des ___s (de)** thousands (of)  3*
**millionnaire** *m.&f.* millionaire  2
**mince** thin  2
  **___ (maigre) comme un fil** as thin as a rake  3
**mine** *f.* expression, look  2,
  **faire ___ de** to look as if, to act as if  LS
**ministre** *m.* minister  2
  **premier ___** Prime Minister  2
**minuit** *m.* midnight  1
**miraculeux, miraculeuse** miraculous, wonderful  1
**miroir** *m.* mirror  3
  **___ aux alouettes** decoy, lure,

mirror used to attract and trap birds  3
**mise** *f.* bet, gamble; putting, setting  3
**mitaine** *f.* mitten, mitt (Fr. Can.)  1
**mobilité** *f.* mobility  4
**mode** *f.* fashion, style  3
  **à la ___** in fashion  3
**modèle** *m.* model, example  2
**modération** *f.* moderation, restraint  2
**moderne** modern  1
**moderniser** to modernize, to bring up to date  1
**modifier** to modify  4
*se* **modifier** to alter, to be modified  4
**moindre** less, lesser  2A
  **le ___** the least, the slightest  2
**moindrement** in the least, in the slightest  2
  **sans le ___** without the slightest  2
**moine** *m.* monk, friar  1
**moins (de)** less (than)  1*
  **à ___ que** unless  1
  **le ___** (the) least  2
**mois** *m.* month  1
**moitié** *f.* half  4
**moment** *m.* moment  1; time  2
  **au ___ de** on the point of, at the time of  2
  **à ce ___-là** (at) that point, (at) that time  2
  **dès ce ___** from that (this) time  1
  **en ce ___** at the moment, at present, just now  3
  **le ___ où** the time when  1
**monde** *m.* world  1*
  **du ___** in the world, on earth  2
  **faire le tour du ___** to go round the world  1
  **homme du ___** cosmopolitan  LS
  **plus que tout au ___** more than anything (else) in the world  3
  **tout le ___** everyone  1
  **unique au ___** absolutely unique  LS

**mondial, -e** world-wide 4
  **la première guerre ___e** World
  War 1 4
**moniteur** *m.*, **monitrice** *f.*
  instructor, supervisor, counsellor 1
**monnaie** *f.* currency 2
  **en ___ courante** in standard
  currency 2
**monotone** monotonous LS
**montagne** *f.* mountain 1*
**monter** to go up 1
  **___ à cheval** to ride a horse 1
**montre** *f.* watch 1
**montréalais, -e** from Montreal 4
**montrer** to show 1
  **___ du doigt** to point to LS
*se* **montrer** to show oneself; to
  prove, to prove oneself (to be) 4
*se* **moquer (de)** to make fun
  (of) 3*
**moquerie** *f.* mockery LS
**morale** *f.* ethic, moral
  philosophy 2
**morceau** *m.* (*pl.* **morceaux**)
  piece 1
**mordicus** obstinately,
  stubbornly 4
**mordre** to bite LS
**mort** *m.*, **morte** *f.* dead man, dead
  woman 3
**mort** *f.* death 2
  **frapper de ___** to strike dead 2
**mortifier** to mortify LS
**mot** *m.* word 1
  **___s croisés** crosswords, cross-
  word puzzle(s) 4
**mot-clef** *m.* keyword LS
**motocyclette** *f.* motorcycle 1
**mouche** *f.* fly 1A
**mouillé, -e** wet, soaked 2*
**mourir** to die 1
**moustique** *m.* mosquito 3
**mouton** *m.* sheep 2
**mouvement** *m.* movement 2
**moyen, moyenne** medium 1
  **___ Age** (the) Middle Ages 2
**moyen** *m.* means, way 1
  **au ___de** by means of, with the
  help of 2
  **les ___s de** the means, the way to 1

**moyenne** *f.* average 4
**mufle** *m.* boor 3
*se* **multiplier** to multiply, to grow
  in number 1
**murmurer** to murmur 2
**musée** *m.* museum 2*
**musicien** *m.*, **musicienne** *f.*
  musician 1*
**musique** *f.* music 1*
  **instrument de ___** musical
  instrument 2
**mystère** *m.* mystery 2
**mystérieux, mystérieuse**
  mysterious, secretive 1
**mystifier** to mystify, to hoax 2

**nager** to swim 1
**naissance** *f.* birth 1*
**naître** to be born 1
**Napoléon** *m.* a former gold coin of
  France, equivalent to 20 francs 2
**narration** *f.* narration, narrative LS
**natation** *f.* swimming 1
**nationaliste** *m.&f.* nationalist LS
**naturel, -le** natural 3
**naturellement** naturally 1
**naufrage** *m.* wreck, ruin LS
  **faire ___** to be wrecked LS
**ne** no, not 1*
**nécessaire** necessary 1
**nécessairement** necessarily 1
**nécessité** *f.* necessity 1
**négliger** to neglect 3
**négocier** to negociate LS
**neige** *f.* snow 1
**neiger** to snow 3*
**nerveux, nerveuse** nervous 2
**net, nette** clear 4
**net** bluntly LS
  **couper quelqu'un ___** to cut
  someone off short (Fr. Can.) LS
**nettoyer** to clean 2
**neuf, neuve** new, original 1
**névrose** *f.* neurosis 2
**nez** *m.* nose 4
  **se casser le ___** to find no one
  in 4
**ni** nor, or 1
**ne ... ___ ... ___ ...** neither ...
  nor 1

**niche** *f.* doghouse; niche 3
**nid** *m.* nest 3
**niveau** *m.* level 4
**noce** *f.* wedding 2
**Noël** *m.* Christmas 1
  **le père ___** Santa Claus 1
**noir, -e** *m.&adj.* black 1
  **bête___e** person or thing feared,
  disliked or avoided 1
  **boîte___e** flight recorder, black
  box 1
  **trou___** black hole
  (astronomy) 1
**nom** *m.* name; noun 1*
  **___ de jeune fille** maiden
  name 3
**nombre** *m.* number 4
  **au ___ de** as one of 4
**nombreux, nombreuse**
  numerous 2
**nommer** to name, to call 1
**non** no, not 1
  **___ plus** neither 1
**nord** *m.&adj.* north 3*
**normalement** normally 4
**notaire** *m.* solicitor, notary
  (public) 4
**note** *f.* mark 1*; note, written
  observation or remark 1;
  bill (Fr. Can.) LS
**noter** to note 1
**nourrir** to nourish, to nurture 2
**nourriture** *f.* food 1*
**nouveau, nouvel, nouvelle,**
  **nouveaux, nouvelles** new 1
  **de ___** again 4*
  **nouvel an** New Year 2
**nouvelle** *f.* piece of news 1; short
  story 3
**nuage** *m.* cloud 1
**nuance** *f.* shade (of a colour, of
  meaning) 1
**nuée** *f.* thick cloud LS
**nuisible** harmful, injurious 2A
  **insectes ___s** pestes 2
**nuit** *f.* night 2*
  **toute la ___** all night 2
**nul, nulle** no, not any 1; no
  one 3

**ne ... __le part**  nowhere  1A
**__ ne ...**  no man (woman), no one  3
**ne ... __ ...**  no ... at all  3
**__ ... ne ...**  no ... (whatsoever)  3
**numéro** *m.*  number  1
   **__ de téléphone**  telephone number  1

**obéir**  to obey  2*
**obéissant, -e**  obedient  4
**obèse**  obese  3
**obésité** *f.*  obesity  3
**objet** *m.*  object  1
**obliger**  to oblige, to require  1
**obscurcir**  to obscure  1
**observer**  to observe, to watch  3
**obstination** *f.*  obstinacy, stubbornness  4
**obstinément**  obstinately, stubbornly  4
**obtenir**  to obtain  1
**obtention** *f.*  (action of) obtaining, achievement  4
**occasion** *f.*  occasion  2*
   **d'__**  secondhand  3
**occuper**  to occupy  3
**s'occuper de**  to look after  3*
**océan** *m.*  ocean  1
**odeur** *f.*  odour, smell  1
**odorat** *m.*  (sense of) smell  1
**oeil** *m.* (*pl.* **yeux**)  eye  1
**oeuvre** *m.*  work  1
**office** *m.*  office; bureau, agency  4
**officiel, officielle**  official  4
**offrir**  to offer  1*
**oiseau** *m.* (*pl.* **oiseaux**)  bird  2*
**olivier** *m.*  olive tree  3
**ombelle** *f.*  umbel (cluster of flowers with stalks of nearly equal length)  1
**ombre** *f.*  shade  1
**oméga** *m.*  omega (last letter of Greek alphabet)  1
**ongle** *m.*  fingernail  2
   **jusqu'au bout des __s**  to one's fingertips  LS
**onomatopée** *f.*  onomatopoeia  1
**opéra** *m.*  opera  4

**opératrice** *f.*  operator (Fr. Can.)  LS
**opérer**  to operate on  1
**opiniâtrement**  stubbornly, obstinately  4
**opticien** *m.*, **opticienne** *f.*  optician  4
   **__ d'ordonnances**  dispensing optician  4
**optimiste**  optimistic  2
**or** *m.*  gold  2*
**orage** *m.*  thunderstorm  4
**orangé, -e**  orange-coloured  1
**orateur** *m.*, **oratrice** *f.*  orator, speaker  4
**orchestre** *m.*  orchestra  1
**ordinateur** *m.*  computer  2*
**ordonnance** *f.*  prescription  4
   **opticien d'__s**  dispensing optician  4
**ordonner**  to order  1
**ordre** *m.*  order, command; type of association or group  1
   **de premier __**  first-rate  1
**organe** *m.*  organ  1
**organisation** *f.*  organization  4
**organiser**  to organize  2
**organisme** *m.*  organism  4
**orgue** *f.*  organ (musical instrument)  1*
**orientation** *f.*  orientating, orientation; directing  4
**orienter**  to orientate; to direct  4
**s'orienter**  to find one's bearings, to turn towards  4
**originalité** *f.*  originality  3
**origine** *f.*  origin  1
**orner**  to decorate  3
**oser**  to dare  1*
**ôter**  to take off, to remove  2*
**ou**  or  1
**où**  where  1; when  3
   **au temps __**  in the days when, at the time when  3
   **d'__**  whence; hence  4
   **le moment __**  the time when  1
   **__ que**  wherever  4
**oublier**  to forget  1*
**ouest** *m. & adj.*  west  1*
   **Allemagne de l'__**  West Germany  4

**ouïe** *f.*  hearing  1
**outre**  as well as, besides  4
**outré, -e**  exaggerated, overdone  3
**ouverture** *f.*  opening  4
**ouvrier** *m.*, **ouvrière** *f.*  worker  3
**ouvrir**  to open  1*
**s'ouvrir**  to open (up)  4

**pain** *m.*  bread; loaf  2*
   **__ grillé**  toast  3
**paire** *f.*  pair  2
**paisible**  peaceful, calm  1
**paix** *f.*  peace  1*
**palais** *m.*  palace  3
**panique** *f.*  panic  4
**pantalon** *m.*  (pair of) trousers, pants  2
**pantoufle** *f.*  slipper  LS
**pape** *m.*  pope  3
**papier** *m.*  paper  2
**paquet** *m.*  package  4
**par**  by  1
   **__ bonheur**  fortunately, luckily  LS
   **__ conséquent**  consequently  3
   **__ contre**  on the other hand  2
   **__ jour**  per day, a day  1
   **__ terre**  on the ground  2
**paradis** *m.*  paradise, heaven  1
**paragraphe** *m.*  paragraph  2
**paraître**  to appear  2
**parascolaire**  extracurricular  4
**parc** *m.*  park  2
**parce que**  because  1
**parcourir**  to cover, to travel  2
**parcours** *m.*  journey, route  4
**pardon** *m.*  pardon (religious festival)  1
**pardonner**  to forgive, to pardon  4
**pareil, pareille (à)**  the same, similar (to)  1; such (a), of the sort  2
**parent, -e** *m.&f.*  relative; (*m. pl.*) parents  1
**parenthèse** *f.*  parenthesis, bracket  1
**paresseux, paresseuse**  lazy  2*
**parfait, -e**  perfect  2
**parfaitement**  perfectly  3
**parfois**  sometimes, occasionally  1, 3A

**parfum** m. perfume 3
**parfumerie** f. perfumery 3
**parfumeur** m., **parfumeuse** f. perfumer 3
**parisien, parisienne** Parisian 1
**parlement** m. parliament 3
**parlementer** to argue things over, to parley LS
**parler (de)** to speak (about) 1
**parmi** among 1
**parole** f. word 1; speech 3
  **avoir la ___** to have the floor (right to speak) 3A
**part** f. share; part, portion 1
  **Dites-lui bonjour de ma ___.** Give him my regards. 1
  **ne ... nulle ___** nowhere 1A
**partager** to share 2*
**partenaire** m.&f. partner 2
**parterre** m. (flower)bed 4
**participe** m. participle 1
**participer** to participate 2
**particularité** f. particularity 1
**particulier, particulière** particular 2; private 4
  **en ___** in particular, especially 2
**particulièrement** particularly 3
**partie** f. part; party 1
  **en grande ___** largely, in large part, mainly, for the most part 4
  **faire ___ de** to be part of, to belong to 1*
**partiel, partielle** partial 4
  **à temps ___** part-time 4
**partiellement** partially, partly 1
**partir** to leave 1*
  **à ___ de** from 2
**partout** everywhere 1*
**parvenir (à)** to succeed (in); to reach 1A
**pas** not 1
  **ne ... ___** not 1*
**pas** m. footstep, step 2*
  **à vingt ___ de distance** at twenty paces away 2
  **faire le premier ___** to make the first move 3
**passant** m., **passante** f. passer-by 3

**passé, -e** m. & adj. last; past 1
**passer** to pass, to spend (time); to put someone through (telephone) 1; to show (a film) 4
  **___ pour** to be taken for LS
  **___ le premier** to go first 3
**se passer** to happen, to take place 1
  **___ de** to do without 4*
**passe-temps** m. pastime 4
**passif, passive** passive 3
**passionner** to fascinate LS
**pasteur** m. pastor, minister 1A
**patate** f. potato (Fr. Can.) LS
  **___s frites** French fries (Fr. Can.) LS
**patiemment** patiently LS
**pâtis** m. pasture 1
**pâtisserie** f. cake shop, confectioner's; pastry 3*
**patron** m. owner, boss 1
**pâture** f. pasture 1
**paume** f. palm 4
**pauvre** poor 1
**pauvre** m.&f. poor person; (m. pl.) the poor 2
**pauvrement** poorly 3
**pauvreté** f. poverty 2A
**payer** to pay (for) 1
**pays** m. country 1*
**paysage** m. landscape, scenery 3
**P.C.V.** m. collect phone call LS
**peau** f. (pl. **peaux**) skin 1*
**pêche** f. fishing 3
**pédagogique** pedagogical, educational 4
**peigne** m. comb LS*
**peigner** to comb 3
**se peigner** to comb one's hair 1*
**peindre** to paint 1*
**peine** f. sorrow, sadness 2*
  **à ___** hardly, scarcely 2
**peintre** m.&f painter 1A
**peinture** f. painting 1A
**pelle** f. shovel 3
  **remuer (de) l'argent à la ___** to handle (to have) a great deal of money 3
**pellicule** f. film (camera); (pl.) dandruff LS

**pelouse** f. grass, lawn 2
  **tondre la ___** to mow the grass 2
**penché, -e** tilted, leaned 2
**pendant** during, for 1
  **___ que** while 1
**pénétrer** to penetrate, to go through 3
**pénible** tedious; painful 2A; difficult LS
**péniblement** painfully, with difficulty 2A
**pénitent, -e** penitent, repentant 1
**pensée** f. thought 1*
**penser** to think 1*
  **___ à** to think about 3
  **___ de** to think of 1
**penseur** m. thinker 3
**pensif, pensive** pensive, thoughtful LS
**percher** to perch, to set high up 3
**perdre** to lose 1*
**se perdre** to get lost LS
**père** m. father 1
  **le ___ Noël** Santa Claus 1
**perfectionner** to improve, to perfect 1
**se perfectionner** to improve 1
**perfectionnisme** m. perfectionism 4
**péricliter** to collapse 3
**période** f. period 4
**périodique** m. periodical 2
**perle** f. pearl 3*
**permanence** f. office; study room 4
**permettre** to allow, to permit 1*
**se permettre(de)** to allow oneself (to), to take the liberty (to) LS
**permis** m. permit 4
  **___ de conduire** driver's licence 4
**perplexe** perplexed, confused, troubled 1
**personnalité** f. personality 3
**personne** f. personality 3
**personne** f. person 1; (pl.) people 2
  **___s âgées** the elderly, old people 1

**ne ... ___** no one  2*

**___ ne ...** no one  3

**ne ... personne d'autre** no one
else  3

**personnel, personnelle**
personal  2

**perspective** *f.* perspective;
prospect; viewpoint  4

**pessimiste** pessimistic  2

**peste** *f.* plague  3

**petit, -e** small, little  1

**___ à ___** little by little  3

**___ Chaperon Rouge** Little Red
Riding Hood  1

**___ déjeuner** breakfast  LS

**petit** *f.*, **petite** *f.* little one, little
(boy), little (girl)  2

**petit-enfant** *m.* (*pl.* **petits-enfants**)
grandchild  2

**petitesse** *f.* smallness, small size  1

**pétrole** *m.* oil, petroleum  4

**pétrolier, pétrolière** pertaining to
petroleum, oil  4

**peu** *m.* (a) little, (a) few  1

**un ___ de** a little, a bit of  3

**peu** little, not much

**à ___ près** nearly, about  2

**___ après** shortly after  2

**___ de** little, not much, not
many  2

**peuplé, -e (de)** inhabited, filled,
covered (with)  3

**peuple** *m.* people  2

**peur** *f.* fear  1

**avoir ___ (de)** to be afraid
(of)  2*

**avoir ___ que** to be afraid that  1

**de ___de** for fear of  1

**de ___que** for fear that  1

**faire trembler de ___** to make
someone shiver or tremble with
fear  3

**peut-être** perhaps  1*

**pharmacie** *f.* pharmacy  LS

**phénomène** *m.* phenomenon  4

**philosophe** *m.&f.* philosopher  2

**philosophie** *f.* philosophy  3

**photo** *f.* photograph  3

**photocopie** *f.* photocopy  4

**photographique** photographic  LS

**appareil ___** camera  LS

**phrase** *f.* sentence  1

**physique** physical  2

**physique** *f.* physics  4

**physique** *m.* physique, face  2

**pièce** *f.* coin; room  2*

**pied** *m.* foot  2

**à ___** on foot  3*

**de la tête aux ___s** from head to
toe  LS

**piège** *m.* trap, snare  3*

**pierre** *f.* stone  3

**pile** *f.* pile, stack  4

**pilon** *m.* pestle  LS

**pilote** *m.* pilot  3

**pilule** *f.* pill  1

**pin** *m.* pine (tree)  2

**pincement** *m.* pinching;
plucking  LS

**___ au coeur** lump in one's
throat  LS

**pionnier** *m.*, **pionnière** *f.*
pioneer  3

**pique-nique** *m.* picnic  3*

**faire un ___** to go on a picnic, to
have a picnic  3*

**piquer** to sting, to bite  3

**piraterie** *f.* piracy  3

**piste** *f.* track, tracks; trail, course;
(ski) run  4

**pistolet** *m.* pistol, gun  2

**coup de ___** pistol shot  2

**pittoresque** quaint, picturesque  3

**place** *f.* place, spot  1; square  4

**à la ___ de** in place of  3

**à votre ___** if I were you  4

**se mettre à la ___ de
quelqu'un** to put oneself in
someone's shoes  3

**placer** to place, to position, to put,
to set  1

*se* **placer** to take up a position; to
stand  2

**plafond** *m.* ceiling  LS*

**plage** *f.* beach  1

**plaie** *f.* wound, cut  2

**tourner le fer dans la ___** to
twist the knife in the wound  2

*se* **plaindre** to complain  2

**plaire** to please  2

**s'il te plaît** please  1

**s'il vous plaît** please  1

**plaisir** *m.* pleasure  3

**faire ___ à quelqu'un** to please
somebody  3

**plan** *m.* plan, groundwork, scheme,
project  3

**planche** *f.* plank, board  2

**planète** *f.* planet  4*

**planifier** to plan  2, 4A

**plante** *f.* plant  1

**planter** to plant, to put in  2

**plat** *m.* dish, tray  2

**plein, -e** full  1

**à ___ temps** full-time  4

**pleurer** to cry  1

**pleuvoir** to rain  1*

**plier** to bend  LS

**plonger** to plunge, to thrust  1*

**pluie** *f.* rain  1

**plupart** *f.* most, (the) greater part
or number  1*

**la ___ du temps** most of the
time  1

**pluriel** *m.* plural  1

**plus** more, most  1; plus, and  2

**avoir le ___ grand mal à** to have
great difficulty with  1

**de ___** besides  4

**en ___** besides  3

**ne ... ___** no longer, not any
more  1*

**non ___** neither  1

**___ de** more than  1

**___ ou moins** more or less  1

**___ que** more than  1

**___ que tout au monde** more
than anything (else) in the
world  3*

**plusieurs** several  1*

**plutôt** rather, instead  2

**poche** *f.* pocket  2

**argent de ___** pocket money;
allowance  2

**édition de ___** paperback
edition  2

**poêle** *m.* stove  2*

**poème** *m.* poem  1

**poésie** *f.* poetry  1

**poète** *m.* poet  1

**poids** *m.* weight 3*
**poilu, -e** hairy 1
**point** *m.* point 1*
  **à ce ___** to that extent, that much 3
  **cuit à ___** medium (meat) 2
  **être sur le ___ de** to be (just) about to, to be on the point of 1
  **ne ... ___** not any, not at all LS
**pointu, -e** narrow (minded); touchy, peevish 4
**poire** *f.* pear 3
**poisson** *m.* fish 1
**poli, -e** polite 2
**poliment** politely LS
**polir** to polish, to buff 2
**politesse** *f.* politeness, courtesy 4
**politique** political 2
**politique** *f.* politics 2
**polyvalent, -e** varied; various; versatile; high school in Quebec 4
**pomme** *f.* apple 2
  **___s frites** French fries LS
  **tarte aux ___s** apple pie 2
**pommier** *m.* apple tree LS
**pompe** *f.* pomp, splendor 2
**pompeux, pompeuse** pompous 3
**pont** *m.* bridge 2
**porc** *m.* pig 2
**porte** *f.* door 2
**portefeuille** *m.* wallet, billfold 3
**porter** to wear, to carry 1; to be about LS; to bear LS
  **___ sur** to be about, to concern, to focus on LS
**pose** *f.* hanging, putting up; pose, posture; exposure (film); pretention LS
**posément** calmly, unhurriedly 2
**poser** to ask, to pose (a question) 1; to submit (an application) 3
  **___ sa candidature** to apply for the job 3A
*se* **poser** to ask, to consider (a question) 1
**posséder** to possess, to own, to have 3
**possibilité** *f.* possibility 1
**poste** *m.* set 1; job, position 2*

**poste** *f.* post office 1
  **à la ___** in the mail 1
  **mettre à la ___** to mail, to post 3
  **___ de radio** radio (set) 1*
**postsecondaire** postsecondary 4
**postuler** to apply for, to put in for 4
**potelé, -e** plump, chubby 3A
**poterie** *f.* pottery 3
**pot-pourri** *m.* a mixture of everything 2
**pouce** *m.* thumb 1
**pouding** *m.* pudding 3
**poudre** *f.* powder 3
**pouffer (de rire)** to snicker LS
**poule** *f.* hen LS
**poulet** *m.* chicken 1
**pour** *m.* "pros," (arguments) for 1
**pour** for, to, in order to 1
  **___ ce qui est de** as for LS
  **___ que** so that, in order that 1
**pour cent** *m.* per cent 2
**pourpre** *adj. & m.* crimson, purple 1
**pourquoi** why 1
**poursuivre** to continue, to follow up, to pursue 3*
**pourtant** yet, nevertheless, however 1*
**pourvu, -e** endowed with, gifted with 3
  **___ que** provided that, let's hope that 1
**pousser** to push; to grow 3*
**pouvoir** *m.* power, force, influence 2*
**pouvoir** to be able to 1*
*se* **pouvoir** to be possible
  **il se peut que** it is possible that 1
**pratique** practical 4
**pratiquer** to practise 2
**précaire** precarious 1
**précédent, -e** preceding 2
**précéder** to precede 2
**précieux, précieuse** precious 1
**préciser** to specify 4
**précurseur** *m.* forerunner, precursor 2

**prédire** to predict 2*
**prédominer** to dominate; to prevail 4
**préférable** preferable, better 2
**préférablement** preferably 4
**préféré, -e** favourite 1
**préférence** *f.* preference 3
  **de ___** preferably 4
**préférer** to prefer 1
**prématuré, -e** premature 1
**premier, première** first 1*
  **de ___ ordre** first-rate 1
  **faire le ___ pas** to make the first move 3
  **___ ministre** Prime Minister 2
  **passer le ___** to go first 3
**prendre** to take 1*
  **___ congé (de quelqu'un)** to take one's leave (of someone) 3
  **___ une décision** to make a decision 1
  **___ la défense de** to stand up for (someone), to defend (someone) LS
  **___ feu** to catch fire 1
  **___ la fuite** to take flight, to take to one's heels 2
  **___ sa retraite** to retire (on a pension) 1*
*s'*y **prendre** to set about (doing) it; to manage it 1A
**prénom** *m.* Christian name, first name 4
*se* **préoccuper (de)** to be concerned (with), to worry (about) 1
**préparer** to prepare 1*
*se* **préparer (à)** to prepare oneself (for), to get ready (for) 1
**préposé** *m.,* **préposée** *f.* employee, attendant LS
**préposition** *f.* preposition 1
**près (de)** near 1
  **à peu ___** nearby, about 2
**présence** *f.* presence 2
**présent, -e** *m.&adj.* present LS
**présentation** *f.* presentation 4
**présenter (à)** to present, to introduce (someone to somebody) 1*

*se* **présenter**   to arise, to crop up   4
**préserver**   to preserve   1
**président** *m.*, **présidente** *f.*
   president   4
**presque**   almost   1*
**prêt, -e**   ready   4
**prétendre**   to claim, to maintain   4
**prêter**   to lend   1
**prétexte** *m.*   pretext, excuse   2
**prêtre** *m.*   priest   2
**preuve** *f.*   proof   3
   **en être la ___**   to prove it   3
   **faire ___ (de)**   to show, to
      prove   4
**prévoir**   to foresee   4
**prier**   to pray, to entreat, to
   beseech   2*
   **je vous prie**   I beg of you,
      please   LS
**prière** *f.*   prayer   2*
**primaire**   primary   1
**primer**   to prevail over, to take
   precedence over, to be of prime
   importance   4
**principalement**   principally,
   chiefly   3
**principe** *m.*   principle   3
**printemps** *m.*   spring   3
**prioritaire**   having priority   4
**prisme** *m.*   prism   1
**prisonnier** *m.*, **prisonnière** *f.*
   prisoner   2
**privé, -e**   private   LS
**priver (de)**   to deprive someone
   (of)   LS
**privilège** *m.*   privilege   2A
**privilégié, -e** *m.&f. & adj.*
   privileged, favoured   2
**prix** *m.*   prize   1
   **à tout ___**   at all costs, at any
      price   LS
**probablement**   probably   1*
**probant, -e**   convincing   4
**problème** *m.*   problem   1
**procédé** *m.*   process   3
**procéder**   to proceed   3
**prochain, -e**   next   1*
**prochain** *m.*   fellow man   2
**proche**   near, close   1

**procurer (quelque chose à
   quelqu'un)** to get or obtain
   (something for someone)   3
*se* **procurer**   to get, to obtain, to
   procure for oneself   LS
**prodige** *m.*   marvel, wonder   1
**production** *f.*   production;
   painting   LS
**produire**   to produce   2
**professeur** *m.*   teacher   1
**professionnel, professionnelle**
   professional   2
**profil** *m.*   profile   4
**profond, -e**   deep, profound   1
**programme** *m.*   program   4
**programmer**   to program   4
**progrès** *m.*   progress   1
**projet** *m.*   project   1; plan   4
**prolonger**   to prolong, to
   lengthen   2
**promenade** *f.*   walk, stroll   4*
**promener**   to take (somebody) for a
   walk   1
*se* **promener**   to go for a walk   3
**promesse** *f.*   promise   1*
   **tenir une ___**   to keep a
      promise   1
**promettre**   to promise   1*
**pronom** *m.*   pronoun   1
**prononcer**   to pronounce   4
   **___ un discours**   to make or
      deliver a speech   4
**propos** *m.* (*generally pl.*)   talk; (*pl.*)
   remarks
   **à ___**   incidentally, by the way   2
**proposer**   to propose, to suggest   1
**proposition** *f.*   clause   1
**propre**   own   1; clean   2
**propriétaire** *m.&f.*   owner   2
**prospective** *f.*   futurology   4
**protéger**   to protect   3
*se* **protéger**   to protect oneself, to
   defend oneself   3
**protestant** *m.*, **protestante** *f.*
   Protestant
**prouver**   to prove   3
**provenir (de)**   to come (from)   4
**proverbe** *m.*   proverb   4
**pseudonyme** *m.*   pen name,
   pseudonym   2

**psychiatre** *m.&f.*   psychiatrist   2
**psychologique**   psychological   3
**puanteur** *f.*   stink, stench   1
**public, publique**   public   4
**publicité** *f.*   advertising;
   advertisement; publicity   2
**publier**   to publish   3
**puis**   then   1*
**puisque**   since   1
**puissant, -e**   powerful   4*
**pull (pull-over)** *m.*   pullover,
   sweater   LS
**punition** *f.*   punishment; penalty   2
**pur, -e**   pure   1
**puritanisme** *m.*   puritanism   4
**pyjama** *m.*   pyjamas   1

**quai** *m.*   quay   1
**qualité** *f.*   quality   1
**quand**   when   1
**quant à**   with regard to, as for   1
**quarantaine** *f.*   about forty   2
**quart** *m.*   quarter   1
**quartier** *m.*   district, area, quarter,
   neighbourhood   4
**que**   that, which, what   1*;
   how (!)   1
   **ce ___**   that which, what   1
   **ne ... ___**   only   2*
   **___ de**   how many   1
**Québec** *m.*   province of Quebec   2
**québécois, -e**   Quebecker   2
**quel, quelle, quels, quelles**   what,
   which   1*
   **___ que**   whatever   4
**quelconque**   some, any   2A
**quelque**   some, any; (*pl.*) a
   few, some   1*
   **___ ... que ...**   however   4
**quelquefois**   sometimes,
   occasionally, at times   3
**quelqu'un**   someone, somebody;
   anyone, anybody   1
**quelques-uns, quelques-unes** *pl.*
   some, a few   2
**qu'est-ce que**   what   1
**qu'est-ce qui**   what   1
   **___ est arrivé?**   What
      happened?   1
**quête** *f.*   quest, pursuit, search   4

**en \_\_ de** in search of  4
**qui** who, whom, that, which  1*
  **ce \_\_** what, that which  1
  **\_\_ est à l'appareil?** Who's speaking?  2
  **\_\_ que** whoever  4
**quinzaine** *f.* about fifteen  LS
**quitter** to leave  1*
  **Ne quittez pas!** Hold the line! Hold on a moment!  LS
**quoi** what  1
  **ce à \_\_** (that) to which  LS
  **de \_\_** what  1
  **n'importe \_\_** no matter what  3*
  **\_\_ que** whatever  4
**quoique** although, though  1
**quotidien, quotidienne** daily  4

**se rabattre (sur)** to fall back (on), to make do (with)  4
**raconter** to tell, to recount  1*
**radical** *m.* root  1
**raffiné, -e** refined, sophisticated  3
**ragoût** *m.* stew  3
**raide** stiff  LS
**raison** *f.* reason  1
  **avoir \_\_** to be right  1*
  **en \_\_ de** because of, on the grounds of  4
**raisonnable** reasonable  3
**ramener (à)** to bring back (to), to revive  2
**rancune** *f.* grudge, rancour  3
**ranger** to arrange, to tidy up, to put in order  2
**rapide** *m.* express (train); rapid  1
**rapidité** *f.* speed, quickness  2
**rappeler** to evoke, to remind  1
**se rappeler** to recall, to remember  4*
**rapport** *m.* report  1*; relation  4*
  **avoir \_\_ à quelque chose** to bear some relation to something, to have something to do with something  4
  **par \_\_ à** in relation to  4
**rapporter** to bring back  LS
**rapprocher** to bring closer (together)  3

**rater** to miss  LS
**rattacher** to tie up, to join, to unite  4
**se rattacher (à)** to be related (to)  4
**ravir** to delight  1
**ravissant, -e** ravishing, beautiful  3A
**ravissement** *m.* rapture  1
**rayon** *m.* ray, beam  1; department, shelf  LS*
  **magasin à \_\_s** department store (Fr. Can.)  LS
**réaction** *f.* reaction  1
**réalisation** *f.* achievement  4
**réalisme** *m.* realism  4
**réaliste** realistic  LS
**réalité** *f.* reality  1
**récemment** recently  3
**récent, -e** recent, new  2
**réception** *f.* reception  3
**récession** *f.* recession  4
**recette** *f.* recipe  2
**recevoir** to receive, to get  1
**recherché, -e** sought-after  3
**recherche** *f.* research  1*
  **à la \_\_ de** in search of  1
**rechercher** to search for, to hunt for  3
**récit** *m.* story, narrative  LS
**réciter** to recite  2
**recommandation** *f.* recommendation  LS
**recommander** to recommend  1
**recommencer** to begin, to start again  3
**se réconcilier** to be (become) reconciled  1
**reconduire** to escort (someone back) home  3
**reconnaissant, -e** grateful  3A
**reconnaître** to recognize  1
**récréation** *f.* recreation
  **salle de \_\_** recreation room  2
**récrire** to rewrite  4
**recueil** *m.* collection, selection  2
**récupérer** to get back, to recover  2
**recyclage** *m.* reorientation, retraining  4
**recycler** to retrain  4

**rédaction** *f.* writing, drafting, drawing up; editing  4
**redevenir** to become again  3
**rédiger** to draw up, to draft; to edit  2
**réduire** to reduce, to cut (back)  2A
**refaire** to redo, to do again  2
**référence** *f.* reference  4
**réfléchi, -e** reflexive  1
**réfléchir** to reflect, to consider  1*
**réflexion** *f.* reflection, thought  LS
**réfrigérateur** *m.* refrigerator  LS
**refuser** to refuse  3
**regagner** to get back, to regain  1
**regard** *m.* look, glance, eye  2; sight  4
  **au \_\_ de** with regard to  4
**regarder** to look at, to watch  1
**se regarder** to look at each other  2
**régime** *m.* diet  1*
  **\_\_ pour maigrir** slimming diet  1
  **suivre un \_\_** to be on a diet  1
**région** *f.* region  1
**régional, -e** local, of the district  4
**règle** *f.* rule  3
**règne** *m.* reign  4
**regretter** to regret  1; to be sorry  LS
**regrouper** to gather together, to reassemble  LS
**régulier, régulière** regular  1
**reine** *f.* queen  1*
**reins** *m. pl.* (small of the) back, loins; (*sing.*) kidney  3
  **avoir les \_\_ solides** to be on a sound (financial) footing  3
**relater** to relate, to recount  LS
**relier** to join, to link together  1
**religieux, religieuse** religious  LS
**religieux** *m.* monk  1
**remarier** to remarry  3
**se remarier** to remarry, to marry again  3
**remarquable** remarkable  3
**remarquer** to notice, to remark  1*
  **faire \_\_ à** to point out to, to draw attention to  1
**remercier** to thank  1*

**remettre** to hand over 3
**remise** *f.* delivery 4
**remords** *m.* remorse 3A
**rempart** *m.* rampart 2
**remplacer** to replace 1
**remplir** to fill 2*; to carry out LS
**remuer** to move 3
    ___ **(de) l'argent à la pelle** to handle (to have) a great deal of money 3
**rémunérer** to pay 4
**renard** *m.* fox LS
**rencontre** *f.* meeting, encounter LS
**rencontrer** to encounter, to meet 1*
*se* **rencontrer** to meet, to meet each other, to meet with each other 3
**rendez-vous** *m.* meeting place; appointment 2
**rendre** to give back, to return, to hand in 1; to make (**rendre +** adj.) 2A
    **être rendu** to have arrived 2
    ___ **fou** to drive one mad, crazy 2
    ___ **visite à quelqu'un** to visit someone 1
*se* **rendre** to make oneself, to become LS*
    ___ **(à)** to go (to) 4*
    ___ **compte de** to realize 1*
    ___ **compte que** to realize that, to be aware that 1
**renommé, -e** celebrated, famous, renowned 4
**renoncer à** to give up LS
**renseignement** *m.* information 4
**renseigner** to inform 4
*se* **renseigner** to make inquiries, to ask for information 4
**rentrer** to return 1*
**renversé, -e** reversed LS
    **charges ___es** reversed charges (Fr. Can.) LS
**renverser** to knock over, to knock down, to overturn 1*
**renvoyer** to send back 4
**répandre** to spill, to spread, to scatter, to shed LS

**réparation** *f.* repairing, fixing, repair 2
**réparer** to repair 1
**repartir** to set off again 2
**repas** *m.* meal 1*
**repérer** to spot, to pick out, to find, to notice 4
**répéter** to repeat 1
**répétition** *f.* repetition 3
**répondre** to answer 1*
**réponse** *f.* answer 1
    **faire une ___** to give an answer 1
**reporter** to write out; to transfer 2
**repos** *m.* rest LS
    **salle de ___** rest room (Fr. Can.) LS
**reposant, -e** refreshing, relaxing 4
**reposer** to rest, to lie 4
*se* **reposer** to rest 2*
**repousser** to ward off, to drive back, to repel; to grow again LS
**reprendre** to resume LS
**représentation** *f.* representation LS
**représenter** to represent 1
*se* **représenter** to imagine 1
**réputation** *f.* reputation 3
**réseau** *m.* sector, network 4
**réserve** *f.* reserve 3
**réserver** to reserve, to put aside 2
**résidence** *f.* residence 2
**résoudre** to resolve, to solve 1*
**respecter** to respect 2
**responsabilité** *f.* responsibility 4
**responsable** *m.&f. & adj.* person in charge, responsible LS
**ressembler (à)** to look like, to resemble 1*
*se* **ressembler** to look like each other, to be alike LS
**ressentir** to feel LS
**ressortir** to go out again, to leave again, to come out again 4
**restaurer** to restore 3
**reste** *m.* rest, remainder 1
**rester** to stay, to remain 1*
**résultat** *m.* result 3
**résumé** *m.* summary, résumé LS
**retard** *m.* lateness 1*
    **en ___** late 1*

**retenir** to hold back, to keep LS
*se* **retenir** to restrain oneself, to stop oneself LS
**retenue** *f.* self-control (self-) restraint 2
**retirer** to take out 3
**retour** *m.* return 4
    **(être) de ___** (to be) back 4
**retourner** to return 2*
*se* **retourner** to turn around LS
**retracer** to relate, to recount 4
**retraite** *f.* retirement 1*; retreat 2
    **prendre sa ___** to retire (on a pension) 1*
**rétrécir** to shrink, to limit, to make smaller, narrower 4
**retrouver** to find (again); to meet (up with) again 1
**réunion** *f.* reunion 1; meeting 4
**réussir** to succeed 1*; to pass 1
    ___ **à l'examen** to pass the exam 1*
**réussite** *f.* success 2
**revaloriser** to promote again, to reassert the value of 4
**revanche** *f.* revenge 2
**rêve** *m.* dream 1*
    **faire des ___s** to dream, to have dreams 2
**réveille-matin** *m. inv.* alarm clock 2
**réveiller** to wake (someone) up, to awaken, to rouse 2*
*se* **réveiller** to wake up, to awaken 1*
**révéler** to reveal, to disclose 1
*se* **révéler** to reveal itself, to prove to be 4
**revenir** to return, to come back 1*
    **en ___ à** to come back to LS
    ___ **cher** to be expensive 4
    ___ **sur** to go back over 1
**rêver** to dream 2*
**rêverie** *f.* daydream 1
**révision** *f.* review 1
**revoir** to see again 1
**révolter** to revolt, to outrage LS
*se* **révolter** to revolt, to rebel, to rise up against LS

**révolution** *f.* revolution 4
**revue** *f.* magazine 2
**ricaner** to snicker, to giggle LS
**riche** rich 1
**riche** *m.&f.* rich person;
(*m. pl.*) the rich 2
**rictus** *m.* grimace 2
**en ___** in a grimace 2
**ride** *f.* wrinkle 1A
**rideau** *m.* (*pl.* **rideaux**) curtain 2*
**ridicule** ridiculous 4
**rien** nothing 1
**Il ne sert à rien.** It is of no use.
There is no point in it. 2
**ne ... ___** nothing 1*
**___ du tout** nothing at all 3
**___ qu'à l'idée de** just at the idea
of, the very idea of LS
**rigueur** *f.* harshness, severity,
rigour 3
**rimer** to rhyme LS
**rire** *m.* laugh 1; laughter 2
**riant à demi** half laughing LS
**___ à gorge déployée** to roar
with laughter LS
**pouffer de ___** to snicker LS
**risque** *m.* risk 2
**risquer** to risk 2
*se* **risquer** to venture, to dare 2
**rite** *m.* rite, ritual LS
**rive** *f.* bank (of a river) 2
**rivière** *f.* river 1*
**robe** *f.* dress 2
**robuste** robust, sturdy, strong LS
**rocheux, rocheuse** rocky 1
**roi** *m.* king 1*
**___-Soleil** Sun-King (name given
to Louis XIV) 4
**rôle** *m.* role, part (in a play) 2
**jouer un ___** to play a part 2
**romain, -e** Roman 3
**roman** *m.* novel 1*
**___ policier** detective novel or
story 2
**romancier** *m.*, **romancière** *f.*
novelist 2
**romantique** romantic 3
**rompre (avec quelqu'un)** to break
off one's relations (with
someone) 3

**rond, -e** round, circular 2
**rose** *m.&adj.* pink 1
**rôti** *m.* roast 4
**rouge** *m.&adj.* red 1
**___ à lèvres** lipstick 3
**Petit Chaperon ___** Little Red
Riding Hood 1
**rougir** to blush, to redden 1*
**route** *f.* road, way, route,
direction 2
**royal, -e** royal, regal 4
**rude** harsh, severe, cruel, rough,
hard, difficult LS
**rue** *f.* street 2
**coin de ___** street corner 2
**ruelle** *f.* alley(way) 3
**ruine** *f.* ruin 2
**ruiner** to ruin 1
**ruisseler (de)** to drip (with) LS
**Russe** *m.&f.* Russian man, Russian
woman LS*
**russe** *m.* Russian (language) LS
**Russie** *f.* Russia
**rustre** *m.* boor 3

**sable** *m.* sand 1
**sac** *m.* bag 1
**___ à main** purse LS
**sacré, -e** sacred 4
**sage** wise LS
**sagesse** *f.* wisdom 2
**dents de ___** wisdom teeth 2
**saignant, -e** rare (meat) LS
**sain, -e** healthy, sound 3
**___ et sauf** safe and sound LS
**saint, -e** holy 1
**___ Graal** Holy Grail 1
**saint** *m.*, **sainte** *f.* saint 1
**saisir** to take hold of, to seize 2*
**saisi de crainte** seized, gripped
by fear 2
**saison** *f.* season 1
**salade** *f.* salad 1
**sale** dirty, nasty 2*
**salive** *f.* saliva 2
**salle** *f.* room 1
**___ de bains** bathroom 2
**___ de classe** classroom 1
**___ de récréation** recreation
room 2

**___ de repos** rest room (Fr.
Can.) LS
**salon** *m.* living room 1
**sang** *m.* blood 1*
**sanglant, -e** bloody 2
**sans** without 1*
**___ que** without 1
**santé** *f.* health 2*
**sarrasin, -e** Saracen 3
**satisfaire (à)** to meet, to fulfil 1;
to satisfy 2
**saturer (de)** to saturate (with) 4
**sauf** except 4*
**sauf, sauve** unharmed LS
**sain et ___** safe and sound LS
**sauvage** wild, savage 1*
**sauvetage** *m.* rescue
**gilet de ___** life jacket 1
**savane** *f.* savannah LS
**saveur** *f.* flavour, savour LS
**savoir** *m.* learning, knowledge 2
**savoir** to know, to know how
to 1*
**savoyane** *f.* plant with three
leaves 2
**thé de ___** tea made from the
savoyane plant 2
**scandaleusement** scandalously 3
**scène** *f.* scene 1
**metteur en ___** director 4
**sceptique** *m.&f.* sceptic 2
**schéma** *m.* outline 1
**sciences** *f. pl.* science (subject) 1*
**___ économiques** economics 4
**scientifique** *m.&f.* scientist 1
**scolaire** school, pertaining to
school 4
**scruter** to scrutinize, to examine 2
**sculpter** to sculpture, to sculpt 3
**sécheuse** *f.* dryer (Fr. Can.) 2
**séchoir** *m.* dryer LS
**secondaire** secondary 4
**école ___** secondary school, high
school 4
**secouer** to shake 2*
**secret, secrète** secret 3
**secrétaire** *m.&f.* secretary 3
**secteur** *m.* sector, area 4
**section** *f.* section, department 4

**sécurité** *f.* security 3
**sédentarité** *f.* settled way of life 4
**séjour** *m.* stay, sojourn 2
**sélectif, sélective** selective 4
**selon** according to 1
**semaine** *f.* week 1*
**semblable (à)** similar (to) 1
**semblant** *m.* semblance LS
   **faire __ de** to pretend to LS
**sembler** to seem 1
**semé, -e (de)** sprinkled, dotted
   (with) 1
**sénateur** *m.* senator 3
**sénégalais, -e** Senegalese LS
**sens** *m.* meaning, sense; *(pl.)* the
   senses 1
**sensible** sensitive 1*
**sentiment** *m.* feeling; sentiment 1
**sentimentalité** *f.* sentimentality 3
**sentir** to smell 1*; to feel 3*
*se* **sentir** to feel 1*
**séparer** to separate, to part 3
*se* **séparer de** to part with,
   to be parted from 3; to part
   company LS
**septième** seventh 1
**série** *f.* series 1
**sérieux, sérieuse** serious 2
**serrer** to press, to squeeze 2
**servir** to serve 1
   **Il ne sert à rien.** It is of no use.
     There is no point in it. 2
   **__ à** to be used for, to serve as 4
   **__ de** to serve as, to act as 2
*se* **servir (de)** to use, to make use
   of 1
**seul, -e** only, alone, lonely, sole 1*
   **pas un __** not a single one, not a
     solitary one 3
**seulement** only 1*
**sévère** severe, strict, harsh,
   stern LS
**sexe** *m.* sex 3
**si** if 1; yes (in answer to a negative
   question) 3
   **s'il te plaît** please 1
   **s'il vous plaît** please 1
**siècle** *m.* century 1*
   **au vingtième __** in the
     twentieth century 2

**siège** *m.* head office,
   headquarters 4
**siffler** to whistle 3
**signer** to sign 3
**signifier** to signify, to mean 2
**silencieux, silencieuse** silent 1
**similaire** similar 1
**simplement** simply 2
**simplicité** *f.* simplicity LS
**simplifier** to simplify LS
**sincère** sincere 1
**sincérité** *f.* sincerity, honesty 1
**singulier** *m.* singular 1
**sinueux, sinueuse** winding,
   sinuous 3
**sitôt** as soon as, immediately LS
*se* **situer** to be situated, to stand 1
**sixième** sixth 1
**ski** *m.* ski, skiing 1
   **faire du __** to ski 1
   **faire du __ de fond** to
     cross-country ski 1
   **__s alpins** downhill skis 4
   **__s de fond** cross-country
     skis 4
**société** *f.* society 1
**soeur** *f.* sister 1
**soi** oneself, himself, herself, itself 1
   **chez __** at home 2
**soie** *f.* silk LS*
**soin** *m.* care 1
**soir** *m.* evening 1*
   **ce __ même** this very
     evening 2
   **du __** in the evening 2
   **tous les __s** every evening, every
     night 2
**soirée** *f.* (evening) party 1
**sol** *m.* ground, soil 1
**soldat** *m.* soldier 1
**soleil** *m.* sun 1*
   **faire (du) __** to be sunny 1
   **Roi-__** Sun-King (name
     given to Louis XIV) 4
**solennel, solennelle** solemn,
   grave 2
**solide** solid 3
   **avoir les reins __s** to be on a
     sound (financial) footing 3
**sombre** dark, sombre 1

**somme** *f.* sum, amount 2A
**sommeil** *m.* sleep 2
**sommet** *m.* top, summit 4
**somptueux, somptueuse**
   sumptuous, lavish 2
**son** *m.* sound 1
**sondage** *m.* survey 4A
**songer (à)** to think over, to
   consider 1; to dream 2*
**sonner** to ring 1*; to sound 1
**sonorité** *f.* tone 1
**sorcier** *m.*, **sorcière** *f.* sorcerer,
   sorceress 1
**sorte** *f.* type, kind 1
**sortir** to leave, to go out 1*
**souci** *m.* worry 2
*se* **soucier (de)** to care (about) 1
**soucieux, soucieuse** worried,
   concerned 2
**soudain** suddenly 2
**souffrance** *f.* suffering 2
**souffrant, -e** unwell, suffering 2
**souffrir** to tolerate, to stand, to
   suffer 3*
**souhait** *m.* wish 2*
**souhaiter** to wish, to hope 1*
**soulager** to relieve 3*
**soulier** *m.* shoe 1
**souligner** to emphasize, to
   underline 2
**soumettre** to submit LS
**soupçonner** to suspect 2
**soupe** *f.* soup 1
**souper** to eat supper, to eat the
   evening meal (Fr. Can.) LS
**soupir** *m.* sigh 2*
**soupirant** *m.* suitor, wooer 3
**souriant, -e** smiling 4
**sourire** *m.* smile LS
**sourire** to smile 2
**sous** under 2
**sous-sol** *m.* (*pl.* **sous-sols**)
   basement 2
**soutien-gorge** *m.* (*pl.* **soutiens-
   gorge**) bra LS
**souvenir** *m.* memory,
   recollection 3
*se* **souvenir de** to remember 1*
**souvent** often 1*
**spécial, -e** special 2

**spécialement** especially, particularly LS

**spécialisation** *f.* specialization 4

**spécialiser** to make someone into a specialist 2

*se* **spécialiser** to be a specialist, to specialize 4

**spécialiste** *m. &f.* specialist 1

**spécialité** *f.* speciality 1

**spécifier** to specify 3

**spectacle** *m.* show LS

**splendide** splendid 4

**splendidement** splendidly, magnificently LS

**sportif, sportive** athletic 2

**stage** *m.* training period, training course 4

**standardiste** *m. &f.* switchboard operator LS

**stationnement** *m.* parking 2

**stationner** to park 2

**statisticien** *m.*, **statisticienne** *f.* statistician 4

**statistique** *f.* statistics 4

**statut** *m.* status; (*pl.*) statutes 3

**stérilité** *f.* infertility, sterility 1

**stimulant, -e** stimulating 4

**stimuler** to stimulate, to spur on 2

**strideur** *f.* harsh-sounding, shrill noise 1

**strophe** *f.* stanza LS

**studieux, studieuse** studious 1

**studio** *m.* studio apartment 2

**stupéfaction** *f.* stupefaction, amazement LS

**stupéfié, -e** stunned, staggered, dumbfounded LS

**stupeur** *f.* astonishment, amazement 2

**stupide** stupid 3

**stylo** *m.* pen 2

**suave** sweet; suave, smooth 2

**subalterne** subordinate, subsidiary, junior 4

**subit, -e** sudden 2A

**substituer** to substitute 1

**suc** *m.* sap, juice 2

**succès** *m.* success 4

**sucré, -e** sweet 2

**sucre** *m.* sugar 1

**sud** *m. & adj.* south 2*

**sud-est** *m.&adj.* south-east 2

**sueur** *f.* sweat LS

**suffire** to be enough, to be sufficient 4

**suffisant, -e** sufficient 3

**suggérer** to suggest 1

**suisse** Swiss 1*

**Suisse** *f.* Switzerland 4

**suite** *f.* continuation, following episode 3

  **à la ___ de** following LS

**suivant, -e** following 1

**suivre** to follow 1*; to take (a course) 4

  **à ___** to be continued 3

  **___ un régime** to be on a diet 1

**sujet** *m.* subject 1

  **à ce ___** on that subject, about that 2

  **au ___ de** concerning 1

**superficiellement** superficially 2

**supérieur, -e** superior 4

**superlatif** *m.* superlative 2

**supermarché** *m.* supermarket 1

**superspécialisation** *f.* over-specialization 4

**suppléer (à)** to make up for 3

**supplémentaire** additional, further 3

**suprême** supreme, highest in degree 1

**sur** on 1; about 2

  **une chance ___ trois** one chance in three 1

  **vingt ___ vingt** twenty out of twenty 1

**sûr, -e** sure, certain 1

  **bien ___** of course 2

**surabondance** *f.* overabundance, superabundance 4

**surcharger** to overload, to over-burden (with work) 4

**surcroît** *m.* excess LS

  **par ___** what is more, moreover LS

**sûrement** certainly 1

**surgir** to appear suddenly 2

**surpopulation** *f.* over-population 1

**surprenant, -e** amazing, surprising 2

**surprendre** to surprise 1

**surréalisme** *m.* surrealism LS

**surréaliste** surrealistic LS

**surtout** above all, especially, particularly 1*

**surveiller** to watch, to keep an eye on 2A

*se* **surveiller** to keep a check on oneself 3

**survivre** to survive 1

**susceptible (de)** capable (of) 1

**suspect, -e** suspicious 3

**symbole** *m.* symbol 4

**symbolique** symbolic 1

**sympathie** *f.* sympathy 2

**sympathique** nice, friendly, pleasant 4*

**symphonie** *f.* symphony 1

**symphonique** symphonic 1

**système** *m.* system, scheme, plan 1

**table** *f.* table; fare, food 1

**tableau** *m.* (*pl.* **tableaux**) painting; (black) board 1

**tâche** *f.* task, work, job 4

**taille** *f.* size 1*; pruning, cutting back 2; figure 3

*se* **taire** to be quiet 3*

**tambour** *m.* drum 2

  **___ de ville** town crier 2

**tandis que** while 2*

**tant (de)** so much, such, so many 1

**tantinet** a tiny bit LS

**taper** to type 4

  **___ à la machine** to type 4

**tapis** *m.* carpet, rug 4*

**tard** late 1

**tarte** *f.* pie; tart 2

  **___ aux pommes** apple pie 2

**tartine** *f.* slice of bread and butter LS

**tasse** *f.* cup 2

**taureau** *m.* (*pl.* **taureaux**) bull 3

**taux** *m.* rate 3

**technicien** *m.*, **technicienne** *f.* technician 4

**technique** technical 4

**technologique** technological 4

**teindre** to dye 3

  **faire ___ ses cheveux** to have one's hair dyed 3

**teint** *m.* colouring, complexion 3

**tel, telle** such, like 1

  **___ que** such as, like, the same as 1*

**télé** *f.* TV, television 1

  **émission de ___** TV show 2

**téléphone** *m.* telephone 1

  **au ___** on the phone 2

  **numéro de ___** telephone number 1

**téléphoner** to telephone, to call 1

  **___ en P.C.V.** to call collect LS

**téléphonique** telephone LS

  **bôite ___** telephone booth (Fr. Can.) LS

  **cabine ___** telephone booth LS

**télévision** *f.* television 3

**télex** *m.* telex 2

**tellement** so, so much 1

**témérité** *f.* recklessness, foolhardiness 2

**témoin** *m.* witness 1*

**tempête** *f.* storm 3

**temporaire** temporary 4

**temps** *m.* time; tense 1; season; weather 2

  **à ce ___ où** at this (the) time when 2

  **à plein ___** full-time 4

  **à ___ partiel** part-time 4

  **au ___ où** in the days when, at the time when 3

  **de ___ à autre** from time to time, now and again 2

  **de ___ en ___** from time to time 3*

  **en même ___** at the same time 2

  **la plupart du ___** most of the time 1

  **tout le ___** all the time, always 4

**tendance** *f.* tendency LS

  **avoir ___ à** to have a tendency to LS

**tendre** tender, affectionate, loving 2

**tendre (quelque chose à quelqu'un)** to hold (something out to someone) 2

**tendresse** *f.* tenderness 2

**tendu, -e** tensed, taut LS

**tenir** to hold; to keep 1*

  **___ à** to be anxious to, to want to 2

  **___ à + nom** to be attached to, to care about 3A

  **___ une promesse** to keep a promise 1

*se* **tenir (à)** to hold on (to)

  **___ les côtes (de rire)** to split one's sides (with laughter) LS

**tente** *f.* tent 1

**tenter (de)** to try (to) 3

**terme** *m.* term 4

**terminaison** *f.* ending 1

**terminer** to finish, to complete 1

*se* **terminer** to end 1

**terne** colourless, lifeless, dull 4

**terrain** *m.* ground, terrain 2

**terrasse** *f.* terrace 4

**terre** *f.* earth, ground 2*

  **par ___** on the ground 2

**terrier** *m.* burrow, hole LS

**terroriser** to terrorize 1

**tertiarisation** *f.* domination by the tertiary sector 4

**tête** *f.* head 2

  **de la ___ aux pieds** from head to toe LS

**texte** *m.* text 2

**thé** *m.* tea 1

  **___ de savoyane** tea made from the savoyane plant 2

**théâtre** *m.* theatre 1; movie theatre (Fr. Can.) LS

**théorie** *f.* theory 1

**tien** *m.*, **tienne** *f.* your, your own 2

**tigre** *m.* tiger 2

**timide** shy 3

**timidité** *f.* timidity, shyness 1

**tirer (de)** to pull, to draw 1*; to derive (from) 2; to shoot 4

  **___ un coup de revolver** to fire a shot 1

**tiret** *m.* hyphen, dash 1

**tissage** *m.* weaving 3

**tisser** to weave LS

**tissu** *m.* material, yard goods LS

**titre** *m.* title 1

  **à ___ confidentiel** in a confidential manner 4

  **au même ___** in the same way LS

**toile** *f.* canvas, painting LS

**toilettes** *f. pl.* washroom, rest room LS

**toit** *m.* roof 1

  **___ de chaume** thatched roof 1

**tombeau** *f.* tomb 4

**tomber (dans)** to fall (into) 1

  **___ en ruines** to fall into ruin 2

  **laisser tout ___** to drop it, to give it up LS

**ton** *m.* tone 1

**tondeuse** *f.* lawn mower 4

**tondre** to mow 2

  **___ la pelouse** to mow the grass 2

**tonique** tonic 4

**tort** *m.* wrong; injustice; harm, injury LS

  **avoir ___** to be wrong LS*

**tôt** early 1

**totalement** totally 3

**totalité** *f.* totality 4

**toucher** to touch 4

**toucher** *m.* (sense of) touch 1

**toujours** always; still 1*

**tour** *m.* turn, round; tour 1; trick, stunt 2*

  **à son ___** in turn 1

  **faire le ___ du monde** to go round the world 1

  **faire un ___** to go for a short walk or stroll LS

**tour** *f.* tower 4

**tourisme** *m.* tourism; touring, sightseeing 2

**touriste** *m.&f.* tourist 1

**tourner** to turn 2

  **___ autour de** to hang around; to go round 3

  **___ le fer dans la plaie** to twist the knife in the wound 2

**tournevis** *m.* screwdriver 1*

**tournoi** *m.* tournament, tourney 2

**tout, toute, tous, toutes** all 1*

  **à ___ prix** at all costs, at any price LS

  **à ___e vitesse** at full speed 1

  **avant ___** above all, first and foremost 3

  **de ___es (les) sortes** all kinds, sorts 1

  **en ___ cas** at any rate, in any case 3*

  **en tous lieux** everywhere 2

  **plus que ___ au monde** more than anything (else) in the world 3*

  **rien du ___** nothing at all 3

  **___ à coup** suddenly 1*

  **___ autant que** (just) as much as 2

  **___ comme** just like, in the same way that 3

  **___ de suite** immediately 3

  **___ d'un coup** all at once, at once, suddenly 2

  **___e la journée** all day, the entire day 2

  **___e la nuit** all night 2

  **___ le monde** everyone 1

  **___ le temps** all the time, always 4

  **tous les deux** both (of them) 2

  **tous les huit jours** every week 4

  **tous les jours** every day 2

  **tous les soirs** every evening, every night 2

**toxique** toxic, poisonous 3

**tracas** *m. pl.* worries LS

**tracer** to trace; to draw 2

**tracteur** *m.* tractor 2

**traditionnel, traditionnelle** traditional 1

**traduction** *f.* translation LS

**tragique** tragic 2

**trait** *m.* stroke; trait, feature 4

  **d'un ___** in one breath, at one go 4

**traite** *f.* trade LS*

**traité** *m.* treaty 4

**traitement** *m.* salary 4

**tranche** *f.* slice 2*

**tranquille** quiet, tranquil 1

**tranquillité** tranquillity, peace, calm 2

**transformer** to transform, to change 2

**transpiration** *f.* perspiration LS

**transplantation** *f.* transplant 1

**transport** *m.* transport, removal, transfer 2

**transporter** to transport, to carry, to move 2

**travail** *m.* (*pl.* **travaux**) job, occupation, work 1

**travailler** to work 1*

  **___ en groupe** to work as a group 1

**travailleur** *m.*, **travailleuse** *f.* worker 4

**travers** *m.* breadth; irregularity

  **à ___** through; across 1

**traverser** to cross 1*

**trembler** to tremble, to shiver 3

  **faire ___ de peur** to make someone shiver or tremble with fear 3

**tremper** to soak, to drench, to dip, to stand in water LS

**très** very 1

**trésorier** *m.*, **trésorière** *f.* treasurer 2

**tribu** *f.* tribe 4

**tricher** to cheat 4

**tricolore** tricoloured (like the French flag), turning all shades LS

**tricot** *m.* sweater LS

**triomphe** *m.* triumph 4

**triste** sad 1

**tristesse** *f.* sadness 2

**troisième** third 1

**troisièmement** thirdly 3

*se* **tromper** to make a mistake, to be mistaken 1*

**trompette** *f.* trumpet 1

**trop** too, too much, too many 1*

  **___ de** too much, too many 2*

**trou** *m.* hole 1

  **___ noir** black hole (astronomy) 1

**troupeau** *m.* (*pl.* **troupeaux**) flock, herd 3

**trousse** *f.* case, kit 1

**trouver** to find, to come across 1*

*se* **trouver** to be situated; to find oneself 1

**truite** *f.* trout LS

**tuberculose** *f.* tuberculosis 2

**tuer** to kill 2*

**tumeur** *f.* tumour, growth 1

**typique** typical 1

**tyran** *m.* tyrant 2


**ulcérer** to appal LS

**uni, -e** close (-knit) 3

**unique** only; unique, exceptional 2

  **___ au monde** absolutely unique LS

**uniquement** solely 3

**unir (à)** to unite (with), to link (with) LS

**unité** *f.* unit 1

**univers** *m.* universe 1

**universel, universelle** universal 2

**université** *f.* university 2

**usage** *m.* use 3

**usé, -e** worn, worn-out 4

**usine** *f.* factory 1

**ustensile** *m.* implement; (kitchen) utensil LS

**utile** useful 2

**utilisation** *f.* use; using (up) 2

**utiliser** to use 1

**utilité** *f.* usefulness, use 4


**vacances** *f. pl.* vacation, holiday(s) 1*

  **colonie de ___** summer camp 1

**vache** *f.* cow 1

**va-et-vient** *m. inv.* coming and going 3

**vague** *f.* wave LS

**vaisselle** *f.* dishes 1

  **faire la ___** to do the dishes 1*

**valeur** *f.* value 1

**valise** *f.* suitcase 4

**vallée** *f.* valley 2*

**valoir** to be worth 2

  **Il vaut mieux que** It is better that 2

**Mieux vaut + l'infinitif** It is better to 3

*se* **valoir** to be of equal value 4

**valoriser** to valorize, to value; to develop 4

**vanité** *f.* vanity, conceit 3

**vaniteux, vaniteuse** vain 3A

**vanter** to speak highly of, to speak in praise of 4A

**vapeur** *f.* haze, vapour 1

**varié, -e** varied 4

**variété** *f.* variety 1

**vaste** vast, wide, spacious LS

**vaurien** *m.*, **vaurienne** *f.* rogue, good-for-nothing 1

**vedette** *f.* star (theatre, movie) 2*

**végétarien, végétarienne** *m.&f. & adj.* vegetarian 2

**veine** *f.* vein 1

**vélo** *m.* bike, cycle LS

**velu, -e** hairy 1

**vendeur** *m.*, **vendeuse** *f.* salesman, salesgirl 1

**vendre** to sell 1*

**venimeux, venimeuse** venomous, poisonous 1

**venir** to come 1*

___ **de** to have just 1

**vent** *m.* wind 2*

**en coup de** ___ very quickly, like a hurricane or whirlwind 2

**instrument à** ___ wind instrument 2

**verge** *f.* yard LS

**verger** *m.* orchard LS

**véridique** truthful, true, authentic LS

**vérifier** to check, to verify 4

**véritable** true, real 3

**vérité** *f.* truth 1

**verre** *m.* glass 1

**boire un** ___ to have a drink 1

___ **de bière** glass of beer (Fr. Can.) LS

**verrier** *m.* glassworker 3

**vers** to, towards; around, about 2*

**vert** *m.&adj.* green 1

**vertu** *f.* virtue

**en** ___ **de** in accordance with 2

**veste** *f.* undershirt; vest (Fr. Can.) LS

**vestimentaire** clothing, of clothing LS

**vêtements** *m. pl.* clothes 1

**veuf** *m.*, **veuve** *f.* widower, widow 2, 3A

**veuvage** *m.* widowhood 3

**vexer** to upset, to vex 4

**viande** *f.* meat 2*

**vibrant, -e** vibrating; emotive LS

**vibrement** *m.* vibration 1

**victime** *f.* victim, casualty 1A

**victoire** *f.* victory 2

**vide** empty 1

**vie** *f.* life 1*

**espérance de** ___ life expectancy 1

**gagner la** ___ to earn a living 1

**style de** ___ lifestyle 2

**vieillesse** *f.* old age 2A

**vietnamien, vietnamienne** Vietnamese 2

**vieux, vieil, vieille, vieilles** old 1

**vif, vive** keen, quick, lively 2

**vigne** *f.* vine 2; grapevine LS

**vigoureux, vigoureuse** vigorous, robust, sturdy, strong LS

**villageois** *m.*, **villageoise** *f.* villager 1

**ville** *f.* city 1*

**en** ___ in the city 2

**tambour de** ___ town crier 2

**vin** *m.* wine 1

**carte des** ___**s** wine list LS

**liste des** ___**s** wine list (Fr. Can.) LS

**vingtième** twentieth 1

**au** ___ **siècle** in the twentieth century 2

**violet** *adj.&m.* purple 1

**violon** *m.* violin 1

**violoncelle** *m.* cello 1

**violoniste** *m.&f.* violinist, violin-player 3

**vipère** *f.* adder, viper 2

**viride** green 1

**vis** *f.* screw 1*

**visage** *m.* face 1*

**viser** to aim at, to aim for 4A

**visite** *f.* visit 2

**rendre** ___ **à quelqu'un** to visit someone 1

**visiter** to visit 2

**vitamine** *f.* vitamin 3

**vite** fast, quickly 1

**vitement** quickly 2

**vitesse** *f.* speed, quickness 1*

**à toute** ___ at full speed 1

**vitrail** *m.* (*pl.* **vitraux**) stained-glass window 4

**vivant, -e** living, alive 1

**vivant** *m.* lifetime; (*pl.*) the living 3

**du** ___ **de quelqu'un** in his lifetime, while he was alive 3

**vivre** to live 1

**vocabulaire** *m.* vocabulary 1

**voeu** *m.* (*pl.* **voeux**) wish, desire 1

**voici** here is, here are 1

**voie** *f.* route, way, channel 4

**voilà** here is, here are, these are 1

**Et** ___. That's that. 3

**voir** to see 1*

___ **large** to think big 4

**voyez-vous** you see 3

**voire** indeed, and even 4A

**voisin, -e** neighbouring 4

**voisin** *m.*, **voisine** *f.* neighbour 2

**voiture** *f.* car 1

**voix** *f.* voice 1*

**à haute** ___ aloud, out loud 1

**vol** *m.* flight; theft 1

___ **de reconnaissance** reconnaissance flight 4

**volaille** *f.* poultry 2

**voler** to fly 1; to steal 1

**voleur** *m.*, **voleuse** *f.* thief 1

**volontaire** voluntary 4

**volonté** *f.* wish; will 1

**vouloir** to want 1*

**en** ___ **à quelqu'un de quelque chose** to hold something against someone 3

___ **bien** to want to, to be willing to 3

___ **dire** to mean, to imply 2

**voulu, -e** required 2

**voyager** to travel 1*

**voyageur** *m.*, **voyageuse** *f.*
  traveller  2
**voyelle** *f.*   vowel  1
**vrai, -e**   true, real  1
  **à __ dire**   to tell you the truth, in
    actual fact  3
**vraiment**   really, truly  1*
**vue** *f.*   sight, eyesight  1
  **aller aux __s**   to go to the
    movies, to see a film
      (Fr. Can.)  LS
**vulgaire**   vulgar  LS

**waters** *m. pl.*   toilet, lavatory  LS
**W.-C.** *m. pl.*   washroom,
  restroom  LS

**y**   there  1
  **__ compris**   including  4
  **il __ a sept ans**   seven years
    ago  4
  **Qu'y a-t-il?**   What is it? What's
    the matter?  3
**yeux** *m. pl.*  (*sing.* **oeil**)  eyes  1
  **les __ bandés**   blindfolded  1

**zèbre** *m.*   zebra  LS
**zébrure** *f.*   stripe, streak  LS
**zoologique**   zoological  3

# INDEX GRAMMATICAL

adjectifs
    avec le verbe **rendre**, 75
    comparaison des adverbes et des, 200
    démonstratifs, 197
    formation des, 195, 196
    irréguliers, 196
    place des, 195
    possessifs, 198
    réguliers, 195
    **tout**, 160, 196
adverbes
    comparaison des adjectifs et des, 200
    formation des, 199
    **tout**, 163, 199
**s'en aller**, emploi de, 33
antécédents indéfinis
    avec le subjonctif, 59, 214
**après** + l'infinitif composé, 35, 211
articles, 194
**aucun(e) ... ne, ne ... aucun(e)**, emplois
    d', 140-141, 208
**avoir**, subjonctif d', 13

**c'est ... à**
    comparé à **il est ... de**, 172-173, 205
concordance des temps
    discours direct et indirect, 69-70, 209
conditionnel
    dans le discours direct et indirect, 70, 209
    dans les phrases avec **si**, 135, 211
    exprimé dans le subjonctif, 73, 209
conjonctions
    avec le subjonctif, 20-21, 213
    particularités des, 22

**dans**
    comparée à **en**, 167, 206
discours direct
    concordance des temps, 69-70, 209
discours indirect
    à l'interrogatif, 70
    concordance des temps, 69-70, 209

**en**
    préposition, comparée à **dans**, 167, 206
    pronom, 27, 29, 30, 138, 202
**être**, subjonctif de, 14

**faire**
    causatif, 62, 64, 65, 75, 210
    à la forme réfléchie, 65
    avec les pronoms objets, 62, 64, 210
    vs **rendre** + adjectif, 75
    subjonctif de, 14
futur
    dans le discours direct et indirect, 70, 209
    dans les phrases avec **si**, 135, 211
    exprimé dans le subjonctif, 73, 209

**il est ... de**
    comparé à **c'est ... à**, 172-173, 205
imparfait
    dans le discours indirect, 70, 209
    dans les phrases avec **si**, 135, 211
    exprimé dans le subjonctif, 73, 209
impératif
    dans les phrases avec **si**, 135, 211
    ordre des pronoms objets, 30, 203
indicatif
    avec les expressions impersonnelles, 52-53, 214
    quand l'élément de doute, de négation ou
      d'incertitude est éliminé, 16, 53, 59, 213
infinitif
    à la forme passive, 120
    composé, 35, 211
    **laisser** + l', 124-125, 210
    avec les pronoms objets, 125, 210
    sens actif vs sens passif, 125, 210
    prépositions suivies de l', 22, 206-207
    verbe + **à** + complément d'objet
      indirect + **de** + l', 207
    verbe + complément d'objet direct +
      **à** + l', 207
    verbe + complément d'objet direct
      + **de** + l', 206
    verbes de perception + l', 129, 210
    avec les pronoms objets, 130, 210
    sens actif vs sens passif, 130-131, 210
interrogatif, 209

**jouer à, jouer de**, 206

**laisser**
    emploi de, 33
    + l'infinitif, 124-125, 210
    avec les pronoms objets, 125, 210
    sens actif vs sens passif, 125, 210

mise en relief, 138-139, 175-176

**ne** explétif, 10
négation, 208
    **ne ... aucun(e), aucun(e) ... ne**,
      140-141, 208
    **ne ... nul(le), nul(le) ... ne**,
      140-141, 208
noms, 195
    **ne ... nul(le), nul(le) ... ne**, emplois de,
      140-141, 208

**partir**, emploi de, 33
passé composé
    dans le discours direct et indirect, 70, 209
passé du conditionnel
    dans le discours indirect, 70, 209
    dans les phrases avec **si**, 135, 211
passé du subjonctif
    formation du, 14
    usage du, 73, 209
plus-que-parfait
    dans le discours indirect, 70, 209
    dans les phrases avec **si**, 135, 211
    exprimé dans le subjonctif, 73, 209
**pouvoir**, subjonctif de, 14
prépositions
    avec **il est, c'est**, 173, 205
    avec **jouer**, 206
    avec moyens de transport, 206
    devant l'infinitif, 22, 206-207
    emploi de **en** et **dans**, 167, 206
    + nom géographique, 206
présent
    dans le discours direct et indirect, 70, 209
    dans les phrases avec **si**, 135, 211
présent du conditionnel
    dans le discours direct et indirect, 70, 209

dans les phrases avec **si**, 135, 211
exprimé dans le subjonctif, 73, 209
présent du subjonctif
    usage du, 73, 209
pronoms
    accentués 29, 30, 138-139, 201, 203
    démonstratifs, 197
    **en**, 27, 29, 30, 138, 202
    indéfinis, 77, 79, 205
    interrogatifs, 203
    objets, 26-27, 29, 30 , 138, 201, 202, 203
        accord des, 62, 64, 125, 130, 201,
            202, 210
        avec **faire** causatif, 62, 64, 210
        avec **laisser** + l'infinitif, 125, 210
        avec les verbes de perception +
           l'infinitif, 130, 210
    ordre des, 27, 30, 201, 202, 203
    possessifs, 198
    réfléchis, 65, 201
    relatifs, 176, 204-205
    sujets, 201
    **tout**, 162, 205
    **y**, 27, 29, 30, 139, 202

**quitter**, emploi de, 33

**rendre** + adjectif, 75
    vs **faire** causatif, 75

**savoir**, subjonctif de, 14
**si**, emplois des temps après, 135, 211
**sortir**, emploi de, 33
subjonctif
    emplois du
        avec les antécédents indéfinis, 59, 214
        avec les conjonctions, 20-21, 213
        avec les expressions de doute,
           d'incertitude ou de négation, 16,
           213
        avec les expressions d'émotion ou
           de sentiment, 10, 212
        avec les expressions imperson-
           nelles, 52-53, 214
        avec les expressions indéfinies,
           177, 214

avec les expressions d'ordre, de
    volonté, de permission ou
    de nécessité, 8, 212
avec **seul**, **premier**, **dernier**,
    **unique** et avec le superlatif, 56,
    214
formes irrégulières, 13-14
formes régulières, 8
    particularités de la formation des,
    11-12
**ne** explétif, 10
passé du, 14
présent du, 8
usage des temps et le, 73, 209

**tout**, fonctions de, 159-160, 162, 163,
196, 199, 205

verbes
    avec changement d'orthographe, 218
    de perception + l'infinitif, 128, 210
        avec les pronoms objets, 130, 210
        sens actif vs sens passif, 130-131,
           210
    irréguliers, 222
    réfléchis, 220
    réguliers, 215
    + **à** + complément d'objet indirect
        + **de** + l'infinitif, 207
    + complément d'objet direct + **à**
        + l'infinitif, 207
    + complément d'objet direct + **de**
        + l'infinitif, 206
    + quelque chose + **à** +
        quelqu'un, 207

voix passive
    comment l'éviter, 122
    formation de la, 119-120, 211

**y**, 27, 29, 30, 139, 202